KB216312

세계복음주의연맹

WEA와의 교류단절은 신근본주의 분리주의 길

김성태
박용규
이한수

지 음

세계복음주의연맹 WEA 와의 교류단절은 신근본주의 분리주의 길

초판 1쇄 발행: 2021년 9월 15일

지은이: 김성태 박용규 이한수
펴낸곳: 도서출판 가리온
등 록: 제 17-152호 1993. 4. 9.
주 소: 서울시 영등포구 여의대방로 43라길 9(신길동)
전 화: 02) 892-7246
팩 스: 0505-116-9977

저작권자: 김성태 박용규 이한수

ISBN 978-89-8012-079-6 (03230)

머리말

성경의 권위, 하나님의 절대주권, 사회−문화적 책임을 중시하는 역사적 개혁주의는 세대주의를 근간으로 하는 신근본주의 분리주의와 다릅니다. 세계복음주의연맹(WEA, World Evangelical Alliance)과의 교류단절은 신근본주의 분리주의로 나가는 길입니다. 세계복음주의연맹은 웨스트민스터신앙고백 채택 200주년을 맞는 1846년 영국 런던에서 일군의 칼빈주의 지도자들이 중심이 되어 결성된 복음주의연맹(EA, Evangelical Alliance)에 뿌리를 둔 175년의 역사를 지닌 매우 건전한 복음적 국제연합기구입니다.

2001년 채택한 WEA 의 7개 신조의 신앙고백, 그 뿌리가 되는 1846년 복음주의연맹의 9개 신조, 최근 예장합동 총회에 보내온 WEA 회장 토마스 쉬르마커의 신학적 입장, 2021년 오랫동안 교단 서기를 역임한 미국 PCA 증경서기 테일러 목사의 WEA 에 대한 입장 표명 편지, WEA 에 대한 2019년 104회 총회 결의, 2017년 이후 WEA 에 대한 총회 신학부의 수년간의 결정, 2021년 총신대학교 신대원 교수회의 WEA 연구보고서와 지난 수년간의 여러 총신 교수들의 WEA 연구논문, 2021년 칼빈신학교 교수회의 WEA 연구보고서와 최근 합동신학대학원 이승구 교수의 WEA 논문을 보더라도 WEA 와의 교류단절은 결코 바람직하지 않습니다. 우리 총회가 어떤 일이 있어도 WEA 와 교류를 단절하는 실수를 범해서는 안 될 것입니다.

한국교회에 깊은 영향을 미친 20세기 전세계의 대표적인 연합기구는 국제기독교협의회(ICCC), 세계교회협의회(WCC), 세계복음주의협의회(WEF, 2001년 WEA 로 명칭변경)가 있습니다. 1948년 시작한 WCC 에큐메니칼운동은 신학적으로 좌경화되면서 소속 교단들의 급속한 교세 하락으로 이어졌고 그 결과 재정위기가 발생해 점차 기구를 축소하고 있습니다. 같은 해 1948년 조직된 매킨타이어의 ICCC 신근본주의운동은 극단적인 분리주의와 반문화주의와 반지성주의로 인해 영향력을 상실한 유명무실한 조직으로 전락하여 더 이상 아무런 힘을 발휘하지 못하고 있습니다. 반면 세계복음주의연맹(WEA, World Evangelical Alliance)은 여전히 21세기 가장 영향력 있는 국제기구로 발전하였습니다.

1846년 결성 당시 복음주의연맹(EA)이 채택한 9개 항의 신앙고백은 성경과 종교개혁에 토대를 둔 역사적 복음주의 신앙고백입니다. 복음주의연맹(EA)은 창설 이후 자유주의 도전, 고등비평, 찰스 다윈의 진화론, 공산주의에 맞서 복음주의 신앙전통을 지키고 계승하는 일에 매우 중요한 역할을 감당했습니다.

현재 전 세계 WEA가 신학적으로 문제가 있다고 지적하는 것은 ICCC 칼 매킨타이어 신근본주의 외에는 없습니다. 세대주의와 분리주의를 정체성으로 삼는 ICCC 신근본주의는 현대주의와 자유주의 도전 앞에 보수주의 연대를 강조하고 실천했던 1920년대 메이첸의 고전적 근본주의와 본질적으로 다릅니다. WEA와 교류단절을 주장하는 이들은 ICCC 신근본주 분리주의의 영향을 강하게 받은 이들입니다. 역사적 개혁주의는 결코 신근본주의 분리주의가 아닙니다.

미국에서는 1870-1925년 현대주의 대 근본주의논쟁이 강하게 일어날 때 그레샴 메이첸을 비롯한 근본주의자들은 교파와 교단을 초월하여 연합하여 현대주의와 자유주의 도전에 맞서 전통신앙을 변호했습니다. 그러나 1939년 칼 매킨타이어가 메이첸의 정통장로교회를 떠나 성경장로교회와 훼이스신학교를 설립하면서 미국 보수주의는 분열하기 시작했습니다. 현대주의와 자유주의 도전 앞에 연대를 통해 맞서며 정통신학을 지켰던 메이첸과 달리 칼 매킨타이어가 '교회의 순결'을 앞세우며 '분리주의'를 성경의 가르침으로 받아들이고 분열을 정당화시키면서 교회는 계속해서 분열의 분열을 거듭하였습니다. 간하배 선교사는 1930년대 이와 같은 칼 매킨타이어의 분리주의 근본주의를 1930년 이전의 메이첸의 고전적 근본주의와 차별화시켜 '신근본주의'로 불렀습니다. 신근본주의는 철저한 분리주의를 표방하며 교회의 순결을 명분으로 로마 가톨릭을 이교로, WCC를 종교다원주의로, 그리고 WEA를 포용주의로 분류하고 비판을 하였습니다.

한국장로교는 역사적 개혁주의 전통을 계승하고 발전시켜 왔습니다. 사회적 문화적 책임을 중요하게 여기는 역사적 개혁주의는 세대주의와 분리주의에 토대를 둔 ICCC 신근본주의와 다릅니다. WEA와 교류단절은 신근본주의 분리주의로 나가는 것을 의미합니다. 본서는 WEA와 관련하여 총신과 총회와 한국교회가 바른 방향으로 나갈 수 있도록 WEA의 역사, 신학, 교리에 대한 정확한 정보를 제공해주는데 그 목적이 있습니다.

세속화의 도전, 각종 반기독교 법 제정, 코로나-19의 팬데믹으로 생존을 위협 받는 오늘의 현실을 직시하고 이제 우리 총회는 더 이상 WEA 문제로 인한 소모전을 중단하고 존 칼빈이 보여준 대로 교회의 개혁과 회복을 위해 하나되어야 할 것입니다. 우리 교단과 총회는 통일의 그날을 앞당기고 아시아와 세계선교를 충실하게 감당해야 할 막중한 시대적 사명을 부여받았습니다. 삼위일체 하나님께 영광을 올려드리며 하나님의 크신 은혜가 섬기시는 교회와 여러분의 가정 그리고 이 나라와 이 민족 가운데 영원토록 함께하시길 간절히 기도합니다.

2021년 8월 30일
총신대학교 신학대학원 명예교수
이한수 김성태 박용규

목차

4장 세계복음주의연맹(WEA)을 어떻게 볼 것인가? ·············· 171

제 1 장
세계복음주의연맹(WEA)의 신학적 입장

기독교 단체인 경우 그 기관과 조직의 신앙을 알 수 있는 가장 중요한 것은 각 기구가 표방하는 신앙고백이다. 역사 깊은 국제기구인 경우 표방하고 있는 교리와 이면의 신앙이 다를 수 없다.

WEA에 대해 바로 이해하기 위해서는 WEA의 역사와 신앙고백을 먼저 살펴볼 필요가 있다. WEA는 자신들의 교리적 선언을 분명하게 표방하고 있고, 그것을 통해서 WEA의 신앙성격을 정확하게 파악할 수 있다. WEA는 1846년 영국 런던에서 복음주의연맹이 결성될 때부터 2001년 WEA로 명칭이 변경될 때까지 역사적 복음주의 신앙고백을 일관되게 견지하고 있다. 세계복음주의연맹(WEA)의 신학적 입장이 어떤지를 확인할 수 있는 것은 WEA가 현재 사용하고 있는 2001년 채택한 WEA의 7개 신조이다. 이 신앙고백에는 성경관, 삼위일체 하나님, 동정녀탄생, 대속의 죽음, 육체적 부활을 포함한 정통적인 기독론, 예수 그리스도의 보혈을 통한 믿음으로 말미암는 구원, 성령의 사역과 연합, 부활과 심판 등 역사적 복음주의 신앙이 잘 담겨 있다. 성경의 완전 영감과 완전무오를 담은 매우 보수적인 신앙고백이다.

1846년 복음주의연맹이 결성될 때 채택한 9개 신조의 신앙고백도 종교개혁의 전통을 그대로 계승한 복음적 신앙고백이다. 현 WEA 회장 토마스 쉬르마커의 신학적 입장 역시 매우 보수적이다. 그는 한국의 예장총회 신학부에 보낸 편지에서 종교다원주의, 제 10차 WCC 부산총회발언 의혹, 포용주의 신학, 자유주의 신학, 공산주의, 동성애, 개종금지에 대한 분명한 반대 입장을 피력했다. 이런 이유 때문에 미국장로교회(PCA)는 WEA에 대한 신뢰를 확인했고 탈퇴의사가 없다고 밝혔다.

1. 세계복음주의연맹(WEA) 신앙고백

1. 우리는 하나님께서 주신 본래의 <u>성경원본이 신적으로 영감되었고 정확무오하며</u>, 완전히 신뢰할 수 있는 하나님의 말씀임을 믿으며, 그리고 신앙과 행위의 모든 면에서 절대적 권위임을 믿습니다.

2. 영존하시는 <u>성부, 성자, 성령 삼위일체 한분 하나님</u>을 믿습니다.

3. 우리 주 예수 그리스도, 하나님이 육신으로 나타나심[성육신], <u>동정녀탄생, 죄가 없으신 삶, 신적 기적, 대속의 죽음, 육체적 부활, 승천, 중보사역, 그리고 권능과 영광 가운데 육체적 재림</u>을 믿습니다.

4. 인간의 공로가 아닌 <u>오직 믿음으로 주 예수 그리스도의 보혈을 통해 잃어버린 죄인이 구원을 얻고 성령으로 말미암는 중생</u>을 믿습니다.

5. 믿는 자 가운데 내주하셔서 <u>거룩한 삶을 살게 하시고, 주 예수 그리스도를 증거</u>하고 그를 위해 사역할 수 있게 하시는 성령을 믿습니다.

6. 모든 참된 신자들의 <u>성령의 연합과, 그리스도의 몸인 교회</u>를 믿습니다.

7. 구원 받은 자와 구원 받지 못한 자 둘 모두의 부활을 믿으며, 구원 받은 자의 <u>생명의 부활</u>과 구원 받지 못한 자의 <u>정죄의 부활</u>을 믿습니다.

2001, WEA Statement of Faith

1. We believe in the Holy Scriptures as originally given by God, divinely inspired, infallible, entirely trustworthy; and the supreme authority in all matters of faith and conduct.

2. One God, eternally existent in three persons, Father, Son, and Holy Spirit.

3. Our Lord Jesus Christ, God manifest in the flesh, His virgin birth, His sinless human life, His divine miracles, His vicarious and atoning death, His bodily resurrection, His ascension, His mediatorial work, and His Personal return in power and glory.

4. The Salvation of lost and sinful man through the shed blood of the Lord Jesus Christ by faith apart from works, and regeneration by the Holy Spirit.

5. The Holy Spirit, by whose indwelling the believer is enabled to live a holy life, to witness and work for the Lord Jesus Christ.

6. The Unity of the Spirit of all true believers, the Church, the Body of Christ.

7. The Resurrection of both the saved and the lost; they that are saved unto the resurrection of life, they that are lost unto the resurrection of damnation.[1]

2. 1846년 복음주의연맹(EA) 신앙고백

1. 성경의 신적 영감, 권위, 그리고 충족성

2. 성경 해석에서의 개인적 판단의 권리와 의무

3. 신성의 통일성과 삼위일체

4. 타락의 결과로 말미암은 인간본성의 전적부패

5. 성자 하나님의 성육신, 인류의 죄를 위한 대속, 그리고 중보와 통치

6. 오직 믿음으로 말미암은 죄인의 칭의

7. 죄인의 회심과 성화에서의 성령의 사역

8. 영혼의 불사, 육체적 부활, 의인의 영원한 축복과 악인의 영원한 심판이 있는 우리 구주 예수 그리스도의 세상의 심판

9. 거룩한 그리스도인의 목회사역 기관과 세례와 성찬 조례의 의무와 영속

---

[1] "Statement of Faith," https://worldea.org/en/who-we-are/statement-of-faith/ <2021. 7. 17. 접속>. 세계 어느 조직과 비교해도 손색이 없는 복음적 신앙고백이다.

1846, *Evangelical Alliance* Doctrinal Statement

1. The Divine inspiration, authority, and sufficiency of the Holy Scriptures.

2. The right and duty of private judgment in the interpretation of the Holy Scriptures.

3. The Unity of the Godhead, and the Trinity of the persons therein.

4. The utter depravity of human nature in consequence of the Fall.

5. The incarnation of the Son of God, his work of atonement for the sins of mankind, and his mediatorial intercession and reign.

6. The justification of the sinner by faith alone.

7. The work of the Holy Spirit in the conversion and sanctification of the sinner.

8. The immortality of the soul, the resurrection of the body, the judgment of the world by our Lord Jesus Christ, with the eternal blessedness of the righteous, and the eternal punishment of the wicked.

9. The divine institution of the Christian ministry, and the obligation and perpetuity of the ordinances of Baptism and the Lord's Supper.[2]

3. 현 세계복음주의연맹(WEA) 회장, 토마스 쉬르마커 (Thomas Schirrmacher)의 신학적 입장

[현 WEA 회장 Thomas Schirrmacher가 예장합동 총회에 보내온 편지]

존경하는 서 목사님께,

이것은 귀하께서 보내주신 질문에 대해 저의 개인적인 신학적 확신들에 관하여 답변하는 편지입니다. 보내주신 질문에 대한 WEA의 전반적인 입장은 WEA의 총무가 공식적으로 대답할 수 있을 것이라고 생각합니다.

저는 신학적으로 "커뮤니티 메시아니카"라고 불리는 지구촌 개혁주의 교회 공동체에 속한 감독입니다 (https://www.youtube.com/ watch?v=AcQILf9nwkY , https://vimeo.com/269102985) 이 교회는 이슬람으로부터 기독교로 개종한 대략 백만 명 정도의 성도들로 구성되어 있습니다. 우리 교회는 가장 위험한 모슬렘 전도 활동을 하고 있으며, 매일 순교자들이 발생하고 있습니다. 만일 제가 종교 다원주의, 에큐메니컬 신학, 자유주의 신학, 고등비평, 공산주의를 신봉하고 있다거나, 구원에 관한 카톨릭 견해를 포용하는 입장에 있다면, 이런 일들은 일어나지 않았을 것입니다. 저 자신과 우리 교회는 구원은 오직 예수 그리스도의 십자가 죽음에서만 얻을 수 있다는 것을 절대적으로 믿고 있습니다. 또한 종교개

---

² David F. Wells & John D. Woodbridge, eds, *The Evangelicals: What They Believe, Who They Are, Where They Are Changing* (Nashville: Abingdon Press, 1975), 25. 이것은 성경과 초대교회, 그리고 종교개혁의 신앙전통을 훌륭하게 담고 있다.

혁의 복음이 성경적 진리의 중심에 있으며, 성경은 무오하고 오류가 없는 하나님의 말씀이라는 것을 절대적으로 믿고 있습니다. 누구든지 예수 그리스도를 믿지 않는다면 지옥에 가게 될 것입니다.

물론 저는 국가들의 수장들, 여러 계층의 정치인들, 비개신교회 교회들과 세계 종교들의 최고 지도자들을 만납니다. 그러나 어디에서든지 저는 예수 그리스도가 진리이며 구원이라는 사실을 분명하게 고백하고 있습니다.

저는 지금까지 **100**권이 넘는 책을 출간하였고, 수천 개의 논문을 발표하였습니다. 그러므로 여러 가지 질문들에 대한 저의 신학적 입장을 쉽게 알 수 있고 증명될 수 있을 것입니다. 원문들은 항상 독일어로 되어 있고, 다음의 링크에 논평을 곁들인 목록을 볼 수 있습니다. *https://www.thomasschirrmacher.net/bio/books-published/* 이 목록은 마르크스주의, 공산주의, 로마 카톨릭 신학, **WCC** 의 종교 다원주의 견해, 동성애, 고등비평, 해방신학 등을 반대하는 얼마간의 저의 책들을 포함하고 있습니다.

이제 보내주신 질문 **1-4**번에 대한 답변을 드립니다.

1. 종교 다원주의에 대하여:

저는 종교 다원주의를 반대하는 몇 권의 책을 출간했으며 여러 강연들을 해왔습니다. 저는 민주 사회에서 정치적인 이슈들에 관해 다른 종교의 지도자들과 대화할 필요가 있다고 믿습니다. 그러나 이런 '대화'에는 다른 종교 지도자들에게 복음을 제시하는 것을 포함하지만, 저는 예수의 십자가 구속의 복음을 통하지 않고 예수 그리스도 이외의 그 어떤 것이 사람들을 지옥에서 구원할 수 있다고 주장하는 어떤 사상에도 전적으로 반대합니다.

피터 바이엘하우스 박사는 수년간 WCC에 대한 가장 선구적인 비평가들 중의 한 사람입니다. 저는 그분의 제자였고, 그분의 70세 생신을 위한 "다른 이름은 없다"라는 제목의 헌정 논문집을 책임 편찬하기도 했습니다. 이 논문집에는 그리스도 안에서만 이루어지는 구원의 유일성을 변증하는 수십 개의 논문들이 실려 있습니다. https://www.thomasschirrmacher.info/buecher/kein-anderer-name/

다른 종교 지도자들과 만날 때, 저는 항상 "그리스도가 우리의 명함입니다"라는 표현을 씁니다.

https://www.thomasschirrmacher.net/blog/christ-is-our-business-card/

저는 그리스도의 유일성을 의심하는 여러 교회와 대회들의 여러 공적 선언서들을 잘 알고 있습니다.

https://www.thomasschirrmacher.net/blog/requirements-for-the-dialogue-between-christians-and-muslims/, https://www.thomasschirrmacher.net/blog/criticism-of-the-real-existing-dialogue-with-islamic-associations/

저는 복음적 세계 선교를 매우 보수적인 관점에서 쓴 많은 책들을 저술한 바 있습니다. 예를 들면,

https://www.bucer.de/fileadmin/dateien/Dokumente/Buecher/WoT_11_ThSchirrmacher_-_Biblical_Foundations_-_69_Biblical_Theses.pdf.https://www.bucer.de/fileadmin/dateien/Dokumente/Buecher/WoT_10-Thomas_Schirrmacher-Missio_Dei.pdf

2.A. 부산 발언에 대하여 :

　　부산에서 저는 (WEA가 WCC와 같이 간다)는 그런 비슷한 말을 결코 한 적이 없습니다. 만일 그런 발언을 했다면, 저는 WEA를 올바로 대변하지 못한 셈이 됩니다. 하지만 저는 부산에서 모든 것이 녹화, 인쇄된 것을 기쁘게 생각합니다. 누구라도 나에 관해 그 같은 어떤 말을 한다면 그는 관련 증거를 제시할 수 있어야 합니다. 부산에서 했던 저의 정중한 연설은 녹음되고 녹취 되었으며 WCC의 웹사이트에 게시되어 있습니다.
　　https://www.oikoumene.org/en/resources/documents/assembly/2013-busan/messages-to-the-assembly/greetings-from-the-world-evangelical-alliance

　　한국에서 한 저의 발언 이후에 저는 WCC의 지도부로부터 거센 비평을 받았습니다. 왜냐하면 WCC 부산 총회는 북한 문제에 관한 주제를 언급하지 않기로 결정했으나 제가 저의 인사말을 "오용했다"고 생각했기 때문입니다. 그들[WCC 지도부]은 또한 북한에 들어가는 여러 은밀한 채널들이 있는데 그런 채널들이 문제를 야기할 수 있다고 말하고 있습니다. 저는 대답하기를, 복음주의자들은 북한으로 들어가는 더 많은 커넥션들을 갖고 있으며, 공산주의와 독재에 반대하여 여전히 공개적인 발언을 하고 있다고 말했습니다.

　　나중에 한국정부의 한 장관이 (그 이름은 잊었습니다) 저만 아니라 두 명의 WCC 지도자들과 만났는데, 그는 WCC가 한국 정부로부터 많은 돈을 받았음에도 불구하고 북한을 비판하지 않은 것에 대해 WCC를 비판한 바 있습니다. 그는 오히려 WCC가 WEA를 본받아야 한다고 말했습니다.

2.B. WCC에 대해서:

WEA가 WCC와 어떤 점에서는 동의하고 어떤 점에서는 동의하지 않는지에 대해서 말하려면 책 한 권이 필요할 것입니다. 더 나아가 WCC의 입장은 모호하고 계속 변하기 때문에 그것을 말하기가 자주 불가능합니다. WCC는 세 부류로 구성되어 있습니다. 대략 1/3은 정통(Orthodox) 교회들이나 다른 비개신교회들이고, 1/3은 서방 세계의 자유주의 교회들이고, 1/3은 지구촌 남반 부에 있는 보다 보수적인 교회들입니다. 도덕적인 문제들에 있어서(예로, 동성애), 우리는 정통(orthodox) 교회들과 여러 보수적인 교회들과 같이 하며, 자유주의 교회들에 대해서는 전적으로 반대합니다. 하지만 WCC는 수년 동안 동성애에 대해서 아무런 공식적인 선언문을 발표하지 않고 있습니다. 우리는 몇몇 사회-정치적 이슈들, 예를 들면, 인신매매와 같은 이슈들에 대해서 WCC와 협력합니다만, 종교 다원주의를 선호하거나 또는 선행을 복음전도와 같은 수준에 올려 놓으려는 어떤 시도에도 반대하고 있습니다.

3. 포용주의 신학에 대하여:

저는 포용주의를 옹호하는 단 한 문장도 말해본 적이 없습니다. 저는 오직 하나의 성경적이고 복음적인 진리만이 있을 뿐이라고 생각합니다. 저는 웨스트민스터 신앙고백서와 개혁파 조직신학과 윤리를 독일어로 번역하고 편집한 8권의 책을 출간하기도 했습니다.
https://www.thomasschirrmacher.info/buecher/der-evangelische-glaube-kompakt/, https://www.thomasschirrmacher. info/theologie/ethik/

3.A. 자유주의 신학에 대하여:

저는 어떤 형태의 자유주의 신학에도 반대합니다. 성경의 불오성과 무오성에 관한 저의 견해는 "코란과 성경" 이라는 저의 책에서 가장 잘 나타납니다. (여러 언어로 번역되어 있습니다)
https://www.bucer.de/fileadmin/dateien/Dokumente/Buecher/WoT_7_-_Thomas_Schirrmacher_-_The_Koran_and_the_Bible.pdf
학생 때 이미 저는 성경 무오에 대한 시카고 선언에 관여한 바 있으며, 그 책을 독일어 번역으로 편집하기도 했습니다. 그러므로 오늘까지 독일의 자유주의 신학은 저에게 제일의 적입니다.
https://www.thomasschirrmacher.info/theologie/bibeltreue-in-der-offensive/.

이것은 윤리 주제를 포함합니다. 어떤 독일 학자도 저보다 동성애 관용을 반대하는 책과 논문을 더 많이 쓴 사람은 없습니다.
https://www.thomasschirrmacher.info/theologie/ethik/.
2014년에 독일의 개신교회는 그들의 대회에서 동성 결혼의 허용을 찬성하는 표결을 하였습니다. 저는 그것을 반대하여 책을 한 권 썼으며, 그로 인해 수 주 동안 거대 언론들과 싸우기도 했고, 제 일상적인 가정생활을 거의 망가뜨려 놓기도 했습니다.
https://www.thomasschirrmacher.info/blog/die-ekd-orientierungshilfe-ein-linkes-parteiprogramm/

3.B. 로마 카톨릭 교회에 대하여:

천주교의 구원관에 대한 가장 강력한 비판서로 시중에 나와 있는 책은

- 제가 아는 바로는 - "면죄부"에 반대하는 저의 책일 것입니다.

https://www.bucer.de/ressource/details/indulgences.html

(영어판은: https://wipfandstock.com/indulgences.html)

천주교에 대한 짧지만 강력한 비판은 저의 논문 A Critique of Catholic Canon Law 에서 볼 수 있습니다. 이 글은 현재 책의 한 장으로 수록되어 있습니다.

https://www.thomasschirrmacher.info/buecher/english-studies-in-church-leadership/

바티칸의 문제들에 대해서 제가 어떻게 평가하고 있는지에 대해서 보시려면, 저의 논문 An evangelical view of the Vatican misuse summit 을 보십시오.

https://www.worldevangelicals.org/tc/publications/TN-48-2.htm

3.C. 공산주의에 대하여:

저는 경제 분야에서, 교육 분야에서, 가정의 분야에서, 공산주의를 반대하는 글을 광범위하게 썼습니다. 그리고 이슬람보다도 공산주의가 더 많은 순교자들을 냈다고 표현한 바도 있습니다. 마르크스주의에 반대하는 제 책은 오랜 동안 동독 지역에서 비밀리에 배포되었고, 나중에 책으로 출간되어 오늘날에도 구할 수 있습니다.

https://www.thomasschirrmacher.info/gesellschaft/marxismus-opium-fuer-das-volk/

공산주의식 교육에 대해 반대하는 저의 주요한 책은 여러 복음주의 학교를 설립하는 결과를 가져왔습니다.

https://www.thomasschirrmacher.info/wp-content/uploads/2005/02/Bildungspflicht_statt_Schulzwang_Buch.pdf

4. 개종을 반대한다는 주장에 대하여:

개종을 위한 전도를 반대한다는 말이나 개종에 대하여 부정적인 진술은 제가 결코 한 적이 없습니다. 오히려 그 반대가 진실입니다. 스스로를 그리스도인이라고 부르든 아니든 간에 우리는 모든 사람들을 개종시키기를 원합니다. 이미 신자가 되어 있다면 그는 분명히 그것을 기쁘게 여길 것입니다.

저는 명목상의 그리스도인들을 (천주교인들을 포함하여) 복음으로 전도할 것을 주장해왔습니다. 저의 새로운 논문을 첨부합니다. 이 논문에서 저는 동료들과 함께 개종을 변호하고 있습니다. 즉 WCC의 비난에 반대하여 한 교회로부터 다른 교회로 개종하는 것을 변호하고 있습니다. Elmer Thiessen, Thomas Schirrmacher. "An Evangelical View of Proselytism". *Evangelical Review of Theology* 42 (2018) 4: 308-318

선교와 전도에 관해서 WEA는 RCC와 함께 어떤 선언서를 발표할 계획을 갖고 있지 않습니다. 제가 만일 그런 것을 선언한 것이 아니냐고 말하는 분이 있다면, 저는 그런 증거를 보고 싶습니다. 이런 종류의 유일한 기존 선언문은 2011년에 발표된 "다 종교 세계 속에서 그리스도인의 증거"(Christian Witness in a multi-religious World)입니다. 여러분은 첨부된 "가이드라인"에서 자료들과 다른 모든 본문들을 발견할 것입니다. 이곳에는 WEA와 RCC가 그들 간의 차이점들을 토론하고 열거한 것이 들어 있습니다.

더 많은 증거를 원하시면 언제든지 문의하십시오.

토마스 쉬르마커
현 세계복음주의연맹(WEA) 회장

(번역: 이국진 박사, 이한수 교수)

[현 WEA 회장 Thomas Schirrmacher가 예장합동 총회에 보내온 편지]

Dear Rev Seo,

This is a personal letter from my side, which answers your question concerning myself as a person and concerning my personal theological convictions. I assume that our Secretary General will answer officially for WEA and answer your questions as it relates to the overall position of WEA.

I am Bishop of the theologically Reformed global church community called Community Messianica (https://www.youtube.com/watch?v=AcQlLf9nwkY, https://vimeo.com/269102985), which is made up out of approximatley one million converts from Islam to Christianity. Our church is involved in most dangerous evangelism to the Muslim world and we have martyrs almost every day. I never would be in this position, if I would believe in religious pluralism, conciliar-ecumenical theology, liberal theology and higher criticism, communism or would tolerate a Catholic view of salvation. I myself and our church absolutely believe, that salvation can be found only and only in the death of Jesus Christus on the cross, that the gospel of the Reformation is the center of Biblical truth, and that the Bible is the inerrant and infallible Word of God. Whoever does not believe in Jesus Christ will go to hell.

Yes, I meet heads of states, politicians of all levels, top leaders of non-Protestant churches and of the world's religions, but everywhere I clearly confess Jesus Christ as truth and salvation.

I have published more than 100 books and thousands of articles, so it is easy to get to know and proof my theological position on many questions. The originals are always in German, the commented list at https://www.thomasschirrmacher.net/bio/books-published/ This includes several books against marxism, communism, Roman Catholic theology, the religious pluralism view of WCC, homosexuality, higher criticism, liberal theology etc.

Now to questions 1. to 4. in specific.

1. Religious pluralism:

I have published several books and given many speeches against religious pluralism. I believe in the need to talk with leaders of other religions concerning political issues in democratic societies and in „dialogue" that includes presenting the gospel to religious leaders, but I am totally opposed to any idea, that anything else than Jesus Christ himself through the gospel he created on the cross can save anyone from hell.

Prof. Peter Beyerhaus for decades was one of the foremost critics of WCC. I am his student and edited his Festschrift for his 70th birthday „No other Name" with dozens of contributions defending the uniqueness of salvation in Christ alone: https://www.thomasschirrmacher.info/buecher/kein-anderer-name/

When meeting other religious leaders, I always use the wording „Christ is our business card", eg here https://www.thomasschirrmacher.net/blog/christ-is-our-business-card/

I am know for dozens of public statements, whenever churches or synods questions the uniqueness of Christ, eg https://www.thomasschirrmacher.net/blog/requirements-for-the-dialogue-between-christians-and-muslims/, https://www.thomasschirrmacher.net/blog/criticism-of-the-real-existing-dialogue-with-islamic-associations/

I wrote many books on a very conservative view of evangelical world mission, eg „Biblical Foundations …" https://www.bucer.de/fileadmin/dateien/Dokumente/Buecher/WoT_11_ThSchirrmacher_-_Biblical_Foundations_-_69_Biblical_Theses.pdf or „Missio Dei" https://www.bucer.de/fileadmin/ dateien/ Dokumente/Buecher/WoT_10-Thomas_Schirrmacher-Missio_Dei.pdf

2.A. Busan:

I never said something like this in Busan and if so, I would not have spoken on behalf of WEA. I am glad that everything in Busan has been filmed or printed, so whoever says something like this about me should be able to present the evidence. My polite speech in Busan has been typed from the recording and is on the website of WCC: https://www.oikoumene.org/en/resources/documents/assembly/2013-busan/messages-to-the-assembly/greetings-from-the-world-evangelical-alliance

After my statement on Korea, I was heavily criticised by the WCC leadership because there was a decision by the GA in Busan not to mention the topic North Korea and I "misused" my word of greeting. They also said, that there would be a lot of hidden channels into North Korea, which would get into problems. I answered, that Evangelicals have much more connections into North Korea and still speak up publically against communism and dictatorship.

Later a minister of the government (I forgot the name) met with me and two WCC leaders and criticised WCC for not criticising North Korea, even though they took a lot of money from the Korean government. They said, they should use WEA as an example.

2.B. WCC:

It would need a book to list all topics in which WEA disagrees or agrees with WCC. It also often is impossible to say this, as WCCs position is vague and ever changing. WCC has three components: Roughly one third are Orthodox churches or other non-Protestant churches, one third are liberal churches from

Western countries and one third are more conservative churches from the Global South. In moral issues (eg homosexuality) we are in line with the Orthodox churches and many conservative churches and totally opposed to the liberal churches. But WCC has not issued any official statement on homosexuality for many years. We cooperate with WCC on several socio-political issues like human trafficking, <u>but are opposed to any statement favouring religious pluralism or putting doing good on one level with preaching the gospel</u>.

3. Inclusive theology:

I never have spoken one sentence in favour of Inclusivism and think, that their only can be one Biblical and Evangelical truth. I translated and edited the German version of the Westminster Confession and a Reformed Systenmtac Theology and Ethics in 8 volumes: https://www.thomasschirrmacher.info/buecher/der-evangelische-glaube-kompakt/,https://www.thomasschirrmacher.info/theologie/ethik/

3.A. Liberal theology:

<u>I am opposed to any form of liberal theology.</u> My view on inerrancy and infallibility of the Bible can best be seen in my book „Koran and Bible" (transited into many languages): https://www.bucer.de/fileadmin/dateien/Dokumente/Buecher/WoT_7_-_Thomas_Schirrmacher_-_The_Koran_and_the_Bible.pdf

Already as a student I was involved with the Chicago Declaration of Biblical Inerrancy and I edited the book with the German translation, and therefore til today most liberal theologians in Germany see themselves as enemy no. 1: https://www.thomasschirrmacher.info/theologie/bibeltreue-in-der-offensive/.

This includes ethical topics. No German has written more books and articles against tolerating homosexuality, eg in my ethics
https://www.thomasschirrmacher.info/theologie/ethik/. In 2014 the Protestant Church of Germany voted in their synod to accept same sex marriage. I wrote a whole book against it which kept me in a hugh media fight for weeks: https://www.thomasschirrmacher.info/blog/die-ekd-orientierungshilfe-ein-linkes-parteiprogramm/ and nearly ruined my career at home.

3.B. Roman Catholic Church:

The strongest criticism of Catholic view of salvation on the market is – as far as I know - my book against „Indulgences": https://www.bucer.de/ressource/details/indulgences.html (American edition: https://wipfandstock.com/indulgences.html). My shortest and strongest crictism of the RCC can be found in my article: A Critique of Catholic Canon Law, now a chapter in a book:
https://www.thomasschirrmacher.info/buecher/english-studies-

in-church-leadership/ As typical example how I comment on Vatican issues, see the end of my article „An evangelical view of the Vatican misuse summit" in https://www.worldevangelicals.org/tc/publications/TN-48-2.htm

3.C. Communism:

I have written extensively against communism in the area of economy, in the area of education, in the area of family and have stated often that communism so far has being responsible for a larger number of martyred believers than even Islam. My book against Marxism was distributed secretly in Eastern Germany for a long time and only later published in Germany and is still in print: https://www.thomasschirrmacher.info/gesellschaft/marxismus-opium-fuer-das-volk/ My major book against a communist view of education led to the founding of dozens of Evangelical schools: https://www.thomasschirrmacher.info/wp-content/uploads/2005/02/Bildungspflicht_statt_Schulzwang_Buch.pdf

4. Opposed to evangelism?

<u>There never has been any statement from my side against evangelism for conversion or any negative statement on conversion, just the opposite is true.</u> We call everyone to conversion, whether he calls himself a Christian or not. If he

happens to be a believer already, he surely will be happy about it.

I also have defended doing evangelism among any kind of nominal so-called Christians, including Catholics. I attach my newest article, where I together with a colleagues defend proselytism in the sense of Christian changing from one church to the other against the accusations of WCC (Elmer Thiessen, Thomas Schirrmacher. "An Evangelical View of Proselytism". *Evangelical Review of Theology* 42 (2018) 4: 308-318)

<u>There are no plans for any statement of WEA with the RCC on mission and evangelism.</u> If I am said to have announced this, I would like to see the evidence. The only existing statement of this kind is „Christian Witness in a multi-religious World" of 2011. You will find the sources in the attached „Guidelines", also all other texts, in which WEA and RCC have discussed and listed their differences.

Feel free to ask for more evidence,

Yours, Thomas Schirrmacher
Secretary General and CEO of the World Evangelical Alliance (WEA)

4. 세계복음주의연맹(WEA)에 대한 PCA 입장

[미국장로교회(PCA)는 매우 보수적인 교회로 미국 커버넌트신학교가 교단신학교이고 리폼드 신학교와 웨스트민스터신학교도 깊은 유대관계를 갖는 우리와 신앙이 같은 교단입니다. 이국진 박사께서 미국장로교회(PCA)에 WEA에 대한 입장이 무엇인가를 물었을 때 교단이 오랫동안 교단서기를 역임한 테일러 목사님에게 답변하도록 위임하였고 테일러 목사님께서 다음과 같이 답변을 해오셨습니다.]

존경하는 이 목사님에게

미국장로교회(PCA) 교단은 미국복음주의협회(NAE)의 회원입니다. 그리고 미국복음주의협회(NAE]는 세계복음주의연맹(WEA)의 회원입니다.

　세계복음주의연맹(WEA)의 교리적 선언에 대하여 WEA 웹사이트를 살펴보았습니다. WEA는 실제적으로 종교다원주의를 채택하지 않습니다. WEA는 주 예수 그리스도 외에 다른 방법으로 구원을 얻을 수 있다는 것을 믿지 않습니다. WEA는 성경의 영감설을 거부하지 않습니다.

　PCA 는 NAE 와의 관계를 또한 NAE 를 통해 가지고 있는 WEA와의 관계를 끊으려는 것을 고려하지 않습니다.

L. 로이 테일러(Roy Taylor)
미국북장로교 총회 증경 서기(Stated Clerk Emeritus)

Dear Pastor Lee:

The PCA[Presbyterian Church in America] is a member of the National Association of Evangelicals (NAE). The NAE is a member of the World Evangelical Alliance.

I checked the WEA website regarding the WEA doctrinal statement. The WEA does not, in fact, hold to religious pluralism. The WEA does not believe that salvation may be received apart from the Lord Jesus Christ. The WEA does not reject the inspiration of the Bible.

The PCA is not considering severing our ties with the NAE, and through the NAE, with the WEA.

L. Roy Taylor
Stated Clerk Emeritus

제 2 장

세계복음주의연맹(WEA)과 교류, 어떻게 할 것인가?

2021년 3월, 총신대학교 신학대학원 교수회

본 연구보고서는 총회 WEA 연구위원회가 제105회 대한예수교장로회 교단 총회(2020년) 헌의 안에 근거하여 총신대학교 신학대학원 교수회에 세계복음주의연맹(World Evangelical Alliance: 이하 WEA)[1]에 대한 연구를 의뢰함에 따라 총신대학교 신학대학원 교수회에 의해 작성되었다. 이 연구를 효과적으로 진행하기 위해 먼저 WEA의 역사를 정리하였는데, 기존에 신학지남에 게재된 총신대학교 교수들의 선행연구도 포함되었다. 그후 WEA의 신학에 대하여 전반적으로 조사하고 평가하였다. 결론에서는 WEA와의 교류에 관한 총신대학교 신학대학원 교수회의 입장을 정리하였다.

I. WEA의 역사

WEA는 범세계 교회와 기구들, 그리고 132개의 복음주의 연맹들과 109개의 국제적 기관들이 가입한 거대한 복음주의 기구이다. 현재는 129

---

[1] 본 논문에서는 세계복음주의연맹(WEA)과 관련하여 가장 보편적으로 사용된 표현이 WEA 라고 보고 이 용어로 표기하도록 하겠다.

개국에 걸쳐 6억 이상의 전통적인 복음주의적 기독교인들을 대표하며 영향을 미치는 기독교 연합체(network)이다.[2] WEA에는 NAE(The National Association of Evangelicals: 미국복음주의 협의회), EEA(Europe Evangelical Alliance: 유럽복음주의연맹), AEA(Asia Evangelical Alliance: 아시아 복음주의연맹)가 회원으로 가입되어 있고, 잘 알려진 국제기구인 빌리그래함(Billy Graham) 선교센터, 국제 기아대책 기구인 월드비전(World Vision), 국제선교단체인 CCC, IVF, 네비게이토 선교회, 위클리프 성경번역선교회 등이 가입되어 있다. 미국 남침례교 목사로서 20세기의 대표적인 전도자인 빌리 그래함(Billy Graham)과 영국교회의 성공회 목사이자 대표적인 복음주의 신학자인 존 스토트(John Stott)가 WEA의 운동의 조타수 역할을 충실히 수행해 왔다. 이들의 특징으로는 성경의 무오성과 예수 그리스도의 유일성을 강조하면서도 여러 복음주의자들과의 연합을 추구해 온 점을 들 수 있다. 개신교회로는 보수적인 남침례교와 PCA 장로교단이 WEA에 참여한 대표적인 교단들이다.

한국교회에서 WEA와 가장 직접적인 연장 선상에서 활동이 이뤄진 경우로는 한국복음주의협의회(Korean Evangelical Fellowship: KEF)를 언급할 수 있다. 1981년 5월 아세아연합신학원(ACTS)에서 "성경적 복음주의 신앙의 추구"라는 기조 하에 한국복음주의협의회가 태동한 이후, 한경직, 정진경, 박윤선, 김창인, 김준곤, 한철하, 최훈, 이종윤, 조종남 등의 한국교회 지도자들이 복음주의의 확산과 교회 연합의 정신을 가지고 아시아복음주의연맹과 협력하여 "신앙이 변질되어 가고 사분오열되어 가는 한국 교회 안에 바른 신앙운동, 바른 연합운동"을 추구해 온 것이다.[3]

---

[2] WEA, http://www.worldea.org/ whoweare/history <2021. 1. 15. 접속>.

[3] 한국복음주의 협의회(KEF)는 1984년 6월 11일에 WEA 운동의 대표적인 선교학자인 피터 바이엘하우스를 초청하여 "현대선교 신학의 동향과 복음주의 신학의 방향"이라는 신학강좌를 갖는 이후에 지속적으로 함께 모여서 교회의 핵심적인 신앙적인 이슈들과 당면한 사회적인 사안들에 관하여 신앙강좌를 가져오고 있다. KEF가 추구하는 이런 바른 신앙고백과 바른 사회적 책임이라는 방향은 한국복음주의협의회(KEF) 사이트인 http://www.koreaef.org 를 방문하면 이런 자료들의 모음집인 "월례회 발제문"을 통해서 확인될 수 있다.

2008년 10월에 모였던 WEA 총회에서는 한국 할렐루야 교회 담임목사이자 횃불트리니티 신학교 총장이었던 김상복 목사가 아시아인 최초로 3년 임기의 WEA 회장으로 피선되어 활동하였다. 2014년 WEA 연차 총회는 한국에서 개최하기로 결정되었지만 한기총의 내부 사정으로 그 결정이 성사되지 못하기도 했다.

WEA의 역사적 기원은 1846년에 태동한 복음주의 연맹(Evangelical Alliance)에 있다. 이런 사실은 WEA의 홈페이지의 첫 부분에 분명하게 명시된 "Est. 1846"에서도 확인될 수 있다. WEA의 태동은 어떤 역사적인 기류에서 이뤄졌던가? WEA의 자체 설명을 인용해 보면 다음과 같다.

> 1846년의 역사적 맥락은 매우 교훈적이다. 점증하는 사회적 부정의, 특히 열악한 노동 조건과 아동들의 노동으로 영국인들의 양심은 고통받고 있었다. 영국교회는 1843년의 스코틀랜드 국가교회의 분열과 옥스퍼드 운동의 결과로 로마 가톨릭교회로의 이탈을 경험하였다. 다윈은 그의 진화론의 이론을 다듬고 있었고, 막스와 엥겔스는 1848년에 공산당 선언(Communist Manifesto)을 발표하였다. 프랑스, 독일 그리고 이태리 모두가 1848년에 혁명을 겪었던 것이다.[4]

이런 시대적 위기 상황에서도 하나님께서는 그 시대를 준비해 오고 있었으니, 미국의 대각성 운동(1791-1842)의 영향으로 그리고 유럽의 여러 나라의 교회의 지도자들은 교회와 국경을 초월한 하나의 기독교 협의체의 필요성을 절감하게 되었던 것이다. 그리하여 영국과 미국 그리고 유럽의 여러 나라들의 53개의 기독교 단체들의 대표자들이 1846년 8월 19일- 9월 2일까지 13일간 영국 런던에서 모여 예배하고 의논함으로 영국 런던에 본부를 둔 복음주의 연맹(EA)이 태동하게 된 것이다. 1846년에 EA의 창립 총회의 모토가 바로 'Unum Corpus Sumus in Chtisto'(그리스도 안에서 우리는 한 몸입니다)였다.[5]

---

[4] https://worldea.org/en/who-we-are/our-history/ <2021. 1. 15. 접속>.

이 때 복음주의연맹이 출발하면서 천명한 신앙고백은 다음과 같다.

1) 성경의 신적 영감과 권위 그리그 충분성
2) 성경 해석에서의 개인적 판단의 권위와 의무
3) 신격의 통일성과 삼위일체적 위격
4) 타락의 결과로의 인간 본성의 전적 타락
5) 성자 하나님의 성육신, 인류의 죄를 위한 그의 속죄 사역 그리고
   중보와 통치
6) 오직 믿음으로의 죄인의 칭의
7) 죄인의 회심과 성화에서의 성령 사역
8) 영혼 불멸, 육체 부활, 의인의 영원한 축복과 악인의 영벌이 있는
   우리 주 예수 그리스도에 의한 세상의 심판
9) 기독교 사역의 신적 수립과 세례와 성례 규례의 의무와 영속[6]

EA 가 태동된 이후에 EA 의 지부가 프랑스, 독일, 캐나다, 미국, 스웨덴, 인디아, 터키, 스페인, 포르투갈 등 서구 각국에 세워졌다. "복음선포와 확산"을 목표로 하되, EA 는 교황제와 주일성수와 종교자유와 게임 문화, 피압박민들 원조, 노예문제 들의 이슈들을 가지고 서구의 주요도시들에서 총회로 모였던 것이다. 1912년에 EA 는 영국복음주의자들에 의해서 세계복음주의연맹(World Evangelical Alliance, WEA)으로 개편되었다. EA/WEA의 역사에서 이 시기까지는 영국주도가 두드러졌다. 그러나 1930년대가 되면서부터는 미국의 영향력의 부상이 감지된다고 하겠다.

1930년대의 미국의 역사적 기독교는 근본주의가 그 주류를 이루고 있었다. 그러나 메이천(John Gresham Machen)이 사망하고 칼 매킨타이어

---

[5] Ian Randall, "Evangelicals, Ecumenism and Unity: A Case Study of the Evangelical Alliance," *Evangel* 22.3 (Autumn 2004): 62. 박용규, "ICCC, WCC, 그리고 WEF/WEA(세계복음주의 연맹)의 역사적 평가," 신학지남 85권 1호 (2018년 봄호): 218에서 재인용.

[6] David F, Wells & John D. Woodbridge, eds., *The Evangelicals: What They Believe, Who They are, Where They Are Changing* (Nashville: Abingdon, 1975), 25. 박용규, "ICCC, WCCC, 그리고 WEF/WEA(세계복음주의 연맹)의 역사적 평가," 219에서 재인용.

(Carl Mcintire)에 의해서 근본주의가 분리주의, 반사회주의, 반역사주의적 경향을 띠자 해롤드 오켕가(Harold J. Ockenga), 칼 헨리(Carl F. H. Henry), 해롤드 린셀(Harold Lindsell)이 중심이 되어 1942년에 전미복음주의자협회(the National Association of Evangelicals. NAE)이 결성되었다. 당시 NAE에서 표명되었던 신앙고백은 EA의 신앙고백을 그대로 유지하고자 했다고 볼 수 있다. NAE는 5가지 근본진리[7]를 표명하는 근본주의의 신앙을 계승하면서도 분리주의와 반사회주의와 반문화주의적 경향은 극복하고자 했다. 이후 NAE는 51개 국가로부터 서명을 받게 되어 조직과 영향력이 점점 확대되어 갔다.

WCC와 ICCC의 양극단적 경향을 우려한 NAE 지도자들은 전세계적 복음주의의 연대의 필요성을 절감하고 1951년에 영국의 복음주의자들과 연대하여 네델란드의 우드쇼텐(Woudschoten)에 모여서 세계복음주의협의회(World Evangelical Fellowship: WEF)를 조직하고 그 본부를 뉴욕에 두었다. 이때 미국에서는 라이트(J. Elwin Wright)와 오켕가가, 영국에서는 존 스토트와 잭 데인(A. Jack Dain)이 중심이 되어 활동했다.

1951년 이후 30여년 동안 미국과 영국의 여러 복음주의 지도자들이 WEF의 리더십을 가지고 복음주의의 확산을 도모했는데, 특히 데이빗 하워드(David Howard)의 기여가 주목된다. 그의 리더십에 힘입어 WEF는 전세계적인 조직으로 발전하게 되었다. 이 시기에 WEF의 본부는 뉴욕에서 아시아 지역인 싱가포르와 마닐라로 이전하였다가 다시금 미국으로 이전하였다. 21세기가 시작되었던 2001년에 WEF는 세계복음주의연맹

---

[7] 미국 교회의 역사적 보수주의자들이 기독교의 근본적인 진리 즉 그 진리가 무너지면 기독교는 무너진다고 믿었던 5가지 진리는 성경 무오와 그리스도에 관한 4가지 교리들(동정녀 탄생, 기적의 역사성, 대속적 죽음, 육체적 부활과 재림)이다. 미국과 영국의 보수적인 교회 지도자들이 모였던 1895년 나이아가라 사경회에서 위에서 언급된 5가지 진리가 성경해석의 근본적인 원리여야 한다는 의미에서 "근본주의"라는 용어가 처음으로 사용된 것으로 보인다. 1910-1915년에 근본: 진리에 대한 증언 (the Fundamentals: A Testimony to the Truth)란 제목의 소책자 15권이 300만부 이상 출판되어 영어권에 교회의 사역자와 평신도들에게 무료로 배포되었다. 바로 이 소책자 운동으로 근본주의 운동이 본격화되었다고 볼 수 있다. 미북장로교회 총회는 3차례(1910, 1916, 1923년)나 근본주의 5대 교리를 기독교의 근본적인 진리로 천명했던 것이다.

(World Evangelical Alliance: WEA)으로 명칭이 변경되었다.

지금까지의 WEA의 역사를 요약해 본다면 1846년에 EA로 출발하여 1912년에는 WEA로 명칭이 변경되었고, 1951년에는 그 역사성은 그대로 계승하되 명칭은 WEF로 변경되었다. 그리고 2001년에는 WEA로 다시 명칭 변경이 이뤄지게 되었는데, 이와 동시에 영국과 미국 중심에서 아시아와 유럽도 함께 고려하는 방향으로 확대됨으로 글로벌한 시각이 보완되었다. 이 시기에 특히 서구 기독교가 침체되었고 아시아를 비롯한 제3세계 교회들이 약진하였던 것이다. 바로 이런 차제에 WEA는 다음과 같은 상당한 변화를 했다.

1) WEA는 그 영역과 리더쉽, 지역 및 국가별 복음주의 연맹들과 위원회(신학, 신앙의 자유, 선교, 청년, 여성, IT)에서 지구촌 기독교의 중심점에서의 구조적 변천을 포함한다.
2) WEA의 리더쉽은 "복음주의"의 의미, 심지어 그들이 공동체 안에 있는 복음주의자들. WCC, 로잔대회 및 다른 지구촌 단체들과의 관계를 정리하면서 복음주의 의미에 대해 새롭게 규명한다.
3) WEA의 위원회들이 표준을 세움에 있어서 선교 위원회와 사려깊은 전문가들의 도움으로 조직을 강화했다.
4) WEA는 복음주의 연맹과 네트워크 둘 모두로 봉사한다. WEA는 두드러진 범세계적 구성원의 대표들로 성격을 정의하고 인식하며, 그리고 세계기독교대회의 연례대회에 참가한다.[8]

역사적 복음주의자들은 21세기에 들어서면서 WEF를 WEA로 개칭하면서 새로운 동력을 찾고자 했지만 실제적으로는 조직과 재정면에서 취약성을 노출시켰다고 볼 수 있다. 특히 2005년부터 2015년까지 10년 동안 캐나다의 터니클리프(Geoff Tunnicliffe)가 국제 대표를 맡아서 조직과 재정 면에서 내실을 기하고자 노력했고, 또 그의 노력은 일정부분 성공

---

[8] 박용규, "ICCC, WCCC, 그리고 WEF/WEA(세계복음주의 연맹)의 역사적 평가," 230; "History," Who We Are, WEA, http://www.worldea.org/whoweare/history <2021. 3. 7. 접속>.

을 거두었지만, 그는 WEA의 신학적 정체성을 분명히 함에서는 소홀했다
는 비판에 직면하게 되었다. 그의 지도하에 WEA는 로마 가톨릭교회
(RCC)와 연대하여 "다종교 세계에서의 기독교 복음의 증거"라는 조직을
구성하여 가동함으로 내외의 비판에 직면하게 되었다.

　복음주의 교회 연합체로서의 WEA는 기본적으로 그 한계를 드러내는
데, 그것은 다양한 교회들을 쉽게 포용할 수 없는 경직된 교회 협의체,
만성적인 재정 어려움, 너무 서구 중심적인 리더쉽 등이다. 그럼에도 불구
하고 WEA는 현재 전 세계 129개국에 걸친 6억 명 이상의 기독교의 국제
적 네트워크로서의 그 역할을 감당하고 있다.[9]

< 역사적 연구요약 및 평가: WEA의 단체적 특성은 역사적 복음주의이다 >

　위의 역사적 연구를 평가해볼 때, WEA는 128개국의 기독교 단체들이
가입해서 연맹의 형태를 이뤘다지만, 단적으로 말한다면 "협의체"일 뿐이
다. 현재 개신교를 대표하는 연합(Ecumenical) 기관이라면 세계교회협의
회(WCC, 1948년 창립)를 떠올리지만 WEA는 1846년에 설립되었으니,
WCC의 경우보다 그 창립 연도가 100년 이상 앞선 기독교(개신교)의 가
장 역사적인 연합 기관이다. WEA는 자유주의 신학을 표방하는 WCC와
는 달리 세계개혁주의협의회(WRF)와 미국복음주의신학회(ETS) 등과
함께 긴밀한 유대관계를 가지면서 성경 무오사상설을 중심으로 한 역사
적 정통신앙을 표방하고 있다.

　WEA의 신학적 기조는 복음주의이다. 이런 사실은 WEA의 역사적 변
천에서 등장하는 기구들의 명칭에서도 공통적으로 확인되는 바이다. 먼
저 EA(Evangelical Alliance: 복음주의연맹, 1846), EA가 확대 개편된
WEA(World Evangelical Alliance: 세계복음주의연맹, 1912), 미국에서
태동한 NAE(The National Association of Evangelicals: 미국복음주의

---

[9] "History," Who We Are, WEA, http://www.worldea.org/whoweare/history <2021. 3.
7. 접속>.

협회, 1942), 영국과 미국의 교회 지도자들이 연합한 가운데 세워진 WEF(World Evangelical Fellowship: 세계복음주의협의회, 1951), 그리고 WEF가 개칭된 WEA(World Evangelical Alliance: 세계복음주의연맹, 2001) 등의 명칭들에서 공통적으로 나타나는 것이 바로 복음주의이다. WEA는 신학적으로 "복음주의"를 표방하고 있다.

그렇다면 역사적으로 복음주의는 어떻게 이해되어 왔는가? 복음주의란 본래 종교개혁의 신학적 정체성을 갖는 것을 의미하는 것으로 루터파와 개혁파를 포함하는 개신교를 지칭하는 용어로 이해되었다. 박형룡 박사도 복음주의를 종교개혁의 유산을 상속하는 역사적 신앙의 맥락에서 이해하였다.[10] 그러나 시간이 지나면서 복음주의는 청교도 운동, 경건주의, 웨슬리부흥운동, 그리고 대각성 운동 등의 영향으로 종교개혁의 유산에 근거하면서도 개인의 회심을 강조하는 그 자체의 특유의 신학적 뉘앙스를 갖게 되었다. 정승원 교수에 따르면, "개혁주의를 특징짓는 교리나 고백서나 신조들을 가지고 복음주의의 행보나 입장을 평가하는 것은 바람직하지 못하다. 복음주의는 교리나 신학보다는 적용, 사역, 삶, 실천 등에 더 초점을 맞추기 때문이다." 요약하자면, WEA가 종교개혁의 교리적 전통을 소홀히 하지 않지만, 엄밀하게 말하자면, 그것은 "교리적 동맹이 아닌 사역적 동맹 단체"인 것이다.[11]

WEA는 양극단인 WCC와 ICCC 사이에서 중도적 입장을 가진다. WEA의 지도자들은 신학의 내용적인 면에서는 근본주의의 신학은 계승하지만, 분리주의와 반문화적 반사회적 경향을 넘어서야 한다고 본다. 교회 일치와 연합(에큐메니칼) 운동을 위해서라면 종교 다원주의 신학도 기꺼이 수용하는 WCC의 경우는 처음부터 WEA의 연대 대상이 될 수 없었다. 칼 매킨타이어의 ICCC 경우는 우리를 언제든 혼동케 할 위험을 안

---

[10] 박형룡, "복음주의 신앙의 현세," 신학지남 25권 1호 (1958): 26; 라영환, "세계복음주의연맹의 신학적 입장에 관한 연구," 신학지남 86권 2호 (2019년 여름호): 143에서 재인용.

[11] Erroll Hulse, "Berlin in Retrospect," *Banner of Truth* 48.8 (1967), 라영환, "세계복음주의연맹의 신학적 입장에 관한 연구," 신학지남 86권 2호 (2019년 여름호): 162에서 재인용.

고 있다 하겠다. 칼 매킨타이어는 앞에서 설명된 대로 메이첸의 노선에 대해서 반기를 들고 "신앙의 순결"이라는 명분만을 고집한 나머지 지나치게 분리주의적이고 반사회적, 반문화적 경향을 보임으로써 결국은 다수의 교회로부터 외면을 당했고 결국은 그가 세웠던 페이스신학교와 ICCC의 경우는 그 존재감마저 찾기 어려운 지경에 이른 것이다. 바로 이런 ICCC 노선에 실망한 다수의 교회의 지도자들로 하여금 결국 WCC에 합류케 한 참담한 결과를 야기했던 것이다. 본 예장 합동 교단에서는 여러 차례 ICCC와의 교류단절을 결정했던 것이다.

성경은 그리스도 안에서 연합을 명령하고 있다(엡 4:4: "몸이 하나이요 성령도 한 분이시니 이와 같이 너희가 부르심의 한 소망 안에서 부르심을 받았느니라"). 연합은 성경적이고 주님의 명령임을 잊지 말아야 할 것이다. 그러나 잘못된 연합도 있었으니 그런 대표적인 경우로 WCC의 경우를 들 수 있을 것이다. 그것은 연합(에큐메니칼)을 위해서 신학적 정체성을 희생했기 때문일 것이다. 하지만 WEA의 경우는 WCC의 사례와는 다른 경우라 할 수 있을 것이다. 아직은 신학적 정체성을 유지하기 위해서 노력하고 있다고 보여지기 때문이다. 그러나 두 보고서, 즉 **"다종교 세계에 있어서 그리스도인의 증거: 실행을 위한 권고"** 및 **"로마 가톨릭과 세계 복음주의 연맹의 국제 협의(2009-2016)"와** 2005-2015년까지의 터니 그리프 지도하에서 WEA의 신학적 정체성의 약화는 주시해 보아야 할 부분이라 할 수 있다.

II. WEA에 관한 총신교수들의 선행연구

WEA에 관한 선행연구라면 여기에서 다뤄지는 것 외에도 훨씬 더 많은 결과물들이 있다는 것은 엄연한 사실이다. 하지만 여기에서는 본교 총신 교수들의 WEA의 연구물들 중에서 본교의 공식적인 신학저널인 **신학지남**에 실린 논문들을 소개하고자 하는데, 1979년 총신 교수진에서 발표한 총신의 신학적 입장문은 WEA 이슈를 다루는 데 주요한 시금석이 될 수 있다고 여겨져서 먼저 소개한다.

1. 1979년 8월 24일 총신 교수일동의 "총신의 신학적 입장" 천명

하나님의 주권과 영광이 개인의 심성이나 종교적 활동의 영역에만 실현된다고 주장하여 사회와 문화에 대해 부정적 입장을 취하는 근본주의, 경건주의 및 신비주의를 배격하고 우리는 생의 모든 영역에 하나님의 주권과 영광이 실현되기 힘쓰는 개혁주의적 생활관을 강조한다... 그러므로 우리는 영혼구원의 과업을 강조하는 동시에 사회 봉사의 과업도 중시한다. 이웃에 대한 사회 봉사의 과업을 무시하고 하나님과 나와의 수직적 관계의 회복, 즉 구원의 사건만이 신학 내용의 전체인 것처럼 주장하는 극단적이고 편협한 근본주의 사상에 반하여 우리는 양자의 불가분리성을 인정한다.[12]

2. 박용규(총신역사신학), "ICCC, WCC, 그리고 WEF/WEA(세계복음주의연맹)의 역사적 평가." 신학지남 85권 1호 (2018 봄호): 191-275.

박용규 교수의 논문은 WEA에 관해서 대단히 포괄적으로 다루고 있다. 필자에 따르면, WEA의 신학적 노선은 WCC와 ICCC의 노선간의 중도적 입장이다. 특히 박용규 교수는 메이첸 진영에서 이탈했던 칼 매킨타이어의 행로를 주목해 보면서 그가 신학적 순결만을 고집한 나머지 극단적 분리주의, 반 문화주의를 행태를 보였던 점을 특히 경계할 것을 주문하였다.

* WEA와의 관계에 대한 입장 표명

만약 우리가 WEA와 관계를 단절한다면 세계적으로 고립되는 결과

---

[12] "총신의 신학적 입장," 신학지남 46권 3호 (1979년 가을): 6-12.

를 초래하는 것은 물론 아시아 복음화와 세계 선교가 상당히 위축될 것이다. WEA는… 동성애, 종교다원주의 도전, 포스트모더니즘 등 다양한 오늘의 세속주의 도전을 효과적으로 막기 위해서도 그 같은 일에 앞장서고 있는 세계복음주의 세력과 연합하여 대처해야 할 것이다. 무섭게 발흥하는 로마 가톨릭의 확장에 맞서기 위해서도 절실하게 세계 복음주의 형제교회들과의 연대가 필요하다.… 앞으로 WEA 안에 예장 합동이 더 적극적으로 참여하여 역사적 복음주의 전통을 그대로 견지할 수 있도록 영향력을 확대할 필요가 있다고 본다.[13]

3. 정승원(총신 조직신학), "다종교 세계에 있어서 그리스도인의 증거: 실행을 위한 권고" 및 "로마 가톨릭과 세계복음주의 연맹의 국제 협의 (2009-2016)" 보고서에 대한 평가." 신학지남 86권 2호 (2019년 여름호): 49-80.

정승원 교수는 WEA의 논란이 되는 두 문서들, 즉 "다종교 세계에 있어서 그리스도인의 증거: 실행을 위한 권고" 및 "로마 가톨릭과 세계복음주의 연맹의 국제 협의(2009-2016)" 보고서에 관해서 집중적으로 분석하고 있다. 첫 문건에 대해서 WEA 관계자들이 서명하였고 두 번째 문건에 대해서는 WEA의 인사들이 서명하지 않았음에 주목하였다.

* WEA와의 관계에 대한 입장 표명

정승원 교수는 WEA에는 다양한 교단이나 단체들이 있다는 점을 인식하고 한 목소리를 낸다는 어렵다는 현실은 인정하고 있다. 아직은 WEA 내에 다수의 보수주의자들이 포진되어 있음을 알고 WEA와 교류단절보다는 오히려 WEA와 교류관계를 지속적으로 가져야 한다는 것이다.[14] 한

---

[13] 박용규, "ICCC, WCC, 그리고 WEF/WEA(세계복음주의 연맹)의 역사적 평가," 264-265.

[14] 정승원, ""다종교 세계에 있어서 그리스도인의 증거: 실행을 위한 권고" 및 "로마 가톨릭과 세계복음주의 연맹의 국제 협의(2009-2016)" 보고서에 대한 평가," 신학지남 86권 2호 (2019 여름호): 77-78.

편 정교수는 위 보고서의 비성경적 요소들을 지적하는 가운데 특히 "어떤 지적과 비평도 상호 존경의 정신 가운데 주어져야 하고 다른 종교들에 대한 거짓 증거를 만들지 않도록 조심해야 한다"는 보고서의 원리는 바울이 "알지 못하던 시대에는 하나님이 간과하셨거니와 이제는 어디든지 사람에게 다 명하사 회개하라"고 외친 성경적 가르침과 역행하는 것임을 지적한다.[15] 또한 "WCC 나 로마가톨릭과 같은 기구와의 대화와 협의가 아무리 시대적 요청이고 또 중요한 사안이라고 해도 성경 외에 인간의 자율성이나 교황이나 교회의 가르침을 최종적 권위로 삼는다면 아무리 선교와 구제 차원이라고 해도 개혁신학의 순수를 상실할 위험이 있다는 사실을 한시라도 잊어서는 아니 된다"고 경고한다.[16]

4. 김요섭(총신역사신학), "세계복음주의연맹(WEA)의 역사와 활동," 신학지남 86권 2호 (2019년 여름호): 81-108.

김요섭 교수는 교회의 연합은 성경의 원리이며 명령(엡 4:4)이라는 전제하에서 올바른 연합의 원리와 방법의 중요성을 강조하면서 글을 전개해 나간다. 김요섭 교수의 논문에 따르면, WEA는 처음부터 성경에 기초한 교회의 정체성을 분명히 견지하면서 교회의 일치와 연합을 추구하려 한다고 말하고 있다. 그럼에도 불구하고 WEA 스스로도 인정하는 한계들이 분명히 있다. 즉 다양한 교회들의 입장을 포용하는 가운데 정교하고 뚜렷한 신학적 입장을 주장할 수 없는 교회 협의체로서의 한계, 여전히 서구 교회 중심인 리더쉽의 한계, 그리고 가장 큰 문제는 재정적 어려움이다.

---

[15] 정승원, ""다종교 세계에 있어서 그리스도인의 증거: 실행을 위한 권고" 및 "로마 가톨릭과 세계복음주의 연맹의 국제 협의(2009-2016)" 보고서에 대한 평가," 60-61.

[16] 정승원, ""다종교 세계에 있어서 그리스도인의 증거: 실행을 위한 권고" 및 "로마 가톨릭과 세계복음주의 연맹의 국제 협의(2009-2016)" 보고서에 대한 평가," 78.

* WEA와의 관계에 대한 입장 표명

김교수는 이런 한계에도 불구하고 WEA는 6억명 이상의 기독교의 국제적 네트워크로서의 그 역할을 감당하려 하지만 WEA와의 교류와 연합사업에 참여하는 데 있어서는 실제 사역의 내용과 방식이 이들이 표방하는 신앙고백과 모습과 일치하는 지의 여부를 신중하게 예의주시해야 한다고 결론짓는다.[17]

5. 정원래(총신역사신학), "WEA와 한국교회," 신학지남 86권 2호 (2019년 여름호): 109-137.

정원래 교수는 WEA와 한국 교회와의 관계에 대해서 역사적이면서도 객관적으로 잘 기술하고 있다. 정교수는 한기총이 2014년 WEA 총회 개최를 실패했던 점, 2011년의 공동 합의서 등이 본교단 내에서 WEA에 관한 부정적인 기류를 확산시켜왔다고 보고 이에 대한 해명들을 소개하고 있다.

* WEA와의 관계에 대한 입장 표명

필자의 견해로는 현재 WEA와 관계를 단절하는 것은 내부적인 의견의 수렴도 가능하지 않으며 동의와 지지를 받기에는 부족해 보인다. 동시에 전적인 협력관계를 설정하기에도 어려움이 있다. 따라서 WEA의 신앙고백과 그 활동이 현재와 동일하다면 WEA와의 관계는 전면적인 수용보다는 우려되는 부분에 대한 주의를 요청하는 정도의 관계설정이 설득력이 있다고 여긴다.[18]

---

[17] 김요섭, "세계복음주의연맹(WEA)의 역사와 활동," 신학지남 86권 2호 (2019년 여름호): 101, 104-105.

[18] 정원래, "WEA 와 한국교회," 신학지남 86권 2호 (2019년 여름호): 133.

6. 라영환(총신조직신학), "세계 복음주의 연맹의 신학적 입장에 관한 연구," 신학지남 86권 2호 (2019년 여름호): 140-166.

라영환 교수는 1846년 복음주의연맹(EA)이 결성된 이후로 2001년 WEA에 이르기까지 3번의 신앙고백이 일관성 있게 그 신앙의 정체성이 유지되고 있다는 점에 주목하여 글을 전개하고 있다.

* WEA와의 관계에 대한 입장 표명

WEA가 향후 WCC 그리고 가톨릭과의 관계를 어떻게 설정할 것인가에 대해서 분명히 보여줄 필요가 있다.… 이런 우려에도 불구하고 WEA가 모더니즘의 도전과 기독교의 영향력 상실이라는 시대적 과제 앞에서 함께 연대하여 성경을 가지고 세상 속에 들어가 복음을 실천하고자 한 것은 역사적으로 의의가 있다고 여겨진다.[19]

III. 2005-2015년: 터니클리프가 국제대표로 활동했던 시기 (열린 복음주의?)

앞에서도 언급한 바와 같이 (I항의 마지막 부분 p.6), 주의 깊게 살펴볼 시기는 터니클리프가 WEA의 국제대표로 활동했던 시기이다. 특히, 그 기간 동안에 작성된 문서로서 **2011 WEA, WCC, RCC 공동합의서인 "다종교 세계 속에서의 그리스도인의 증거"**(이하 "2011 공동합의서")를 살펴볼 때, 우려할 만한 내용들이 드러난다. 특히 본 항목에서는 1)신학적 정체성 (혹은 선교의 본질)과 2)복음주의의 연합의 범위의 관점에서 평가해보려 한다.

---

[19] 라영환, "세계복음주의연맹의 신학적 입장에 관한 연구," 신학지남 86권 2호 (2019년 여름호): 163.

"2011 공동합의서"는 크게 5가지 항목들로 구성되어 있는데,[20] (1.서문 2.기독교 증거의 기초 3.원리들 4.권고사항들 5.부록: 문서의 배경) 그 합의서의 취지는 신학적 합의문서라기 보다는 단지 "선교를 위한 행동양식" 혹은 "전략적 선교협의"일 뿐이라고 주장되고 있다. 다종교 사회 속에서의 복음전도자의 자세와 태도에 대한 바람직한 제안을 시도하고 있는 것이라는 주장이다. 이슬람, 힌두교 근본주의자들의 폭력, 무례함, 등 극단적이고 파괴적인 행위들의 문제들을 여러 기독교 교단들이 연합해서 대처해가려고 하는 전략적 선교방식에 관한 합의문이라는 것이다.

그럼에도 불구하고 "2011 공동 합의서"에는 몇 가지 해소되어야 할 문제들이 내재되어 있다. 하나는 신학적 정체성 혹은 선교의 본질에 대한 것이고, 다른 하나는 연합의 범위에 관한 것이다.

1. 신학적 정체성

1) **이분법적 접근**: "2011 공동합의서" 서문에는 본 합의서가 신학적 문건이 아니고, 기독교 증거와 관련된 **실제적 이슈**를 취급할 뿐이라고 지적하고 있다.

> 이 문서에서 우리는 선교에 관한 신학적 진술을 펼 의도는 없으며, 다종교 세계에서 그리스도인의 증언과 관련된 실천 문제들을 말하고자 한다.

신학의 내용과 실천적 영역을 구분하는 이분법적 성향은 또한 WEA 홈페이지에서 제시되는 "사명과 비젼"에서도 확인되고 있다.[21] 세계복음주

---

[20] "Christian Witness in a Multi-Religious World: Recommendations for Conduct" (다종교 세계에서 그리스도인의 증거: 실행을 위한 권고사항) WEA, WCC, RCC 공동합의서 (2011). http://www.vatican.va/roman_curia/pontifical_councils/interelg/documents/rc_pc_interel g_doc_20111110_testimonianza-cristiana_en.html <2021. 3. 17. 접속>.

[21] https://www.worldea.org/whoweare/vision-mission <2021. 3. 17. 접속>.

의 연맹의 방향성은 교리나 신학의 순수성을 지향하기 보다는 선교, 전도, 실천을 강조한다는 것이다. 사실 그러한 이분법적 접근방식은 바로 경험, 실천을 강조하는 복음주의의 성격, 특징일 수도 있다.

그러나, 신학(교리)과 선교사역 혹은 윤리적 실천은 분리될 수 없는 것이다. **특히 전도나 선교사역에서 그 둘은 밀접하게 연결되어 있다.** 그리스도인의 **실천도 신학적 정체성을 가지고 수행해야 하기 때문이다.** 역사적 복음주의의 기본적 교리, 신학적 정체성이 확보되지 못하면, 광의의 복음주의[22](열린 복음주의)로 전락될 위험성이 있는 것이다.

사실상 연합사업이라 하더라도 정체성 확보는 필요한데 그것은 지난 세기 기독교회의 역사가 주는 교훈들 중의 하나이다. 20세기 초에 미국 기독교 역사 속에 있었던 근본주의와 자유주의 논쟁 때에도 "근본주의"는 "The Fundamentals"와 같은 책자를 통해서 역사적 기독교 신학의 기본적인 원칙을 견지함으로써 현대 자유주의의 신학의 물결과 대항하여 싸울 수 있었다.[23] 반면에 WCC의 뿌리가 되었던 1910년 에딘버러 세계선교대회는 신학적 정체성의 원칙을 놓았으므로[24] 종교다원주의 혹은 종교혼합주의의 WCC로 전락하게 되었던 것이다.

특히, 복음전도, 선교사역에서는 분명한 신학적 내용이 제시되어야 한

---

[22] Kenneth Kantzer, 현대 신학의 동향 상권 (서울: 도서출판 횃불, 1997), 17. 복음주의가 광의의 의미로 사용되는 경우들을 소개하면서 독일의 복음주의 루터교회(Evangelical Lutheran church)와 한 영국 작가를 예로 들고 있다. 전자는 "복음주의" 교회라고 하면서도 그 교단 안에 하르낙(Adolf von Harnack)이 소속되어있기 때문이고, 후자는 자신을 모더니스트이고 또 그리스도의 신성을 부인한다고 말하면서 자신을 복음주의자라고 말하기 때문이다.

[23] Charles L. Feinberg ed., *The Fundamentals for Today* (Grand Rapids: Kregel, 1958).

[24] John Stott, *Making Christ Known: Historic Mission Documents From the Lausanne Movement, 1974-1989* (Grand Rapids, Michigan: Eerdmans, 1997), xii. 존 스토트에 의하면 1910년에 무교리적 입장(doctrinal indifference)을 취하게 되었던 이유로서, 당시에 주도적인 역할을 했던 존 모트(John Mott)가 켄터베리 대주교인 랜달 데이비슨(Randal Davidson)에게 했던 한 약속의 내용을 지적했다. 그 모임 전에 모트는 영국성공회가 그 대회에 참석하기 위한 조건으로서 그 대회에서 어떤 교리적인 논의들도 제외시킬 것을 약속했었다는 것이다. 그 결과 당시에 짚고 넘어갔어야 할 신학적인 문제들이 간과되는 대회가 되고 말았다는 것이다. 또한 김명혁 교수도 이 대회에는 로마 카톨릭이나 희랍 정교회까지 참석하지는 않았으나, 차기 대회에서는 참석할 것을 기대하는 열망이 있었다고 지적했다. 김명혁, 현대교회의 동향: 선교신학을 중심으로 (서울: 성광문화사, 1987), 44.

다. 전도자의 태도에 있어서는 무례함 없이 예의있는 접근방식이 필요하지만, 그럼에도 **내용적 타협은 거부해야** 한다. "오직 예수"의 선명한 복음을 단호하게 선포해야 하기 때문이다.

2) "매우 위험스러운 원리들": "2011 공동합의서"의 내용들 속에서는 신학적 정체성의 타협을 의미하는 항목들이 발견된다.[25]

먼저, "2011 공동합의서"의 셋째 항목인 **"원리들(principles)" #10은 "타종교 신앙을 배우고, 그들의 진리를 인정할 것"**을 요청한다.

#10 <거짓 증거를 거절하라> "그리스도인들은 성실하고 정중하게 말하여야 합니다. 또한 **다른 이들의 믿음과 실천을 배우고 이해하고자** 귀를 기울이고, **그들 안에 있는 참되고 좋은 것을 인정하고(acknowledge) 존중할 수 있어야**" 한다고 주장한다.

또한 "2011 공동합의서"의 넷째 항목인 **"권고(Recommendations)" #3**에서도 그리스도인들이 다른 종교들의 신자들의 신앙과 종교적 행위를 잘못 대변해서는 안 된다고 하면서, 타종교에 도전하지 말고 그들의 관점을 이해하고 고려해줘야 한다고 권고한다.

힌두교나 모슬렘 근본주의자들의 파괴적이고 무례한 행동들을 고려하여 권고할 수 있는 내용들이라고 생각되지만, 이와 같이 타종교에 도전하지 말고, 그들의 관점을 이해하고 타종교의 참되고 좋은 것을 인정해줘야 한다는 원리들은 사실상 1961년 뉴델리에서 개최되었던 WCC 3차 대회에서 타종교라는 말을 다른 신앙(other faith)로 이해하고 무신앙(no faith)도 하나의 신앙으로 간주되었던 모습이나 International Missionary Conference(국제선교회의) 2차 대회에서 수용되었던 입장 즉 타종교와 기독교의 차이는 진리의 정도의 차이일 뿐, 진리와 비진리의 차이가 아니라는 종교다원주의의 주장과 매우 유사한 원리 혹은 권고인 것이다.[26]

---

[25] 정승원, "다종교 세계에 있어서 그리스도인의 증거," 60.

[26] International Missionary Conference 는 WCC 와 밀접한 관계 속에서 활동해온 단체였

정승원 교수는 이와 같은 항목들은 개혁신학의 관점에서 볼 때, "매우 위험스러운 원리들"이고 "반성경적이고 비기독교적인" 것이라고 바르게 지적해주었다.[27] 정교수는 행 17:28절 이하에 나오는 사도바울의 아레오바고에서의 전도방식을 언급하면서 "2011 공동합의서"의 이러한 항목들의 문제점을 지적해주었다. 아레오바고에서 바울은 타종교인의 가르침을 인정한 것이 아니라, 단지 타종교의 시(고대 헬라 시인의 글에서 제우스를 가리키는 의미를 지닌 "우리는 신의 소생이라"는 구절)를 통해 우리 모두가 하나님의 소생임을 주장하고 있음을 지적했다. 그리고 곧 이어 바울은 하나님의 심판과 회개의 메시지를 전했다는 것이다. 행 17장에서 **바울은 다른 종교인의 관점을 인정하거나 고려해주고 있었던 것이 아니라, 타종교의 관점의 오류를 성경적으로 지적해주고** 있다는 것이다. 즉, 성경의 복음은 반립(antithesis)을 제시해야할 것을 요청한다고 정교수는 바르게 지적했다.[28] 예수님의 복음의 내용이 평화의 메시지를 담고 있으나, 동시에 예수님은 "내가 세상에… 검을 주러왔노라"(마 10:34)고 가르치셨기 때문이다. 그것이 증거되는 과정에서 타종교를 포함하여 불신자의 세계관, 가치관과 부딪히게 되는 복음임을 잊어서는 안된다.

물론 전도자의 태도에 있어서 예의를 갖추고, 무례하지 않는 자세를 지니는 것은 필요하지만, **복음의 진리내용에 있어서는 타종교의 관점을 인정하는 것이 아니라 그들의 오류를 성경적으로 지적하면서 타협없이 '오직 예수'의 복음을 선포해야하기 때문이다.**

3) "2011 공동합의서"에 대한 **터니클리프(WEA 대표)의 평가: "선교의 본질에 대한 합의"**

다. 전호진, "현대교회론과 선교사상," 교회문제연구 제1집−교회문제연구소 (서울: 엠마오출판사, 1987): 55−56.

[27] 정승원, "다종교 세계에 있어서 그리스도인의 증거," 61.

[28] 정승원은 "바울은 아테네 사람들의 신앙과 종교적 행위를 잘못 대변하고 있는 것이 아니라 타종교인의 신앙과 종교적 행위의 거짓을 잘 대변하고 있는 것"이라고 설명한다. 정승원, "다종교 세계에 있어서 그리스도인의 증거," 61.

2장 세계복음주의연맹(WEA)과 교류, 어떻게 할 것인가? 53

"2011 공동합의서"가 단지 실천적인 문제들에 대한 합의서가 아니라, 신학적인 합의서의 위험성을 가지고 있다고 판단하게 되는 또 다른 이유는 WEA 대표인 터니클리프가 "2011 공동합의서"에 대해 평가한 내용 때문이다. 그는 그 합의서가 "다양한 기독교 기구들이 함께 활동하고 함께 말할 수 있는" "기독교 선교의 본질에 대한 합의"[29] 라고 공식적으로 평가하고 있다.

　　다른 곳에서는 "2011 공동합의서"가 선교의 행동양식에 관한 실천적인 접근일 뿐이라고 말해왔지만, WEA 대표가 **선교본질적인 요소들과 연관되어** 있는 합의서라고 결론내리고 있는 것이다. 그렇다면, WEA는 RCC, **WCC와 선교본질적 내용에 대해 상호동의할 수 있는 합의를** 도출하는 것이 가능하다는 말인가? 만일 합의했다고 한다면, 종교개혁의 진리를 거부하는 RCC, 종교다원주의를 포용하는 WCC 와 함께 합의한 선교본질은 무엇이며, 그러한 내용으로 성경적 복음을 전하는 선교가 가능한 것인가? 라고 묻지 않을 수 없다. **"오직 예수"의 복음으로** 그리스도만을 영접하도록 도전하는 것이 성경적 선교이기 때문이다.

　　여기에서 우리는 선교란 무엇인가? 에 대한 근본적인 물음을 제기하게 된다. 선교사역이란 사회, 윤리적 실천사역 혹은 박해받는 그리스도인들을 위한 사역만 분리해서 정의할 수 있는가? 아니면, 복음전도도 함께 해야 하는 것인가? 기본적으로 복음전도나 선교는 총체적 성격을 지닌다. 과거의 잘못된 이분법적 접근은 보수적 복음주의와 자유주의의 양극화를 가져왔다. 전자는 주린 자에게 빵을 제공하는 자비사역이나 핍박받는 자들에게 자유와 정의를 실현하는 일들을 등한시하는 편중성을 지녔다면, 후자는 반대로 복음전도를 등한시하고 해방신학이나 정치적 문제의 관점으로 복음을 해석하려는 경향이 있었다.[30] 그러나, 개혁신학은 하나님의

---

[29] 터니클리프는 "그것('2011 합의서')은 매우 분명하게 기독교 선교의 본질을 포괄한다(it covers very succinctly the essence of christian mission)"라고 평가했다. "Dr. Geoff Tunnicliffe's speech on Christian Witness in a Multi-Religious World: Recommendations for Conduct," 2. http://www.worldevangelicals.org/resources/view.htm?id=289 <2021년 3월 17일 접속>.

주권의 전 포괄성의 원리 안에서 복음전도나 선교사역의 총체성을 가르치고 있으며, 그러한 방향성은 1979년 총신교수 일동으로 발표된 "총신의 신학적 입장"에서 확인되었다.[31] 총신교수들의 입장문은 개혁신학에 기초하여 성경의 복음은 선교사역에 있어서 사회, 윤리적 실천사역 혹은 박해받는 이들을 위한 사역을 배제해도 안 되지만, 동시에 영혼구원을 위한 복음전도가 함께 하는 것임을 지적함으로서 균형있는 관점을 견지하고 있다.[32]

그러므로 "2011 공동합의서"의 방향성이 영혼구원을 위한 복음전도와 분리하여 사회, 윤리적 실천사역 혹은 박해받는 이들을 위한 사역만을 선교라고 간주하려 한다면 그것은 선교사역의 총체성을 간과하는 것이 될 것이다. 만일 그렇지 않고 총신교수 입장문이 제시하는 개혁신학의 방향성을 따라서 "양자의 불가분성을 인정"하고[33] 복음선포가 함께 포함되는 선교사역이라고 생각한다면 개혁신학을 추구하는 총신의 신학은 복음의 성경적 진리를 왜곡하거나 포기하는 RCC 혹은 WCC 와 함께 합의된 복음전도 혹은 선교사역을 수용할 수 없는 것이다.

이러한 점들을 고려해볼 때, "2011 공동 합의서"의 의도, 동기는 이해

---

[30] 존 스토트, 현대를 사는 그리스도인, 한화룡, 정옥배 역 (서울: IVP, 1993), 430. 20세기 초에 등장한 신학적 자유주의와 사회복음주의 진영에서 혼합주의, 세속화, 정치화의 방향으로 치우치게 되자, 복음주의자들은 사회적 책임의 사역들을 자유주의 혹은 사회복음주의로 동일시하는 경향을 띄게 되고, 그 결과 복음주의자들은 모든 형태의 사회적 책임사역들을 부정적으로 간주하게 되었다. 역사적 기독교회의 신앙을 가진 자는 사회적 책임을 위한 사역에 참여하는 것이 불가능하다고 본 것이다. 그러나 이러한 잘못된 딜레마는 개혁신학이 추구하는 바가 아니었다. 김광열, 총체적 복음 (서울: 도서출판 다함, 2020), 227-228.
[31] "총신의 신학적 입장" 제5항에서 개혁신학의 특징으로서 영혼구원과 함께 사회봉사의 중요성을 강조하고 있다. "총신의 신학적 입장," 6-12.
[32] "총신의 신학적 입장," 12. "그러므로 우리는 영혼구원의 과업을 강조하는 동시에 사회봉사의 과업도 중시한다.··· 우리는 양자의 불가분성을 인정한다. 하나님과 나와의 수직적 혹은 종적 관계의 회복, 즉 구원의 사건은 나와 이웃과의 수평적 혹은 횡적 관계의 회복 즉 사회봉사의 영역에 동시적이고 계속적으로 그 영향력을 침투시킨다고 믿으며, 이웃에 대한 사랑과 봉사를 실천하는 삶은 또한 계속적으로 나와 하나님과의 관계를 온전하게 만든다고 믿는다. (약 2:22, 요일 4:20-21)"; 김광열, 총체적 복음, 237-244. 복음전도와 사회적 책임의 불가분성은 분리적 사역유형이나 동일화 유형의 방식이 아니라, "유기적 사역유형"으로서 이해되어야 하기 때문이다.
[33] "총신의 신학적 입장," 12.

하지만, 그 합의서의 내용 안에는 신학적 문제가 내포되어 있다고 볼 수 있다.

신학적 정체성이 무너질 경우, 사도적 복음에서 멀어질 수밖에 없기 때문이다. 종교다원주의를 허용하는 WCC, 비성경적인 가르침들을 견지하고 있는 RCC와 함께 선교본질적으로 합의한 내용을 가지고 선교사역을 바르게 수행할 수는 없는 것이다. 1910년 에딘버러 선교대회의 위험한 상황이 재현될 수 있으며, 에딘버러 대회의 무교리주의 내지는 포용주의가 교회와 선교사역에 있어서 사도적 복음의 순수성(purity)의 상실로 이어졌던 역사의 교훈을 기억해야 할 것이다.[34]

2. 연합의 범위: (다양성의 문제)

둘째로 검토해야할 요소는 "2011 공동합의서"에서 언급하고 있는 "우리" "그리스도인"들은 누구이며, "기독교"는 어떤 기독교를 의미하는가? 의 문제이다. 합의서 내용의 표면적인 의미에서 그 합의서 서명에 참여한 RCC, WCC가 포함되는 것이고, WCC의 종교다원주의적 성격을 고려한다면 유대교나 모슬렘 등까지도 포함된다고 볼 수 있을 것이다.

그와 같은 언급들은 "2011 공동합의서"의 본문들 안에는 여러 곳에서 확인해볼 수 있다. 합의서의 각 항목들 속에서 그리스도인들의 협력과 연대를 제안하는 부분들마다 이러한 "연합의 범위"에 대한 문제가 드러난다.

1) "서문"(Preamble)에서 합의서의 기본적인 성격을 설명하면서, "이 문서에서 우리는 선교에 관한 신학적 진술을 펼 의도는 없으며, 다종교 세계에서 그리스도인의 증언과 관련된 실천 문제들을 말하고자 합니다." 라고 말한다.[35] 그 언급 속에서 언급하고 있는 "다종교 세계에서 그리스도

---

34 김광열, "교회론 연구: 교회의 순결성(Purity)과 연합성(Unity)," 총신대 논총 제24집 (2004): 99-116. 20세기 세계선교운동의 역사는 사도적 복음의 순수성을 간과한 WCC 운동으로 인한 혼란의 시기였다고 볼 수 있다. 역사적 기독교회의 정체성을 포기함으로써 혼합주의, 사회화, 정치화의 길로 들어섰기 때문이었다.

인의 증언"이라는 표현이 가리키고 있는 그리스도인은 누구를 말하는가? 그리고 그 그리스도인의 증언이란 어떤 증언의 내용을 담고 있는가? 당연히 그 합의서에 참여하고 있는 RCC, WCC를 포함한 그리스도인일 것이며, 그들이 함께 연대해서 제시하는 증언들을 의미한다고 봐야할 것이다.

  2) 둘째 항목인 "기독교 증거의 기초"(A basis for Christian Witness)의 제5항에서 "**그리스도인들**은 복음 증거에 있어서 **서로가** 결속하여… 증거하는 것"이라고 말한다.[36] 여기에서도 서로가 결속하여 복음증거에 함께 하게 되는 그리스도인들이란 결국 RCC, WCC를 포함한 그리스도인들이 함께 결속하여 증거하는 것을 의미하는 것이다.

  3) 셋째 항목인 "원리들"(Principles)의 제8항에서도 "상호 간의 존경과 협력"(Mutual respect and solidarity)를 제안한다. "**기독교인은 상호 간의** 존경심을 가지고 함께 정의, 평화, 그리고 공동의 선을 증진하면서… 사역하도록 부름을 받았다. **종교 간의 협력**은 그런 헌신에서 필수적이다."라는 원리를 제시한다.[37] 여기에서도 상호간에 존경심을 가지고 협력하여 사회적, 윤리적 책임을 추구하는 일에 함께하는 기독교인이란 RCC, WCC를 포함하는 기독교인인 것이다.

  4) 넷째 항목인 "추천사항들"(Recommendations)의 제1항은 "**기독교 증거를 수행함**에 있어서… 연합적으로 그리고 **다른 종교 대표들과의 자문 가운데** 행해져야 한다."라고 제안한다.[38] 그렇다면 복음증거나 선교사역

---

[35] This document does not intend to be a theological statement on mission but to address practical issues associated with Christian witness in a multi-religious world.

[36] 5. In some contexts, living and proclaiming the gospel is difficult, hindered or even prohibited, yet **Christians are commissioned** by Christ to continue faithfully in solidarity **with one another** in their witness to him.

[37] 8. Mutual respect and solidarity. Christians are called to commit themselves to work with all people in mutual respect, promoting together justice, peace and the common good. Interreligious cooperation is an essential dimension of such commitment.

에 있어서 종교다원주의 내지는 혼합종교를 포용하는 WCC 와 함께 결속하여 "성경의 복음"을 증거할 수 있다는 말인가? 더욱이 이 항목에서는 "다른 종교 대표들과의 자문 가운데" 행해져야 한다고 권고한다. 그런데 WCC 의 역사는 그 동안 종교다원주의 혹은 혼합주의를 포용하는 모습을 보여 왔다. 일례로 1991년 캔버라에서 열렸던 WCC 7차 총회는 정령신앙 (animism)을 기독교의 성령님과 혼동하며 환경론자, 타종교 옹호자들이 함께하는 초혼제도 허용했던 모임이었다. 성령의 이름으로 종합을 추구하는 종교혼합주의가 허용되는 WCC 대표들과 함께 자문을 구하며 성경적 선교사역을 하는 것이 과연 가능한 일인가?[39]

그런데 이와 같이 "2011 공동합의서"에서 나타나는 "광의의 복음주의"[40] 성향은 WEA의 신학위원회 부총무인 쉬르마커(T. Schirrmacher)의 논문 속에서도 드러난다. 존슨(T. Johnson)과 함께 공동저자로 Evangelical Review of Theology에 게재한 소논문 "Collaboration without Compromise : The World Evangelical Alliance and Roman Catholic Leaders"은 WEA가 RCC 지도자들과 진행해왔던 협력과 대화에 대한 비난들에 답변하면서, 그들의 아젠다가 무엇인지를 설명하고자 했다. 핵심 개념은 바로 논문 제목에서 확인된다.[41] "Collaboration without Compromise" 즉 타협없이 협력할 수 있다는 것이다.

---

[38] 1. ⋯ Where possible this (Christian witness) should be done ecumenically, and in consultation with representatives of other religions.

[39] E. Clowney, 교회, 황영철 역 (서울: IVP, 1998), 20−21, 176−177. "성령이여 오소서!"라는 주제로 1991년에 캔버라에서 모였던 WCC 7차 총회에는 한국에서 참여한 정모 교수가 폭력의 희생이 되어 죽은 자들의 영을 불러내는 초혼제를 드렸었다. 성령의 이름으로 여러 종교들의 종합을 추구한 그 총회에서는 "기독교 외의 종교들과의 지속적인 대화와 만남을 가질 것"을 주장하며, "다른 사람들의 진리의 체험에 대하여 열려있기를 추구한다"는 목소리가 들려졌다.

[40] 위의 각주 #22를 참고하라.

[41] T. Schirrmacher and T. Johnson, "Collaboration without Compromise: The World Evangelical Alliance and Roman Catholic Leaders," *Evangelical Review of Theology* 42.1 (2018): 65−68. 쉬르마커는 WEA 안에서 Associate Secretary General for Theological Concerns로, 그리고 존슨은 Religious Freedom Ambassador to Vatican으로 섬기고 있다.

그 논문에서 쉬르마커가 제시하는 첫 번째 주장은 RCC 이나 다른 신앙인들과의 협력이 필요한 곳에서는 자신들의 신학적 확신들을 변경하거나 타협함 없이 서로 존경하는 자세로 대화할 수 있다는 것이다. 자신들은 RCC 이나 다른 종교들과의 대화를 진행해오면서도 결코 역사적 복음주의 내지는 개혁신학의 교리와 가르침을 타협함 없이 온전히 견지해왔다고 강조한다. 자신들의 신학은 조금도 변한 것이 없고, 오직 자신들이 쉐퍼(Francis Schaeffer)로부터 배운 한 가지 성경적 원리에 충실하려 한 것이라고 말했다. 그것은 요 13:35에 근거한 원리라고 하면서 다음과 같이 설명한다.[42]

> ··· 우리 모두는 (쉬르마커와 존슨) 그것을 쉐퍼에게서 배웠고, 쉐퍼는 그것을 요한복음 13:35절에서 알게 되었다. 불신 세계는 우리들이 주님의 제자됨의 증거로 서로 다른 그리스도인들을 사랑하는 것을 보여달라고 요구한다는 것이다. 그리스도인들 사이에서 그러한 사랑을 나타낸다는 것은, 그리스도인이라고 불리우는 다른 기관들의 지도자들과 서로 교류하며 또 그리스도인이라고 불리우는 사실 때문에 박해당하고 있는 이들을 변호해주는 일이 포함된다고 우리는 믿는다.[43]

다른 기독교회 단체 혹은 교단들이 몇 가지 신학적인 주제들에 대해서 서로 다른 입장을 가진다고 하더라도 그 교단의 지도자들과 친밀한 관계를 가지며 교류하는 것은 문제될 것이 없다고 보는 것이다. 요 13:35에 의하면, 오히려 그것은 예수님이 가르쳐주신 제자도의 증거가 된다는 것이다. 그러한 관점에서 WEA가 공산국가에 복음을 전파하고 가난한 사람들을 돕는 사역을 하는 것은 신학과 교리가 좀 달라도 서로 협력할 수 있다는 접근방식을 택하고 있는 것이다. 그러한 방향성 아래에서 WEA

---

[42] 너희가 서로 사랑하면 이로써 모든 사람이 너희가 내 제자인 줄 알리라.

[43] Schirrmacher and Johnson, "Collaboration without Compromises," 66.

지도급 신학자인 쉬르마커가 부산에서 개최된 제10차 WCC 총회에 참가하는 일들이 발생했다고 볼 수 있다.[44]

여기에서 중요한 것은 "서로 함께 협력할 수 있다"고 생각하는 다른 교단들의 범위가 어디까지인가? 의 문제이다. 그것은 역사적 기독교회의 신앙과 신학을 견지하는 복음주의 안에서의 교제와 교류 및 연합이어야 한다.[45] 성경이 가르치는 사도적 복음의 순수성을 잃어버린 현대신학이나 종교다원주의 혹은 혼합주의를 따르거나 허용하는 교단들과는 함께 복음의 의미를 공유하거나 복음전도, 선교사역에 함께 협력할 수 없기 때문이다.

쉬르마커가 언급한 요한복음 13장 35절의 말씀은 예수 그리스도가 그의 제자들에게 주신 말씀이다. 그 구절에서 "너희가 서로 사랑하면"이라

---

[44] 대한예수교장로회 합동교단 제104회 총회 보고서에는 총회 신학부 부장의 이름으로 쉬르마커 박사에게 전달한 공개질의서가 공개되어 있다. 그 질의서에는 쉬르마커가 제10차 WCC 부산 총회에 참석한 부분에 대한 질의도 있었다. 그는 그 질의에 대한 답변서에서 자신이 역사적 기독교회의 신학적 입장을 견지하고 있음을 밝히면서, WCC 와는 사안별로 선별적으로 협력하고 있다고 답변했다.(예를 들면 인신매매 문제와 같은 사회-정치적인 이슈들) 『제104회 총회 보고서』 525-530. David Parker, "Discerning the Obedience of Faith," World Theology Series 3. 149. 쉬르마커가 WCC 부산 총회에서 주강사로 참여하는 모습을 담은 사진이 실려 있다.

[45] 예를 들면 WCC 가 협력하여 활동하고 있는 Global Christian Forum(이하 GCF)을 들 수 있다. 반 비크(Huibert van Beek)에 의하면, GCF 포럼은 2007년에 케냐에서 첫모임을 개최한 이후로, 계속해서 2011년과 2016년에 2차, 3차 모임을 개최해왔는데, 그 참석자들 중에는 루터교, 감리교, 오순절교회, 구세군교단뿐 아니라, 안식교(Seventh-Day Adventist)까지도 함께 하고 있다고 밝히고 있다. 더욱이 GCF 가 제시하는 "purpose statement"에는 삼위일체 하나님과 예수 그리스도의 온전한 신성과 인성 교리만을 고백하면 다른 기독교 교회나 단체들과 함께 할 수 있다고 밝히고 있다. 이러한 모습은 본고에서 지적한 역사적 복음주의 정체성을 넘어서는 "연합의 범위의 문제"를 드러내고 있는 것이라고 볼 수 있는 것이다.

https://www.strasbourginstitute.org/wp-content/uploads/2014/08/The-Global-Christian-Forum.pdf <2021. 3. 18. 접속>. Huibert van Beek and Larry Miller, eds., *Global Christian Forum: Discrimination, Persecution, Martyrdom, Following Christ Together* (Bonn: Culture and Science, 2015). 물론 이러한 사역들은 다종교 사회 속에서 강제개종이나 폭력적 수단을 사용하는 것과 같이 비인간적인 방법들이 동원되는 것을 자제하고 상대방을 존중하며 서로 대등한 관계 속에서 종교와 선교의 자유가 주어지도록 하려는 취지 아래 진행되고 있다. 근본주의 이슬람이나 힌두교 및 독재국가 속에서 그리스도인들이 겪고 있는 사회적 차별, 살해, 인신매매 등의 상황에 공동으로 대처하기 위한 시도들이라는 것이다. 그럼에도 불구하고 이러한 사회적, 윤리적 문제를 위한 공동대처가 역사적 복음주의를 떠나 성경적 교리의 근간을 무시하고 진행되거나, 그것을 "선교의 본질적 합의"라고 간주하게 될 때, 그 문제의 심각성을 지적하게 되는 것이다.[위의 III.1.3)항 참고]

는 말씀은 예수 그리스도만을 구주로 영접한, 성경적 그리스도인들이 서로 사랑하는 것을 의미하는 것이지, 현대신학을 받아들이고 종교다원주의와 혼합주의의 관점으로 기독교를 이해하는 신앙인들까지 포함해서 그리스도의 제자들로 인정한다는 것을 의미하는 것은 아니다. 물론 그리스도인은 세상의 불신자들도, 이단들까지도 사랑하고 그들을 하나님 나라의 백성으로 인도하도록 노력해야 한다. 그러나 그들을 사랑한다는 의미가 복음전도나 선교사역을 함에 있어서도 성경적 진리를 타협하면서까지 그들을 사랑하는 마음으로 그들과 함께 해야 한다는 것을 의미하는 것은 아님이 분명하다.

2013년에 부산에서 개최될 WCC 10차 총회를 앞두고, 2010년에 작성된 <WCC에 대한 총신대학교 신학대학원 교수회 성명서>는 이 부분에 대해서 우리에게 중요한 방향성을 제시해준다. 그 성명서는 WCC에 대한 분명한 반대 입장을 표명하였다. WCC가 교회의 연합, 봉사를 위한 노력을 해왔으나, 기독교의 본질을 떠난 가르침을 포용하면서 행했던 연합과 봉사의 노력은 성경적인 관점에서 떠난 것이므로 문제가 있다고 본 것이다. 성명서의 서문은 다음과 같은 내용을 담고 있다.

> 자유주의 세속신학과 종교다원주의를 표방해 온 WCC의 10차 부산 총회(2013년)를 유치하였다.… **WCC는 교파 간의 신앙고백의 차이에도 불구하고 교회의 연합과 일치, 그리고 봉사를 위해 노력하였으나, 성경의 절대적 계시와 정통교리의 가르침을 거부하므로 기독교의 본질 자체를 왜곡하고 있다.**… 이에 총신대학교 신학대학원 교수 일동은 WCC의 비성경적인 신앙과 신학의 문제점들을 전국교회 앞에 알리는 바이다.[46]

교회의 하나됨도 중요하고 또 그리스도인의 사회, 윤리적 책임이나 가

---

[46] "WCC에 대한 총신대학교 신학대학원 교수회 성명서," 문병호, 교회의 '하나됨'과 교리의 '하나임' (서울: 지평서원, 2012), 25-27에서 인용.

난한 이들을 위한 연합사역도 중요하지만 사도적 복음의 순수성이 타협되어서는 안 된다는 점을 지적하고 있다. 기독교회가 하나로 연합되어야 하지만, 그 연합의 범위 안에 역사적 기독교회를 떠난 이들까지 포함할 수는 없기 때문이다. 복음주의의 다양성을 말한다면, 그것은 역사적 복음주의 범위 안에서의 다양성으로 제한되어야 한다.[47] 성경적 복음에서 떠난 자유주의, 종교혼합주의, 종교다원주의를 포용하는 기독교는 "그리스도의 몸"된 성경적 교회의 정체성을 상실한 단체들이므로, 그들과는 복음전파나 선교사역 뿐만 아니라, 사회, 윤리적 책임사역에 있어서도 함께 협력하는 것은 문제가 있다고 본 것이다.

3. "2011 공동합의서"에서 드러난 WEA 신학연구 요약 및 평가

WEA가 최근 21세기 초반에 추진해온 RCC, WCC 와 같은 타 교단 및 단체들과의 신학적 협의나 선교전략적인 합의들은 나름대로 다종교사회 속에서의 선교전략을 세워가기 위한 의미있는 시도들이 포함되어 있는 것이 사실이다. 오늘의 세계적 상황이 사회, 윤리적 책임 사역을 위한 "협업"의 필요성을 말해주고 있기 때문이다.

그러나 본 항목에서 검토한 내용들을 종합해볼 때, "2011 공동합의서"에는 다음과 같은 두 가지 문제점들이 드러나고 있다.

첫째는 RCC, WCC 와의 선교협의에 있어서 영혼구원을 위한 복음전도 사역은 제외하고 사회적 책임 사역에 대한 선교전략적 협의만을 논의하였다는 점이다. 성경적 선교란 복음전도사역과 사회적 책임사역 모두를 포함하는 것이므로, 그 두 사역들은 서로 유기적인 관계 속에서 추진되어야한다. 전자를 제외한 사회, 윤리적 사역은 성경적 복음에서 떠난 사역으

---

[47] 김광열, 그리스도 안에 있는 구원과 성화 (서울: 총신대학교 출판부, 2000), 97-98. 예를 들면 성화론과 같은 신학적 주제에 대해서도 역사적 복음주의 신앙을 지닌 교단들 안에서는 얼마든지 긍정적인 토론과 대화가 진행될 수 있는 다양성을 인정할 수 있다. 그러나 기독교의 본질 자체를 왜곡하는 자유주의 세속신학과 종교다원주의를 인정하는 기독교와는 함께 갈 수 없는 근본적인 차이가 있는 것이다.

로 전락될 가능성이 있기 때문이다.[48] 1979년 총신교수 일동으로 발표된 "총신의 신학적 입장"도 바로 그 점을 강조한다. 개혁신학이 가르치는 하나님의 주권의 전 포괄적 성격을 강조하면서 "영혼구원의 과업"은 "사회봉사의 과업"과 함께 해야 함을 지적했다. 그 양자의 불가분성을 강조한 것이다.[49]

그러한 점에서 "2011 공동합의서"가 영혼구원을 위한 복음전도 사역에 대한 분명한 언급은 제외한 채, 사회 윤리적 사역만으로 선교합의를 이루려했다면 그것은 선교의 본질을 간과하는 오류를 범한 것이다. 만일 터니클리프가 지적한 대로 "선교의 본질적 합의"를 진정으로 추구하려 했었다고 한다면, 복음전도 사역에 관한 선교협의가 의제로 포함되었어야 했었다. 그러나 그럴 경우 그 자리에서 협의되는 복음전도 사역에서 과연 종교다원주의를 허용하는 WCC 나 종교개혁의 가르침을 거부하고 있는 RCC 와 함께 증거할 수 있는 복음이란 어떤 복음이었을까? 라는 의문이 남게 된다.

둘째는 복음주의의 연합의 범위에 있어서 역사적 복음주의의 범주를 넘어서서, 성경적 복음에서 떠난 자유주의나 종교혼합주의, 종교다원주의를 포용하는 단체들에까지 나아간다는 점이다.

"2011 공동합의서"에서 드러나고 있는 WEA의 기본적인 입장은, WEA 는 복음주의자들의 협의체이고 세부적인 교리상의 일치를 위한 연맹은 아니기 때문에 다양한 교단이나 교리적 입장들에 매이지 않고 선교를 위한 윤리강령 혹은 가난이나 종교핍박과 같은 사회문제들을 위한 사역들에 있어서는 연합하여 봉사하며 협력할 수 있다는 것인데, 그렇다면 앞에서 지적한 바와 같이, 이분법적인 접근을 하게 될 것이고, 결국 "열린 복음주의"의 방향으로 나아갈 위험성을 지니게 된다.[50] 물론 그리스도를

---

[48] 김광열, 총체적 복음, 237–244. 복음전도와 사회적 책임 사이의 관계는 동일화의 오류나 분리적 접근방식의 오류를 넘어서 유기적 관계로 이해되어야 한다.

[49] 위의 각주 #32 참고.

[50] 위의 각주 #22 참고.

머리로 삼고 있는 참된 그리스도인들 사이의 연합은 필요한 것이다. 다시 말하면, 성경적 진리를 견지하는 역사적 복음주의 교단들 안에서의 연합과 협업은 가능하지만, 성경적 진리를 떠난, 기독교의 본질을 왜곡하는 교단이나 단체들과의 협업은 열린 복음주의로 떨어질 위험성이 있기 때문이다.

그리고 그것은 바로 지난 WCC 10차 총회와 관련해서 총신신대원 교수회의 성명서가 우려하며 지적했던 WCC와 유사한 길을 걷게 될 수 있다. 그 성명서가 지적했던 "교파 간의 신앙고백의 차이에도 불구하고 교회의 연합과 일치, 그리고 봉사를 위해 노력"해 온 WCC의 입장과 유사한 방향을 추구하게 되는 문제를 지니게 되기 때문이다.[51]

IV. WEA 대표적인 신학자들의 공식문서에 나타난 WEA의 신학적 정체성

위의 지적 외에도 "2011 공동합의서"에 대한 심각한 문제 제기에 대하여[52] WEA 신학 분과를 담당하는 쉬르마커와 존슨 그리고 아시아신학연맹을 대표하는 리차드 호웰(Richard Howell) 등이 크게 두 가지 공식 문서를 통해 답변하고 있다.[53] 또한 WEA가 2009년부터 2016년 사이에 로

---

[51] 위의 각주 #46 참고.

[52] 이탈리아와 스페인 그리고 몰타 복음주의연맹은 2017년도 12월 1일 공동으로 발표한 WEA에 대한 공개질의서 문서 속에서 두 가지의 문제점을 지적하고 있다. 첫째는 WEA가 기독교 선교와 전도의 사명을 감당함에 있어서 WCC와 로마 카톨릭과 타협하고, 야합하는 신학적 변질이 있었다는 것이다. 두 번째는 WEA가 로마 카톨릭과 WCC와 보다 긴밀한 연합체로서 하나의 공동 세계조직을 만들기 위해서 전통적인 복음주의 신학과 신앙의 유산을 포기하였다는 것이다.

[53] 쉬르마커와 호웰은 WEA를 대변해서 2017년 12월 23일자로 이탈리아, 스페인과 말타의 공개질의서에 대한 답변으로 "WEA에 대한 심각한 비난: 전혀 근거가 없음(Grave accusations against the World Evangelical Alliance: thoroughly unfounded)을 발표하였다. https://www.thomasschirrmacher.info/artikel/english-grave-accusations-against-the-world-evangelical-alliance-thoroughly-unfounded/ <2021. 1. 24. 접속>. 이것을 첫 번째 문서로 살펴볼 것이다.

두 번째 문서는 존슨이 WEA 신학위원회가 출판하고 있는 전문 학술연구지인 **복음주의신학**

마 카톨릭과 협의한 내용을 다룬 보고서를 "가톨릭교회와 세계복음주의 연맹 간의 국제협의보고서: 2009-2016 (A Report of the International Consultation between the Catholic Church and the World Evangelical alliance: 2009-2016)"를 발표하였는데 이 문서 안에 로마 가톨릭과 신학적으로 다른 전통적인 복음주의 신학과 신앙의 유산을 표명하고 있다.[54] 이 문서들을 통해서 WEA 신학의 정체성을 확인해볼 수 있다. 단순히 WEA의 신학을 대변하는 쉬르마커와 존슨의 답변 문서 뿐 아니라 이들이 WEA 안에서 출판한, 관련주제들에 대한 단행본 학술저서들을 통해서도 이분들의 신학적 성향을 고찰할 것이다. 또한 WEA 의 신학 전문학술지로서 **복음주의신학연구**(*ERT*)의 최근 논문들에 대한 내용들을 살펴볼 것이다.

1. WEA 신학을 공식적으로 대변하는 신학자들의 두 가지 답변 문서와 가톨릭과의 협의 보고서

연구(*Evangelical Review of Theology*) 2017년 4월호에서 2011년도 문서가 나오게 된 배경과 과연 일부 복음주의 교회진영의 지도자들이 우려하고 있는 신학적 변질이 있었는지를 "기독교 문화권 지역 안에서의 역사적 상처를 나타냄으로(Addressing the Scars on the Face of Christendom)"라는 논문에서 답변하고 있다. https://theology.worldea.org/wp-content/uploads/2020/12/ERT-41-2.pdf <2021년 1월 24일 접속>. 이것을 두 번째 문서로서 살펴볼 것이다. 또한 2011년도 문서가 나오기 일 년 전에 쉬르마커와 존슨이 WEA 에 속한 국제종교자유위원회의 저널(*International Journal of Religious Freedom*)에서 2011년도 문서의 배경과 동기에 대하여 "왜 복음주의자들에게 선교를 위한 윤리강령이 필요할 것인가(Why Evangelicals Need a Code of Ethics for Mission)"를 논의하고 있다. 이 문서를 두 번째 문서 안에서 함께 살펴볼 것이다. https://www.iirf.eu/site/assets/files/91605/07vol3issue1.pdf <2021년 1월 27일 접속>.

세 번째 문서는 쉬르마커와 존슨이 공동으로 본인들이 속한 세계개혁주의협의회 (World Reformed Fellowship)에서 발표한 내용으로 로마 카톨릭과 협의하는 이유와 그 와중에서도 전통적인 복음주의 신학과 신앙유산의 변질은 없다는 답변의 내용이다. 이 문서의 제목은 "타협 없는 협력"(Collaboration Without Compromise)인데 세 번째로 살펴볼 것이다. http://wrfnet.org/articles/2017/08/wrf-members-thomas-schirrmacher-and-thomas-johnson-discuss-collaboration-without <2021. 1. 25. 접속>.

[54] 이 문서의 내용을 정승원 교수가 신학지남에서 전문을 요약해서 소개하며 집중적으로 다루고 있다. 정승원, ""다종교 세계에 있어서 그리스도인의 증거," 62-76.

1) 쉬르마커와 호웰의 "WEA에 대한 심각한 비난: 전혀 근거가 없음(Grave accusations against the World Evangelical Alliance: thoroughly unfounded)"의 답변 문서

이 답변 문서를 통해서 이탈리아, 스페인과 몰타의 복음주의연맹의 지도자들의 심각한 비방이 전혀 근거가 없음을 전체 18가지 항목으로 하나하나 답변하고 있다. 답변의 주된 내용은 다음과 같다. 크게 네 가지로 요약할 수 있다.

① WEA는 단순한 복음주의 진영의 협의체이지 특정 교리나 규율을 정하는 그런 강압적인 기구가 아니라는 것이다. 교리적 문제를 가지고 로마 카톨릭이나 WCC 지도자들과 타협한 적이 없다는 것이다. 그리고 특정한 교리적 입장을 지역 회원들에게 강요한 적이 없다는 것이다.

② WCC나 로마 카톨릭과 협의한 내용들은 다원주의 종교사회 안에서 서로 간에 불필요한 과도한 경쟁이나 상대방을 무시한 일방적인 비인격적 포교활동 등을 자제하고, 원리주의 폭력적인 종교전쟁 등을 피하고, 서로 간에 평등한 관계 속에서 종교와 선교의 자유를 획득하자는 것이다. 이에 관련된 내용들이라는 것이다.

③ WEA는 공식적으로 로마 카톨릭과 공동의 복음화를 단 한 번도 논한 적이 없다는 것이다. WEA의 지도자들은 로마 카톨릭과의 신학적 다름을 분명하게 인식하고 있고, 그것을 타협한 적이 없다는 것이다.

④ WEA는 WCC와 로마 카톨릭과 신학적 차이를 무시하고, 전통적인 복음주의 신학과 신앙의 유산을 이탈하여 단일적인 세계교회기구를 만들기 위해서 WCC와 로마 카톨릭과 단 한 번도 통합을 논의해 본 적이 없다는 것이다.

2) 쉬르마커와 존슨이 공동으로 본인들이 속한 세계개혁주의협의회(World Reformed Fellowship: WRF)에서 발표한 내용으로 로

마 가톨릭과 협의하는 이유와 그 와중에서도 전통적인 복음주의 신학과 신앙유산의 변질은 없다는 답변의 문서이다. 이 문서의 제목은 "타협 없는 협력(Collaboration Without Compromise)"의 세 번째 문서이다.

2011년도의 문서와 연관하여 두 신학자는 2017년도에 "타협 없는 협력(Collaboration Without Compromise)"이라는 제목의 문서를 본인들이 속한 세계개혁주의협의회에서 발표하였다. 여기서 혹자가 비판하듯이 성경의 권위보다 우선한 종교적 경험이나 전통적인 복음주의 진영의 믿음과 은총의 성경적 교리를 경감하거나 본인들의 웨스트민스터신앙고백 위에서 어떠한 흔들림도 없다고 말한다. 로마 가톨릭이나 다른 종파의 지도자들과 협의할 때 기독교인들 간의 가장 기본적인 윤리강령을 바탕으로 논의하는 것이지 어떤 교리적인 교류나 역사적 복음주의 신학과 신앙의 변질을 가져오는 어떤 형태의 교류도 있을 수 없다고 말하고 있다. 그러나 선교적인 측면에서 전략적인 교류를 통해 복음주의자들의 신앙을 저들에게 촉진시키는 일은 결코 중단되어서는 안 된다고 말한다.[55]

3) WEA의 2018년 복음주의신학연구지(ERT)에 수록된 "가톨릭교회와 WEA간의 국제협의보고서: 2009-2016(A Report of the International Consultation between the Catholic Church and the World Evangelical alliance: 2009-2016)" 문서가 있다.

WEA가 8년 동안 로마 가톨릭과 협의한 내용을 보고한 것인데 정승원 교수가 총회의 위탁을 받아서 연구한 논문 속에서 이 내용을 집중적으로 다루면서 평가하고 있다.[56] 정승원 교수의 결론은 로마 가톨릭과 교리적으로 타협하거나 복음주의 신학유산을 포기한 그 어떤 증거도 찾을 수 없다

---

[55] Schirrmacher and Johnson, "Collaboration Without Compromise," 1-4
[56] 정승원, "다종교 세계에 있어서 그리스도인의 증거," 62-76.

는 것이다. 이 협의모임을 주도한 쉬르마커와 존슨은 프랜시스 쉐퍼의 제자들로서 역사적 복음주의와 개혁주의 신학 전통 위에서 로마 가톨릭의 신학적 문제점들을 정확하게 인식하고 있고, 거기서 더 나아가서 가톨릭 내의 소위 가톨릭 복음주의자들을 개신교의 역사적 복음주의 신학으로 선교적으로 인도하려는 분명한 의도를 나타내고 있다. 이것이 쉬르마커가 저술한 WEA의 출판물로서 단행본 학술저서 **면죄권: 면죄권과 연옥의 신학 역사와 실태**(*Indulgences: A History of Theology and Reality of Indulgences and Purgatory*) 등에 잘 나타나고 있다.[57] 쉬르마커는 특정 교황이나 일부 제한된 가톨릭 학자 가운데 역사적인 복음주의 신학의 명제를 인정하고, 복음주의자들과 교리적으로도 협력하려는 시도가 있어왔지만 그러나 그럼에도 불구하고 대다수의 교황과 가톨릭신학자들은 전통적인 트렌트공의회 신학을 고수하며, 성자중보사상과 공덕신학 그리고 마리아의 신격화와 연옥을 주장하는 등 복음주의 신학과 신앙과는 너무나 이질적인 모습을 나타내고 있음을 이 책에서 상세하게 지적하고 있다.[58]

이상의 WEA에 속한 제 신학자들의 주요 답변 문서와 공적 발표문서들과 출판물들을 통해서 WEA의 신학은 역사적 복음주의 기초 위에 서있음을 확인할 수 있다.

V. WCC와의 차별성 있는 WEA의 사역들

1. WEA는 1846년 복음주의연맹(EA)으로 시작되었을 때부터 지금까

---

[57] Thomas Schirrmacher, *Indulgences: A History of Theology and Reality of Indulgences and Purgatory* (Bonn: Culture and Science, 2012).

[58] 쉬르마커는 이 책에서 면죄사상이 가톨릭교회의 역사를 통해서 어떻게 발전되었는지를 상세하게 논하고 있다. 특히 면죄사상이 바티칸 이 공의회를 기점으로 약화되었다가 최근 다시 가톨릭의 주류신학으로 자리매김하고 있는 것을 비판하고 있다. Schirrmacher, *Indulgences: A History of Theology and Reality of Indulgences and Purgatory*, 99-156.

지 네 가지의 공동 관심사를 가지고 있는데, 그것은 그리스도인의 연합 (Christian Unity), 그 당시 노예제도 폐지와 관련된 인권문제(Human rights), 세계복음화(World Evangelism)와 만인을 위한 종교자유 (Religious freedom) 등이다. 바로 이 네 가지 관심사항에 관한 전 세계복음주의자들의 협의가 지금까지 계속되고 있다는 것이다.[59] 그런데 WEA 는 본고의 앞부분에서 고찰한 바와 같이 영국 복음주의연맹의 신앙고백 위에서 창설되었고, 그러한 역사적 복음주의 신앙고백의 토대가 1986년 싱가포르 총회 시에 재확인되었고, 1951년 세계복음주의협의회(World Evangelical Fellowship)에서 WEA로 이름이 바뀌어 질 때 다시 한 번 확증이 되었다. WEA 지도자들은 이 노선 위에서 한 번도 본인들이 이탈한 적이 없다고 단언하고 있다.[60]

2. WEA의 2011년도의 문서는 기독교선교를 위한 최소한의 윤리강령이지 교리적인 교류나 타협이 아니라는 것이다. 2011년도의 문서가 나오기 전 2010년도에 쉬르마커와 존슨은 "왜 복음주의자들이 선교를 위한 윤리강령이 필요한 지(Why Evangelicals Need a Code of Ethics for Mission)"를 WEA 산하의 국제종교자유위원회(International Institute of Religious Freedom)의 국제 저널에 논문형태로 발표하였다.[61] 이 논문에서 11가지 항목으로 복음주의자들의 선교를 위한 필요성을 역설하고 있다. 그 내용을 보면 개신교회의 선교도 역사를 통해 볼 때 타락한 때가 있었고, 성경적인 방법을 사용하지 않을 때도 있었기에 복음주의자들일

---

[59] World Evangelical Alliance, "Christian Witness in a Multi-Religious World," Comments by Geoff Tunnicliffe, C.E.O./Secretary General, June 28, 2011.

[60] WEA 에서 공식적으로 활동하는 모든 신학자들과 교회지도자들은 그들의 글이나 발표문에서 전통적인 복음주의 신학과 신앙유산을 그대로 계승, 유지한다고 계속해서 말하고 있다. 이것은 중요한 일이다. 그들 각자는 자신이 속한 지역교회와 지역복음주의 연맹을 대표하고 있다. 만일 그들의 신학이 세계교회협의회나 로마 가톨릭을 추종하는 신학이라면 자신을 속일 필요 없이 그렇다고 말해야 할 것이다.

[61] Thomas Schirrmacher and Thomas Johnson, "Why Evangelicals Need a Code of Ethics for Mission," *International Journal of Religious Freedom*, 3.1 (2010), 23-37.

수록 더욱 철저한 자기 성찰이 필요하다는 것이다. 따라서 복음주의 진영의 선교는 역사의 교훈을 통해 올바른 선교를 해야 하며 일방적인 선교가 아닌 다문화와 다종교 선교현장 속에서 우선적으로 기독교인들만이라도 서로 평화롭게 종교의 자유와 인권을 증진하는 일에 협력하여 다른 호전적인 근본주의 종교의 위협과 무차별 공격 속에서 선교를 위한 기본적인 윤리강령을 만들 필요가 있다는 것이다. 이것은 종교적 교리 교류가 아니라 인간의 도덕 품성에 근거한 보통은총(자연법)을 토대로 협의하자는 것이다. 여기서 쉬르마커와 존슨은 중요한 협의의 기반을 종교적 교류가 아닌 인간의 도덕적 품성 즉 도덕률에 근거하여 협의를 해나가야 한다고 분명하게 자신들의 신학적 입장을 밝히고 있다. 여기서 두 사람은 철저하게 개혁주의 신학자들로서의 면모를 나타내고 있다. 이것은 교리적 교류나 타협이 아닌 선교를 위한 기본 행동강령을 만들기 위한 접촉점 개발인 것이다.[62]

3. WEA를 대표하는 신학자들은 이러한 협의가 역사적 복음주의신학과 신앙유산 위에서 이루어지고 있다는 것을 관련 주제들에 대한 WEA의 출판물 단독 학술저서를 통해서 확실하게 입증하고 있다. 무엇보다 중요한 것은 세계복음주의 신학위원회의 대표적인 두 신학자들인 쉬르마커와 존슨이 미국 PCA에 속한 유럽에 보내어진 선교사들로서 프랜시스 쉐퍼의 제자들이며 개혁주의자들이라는 점이다. 이들 학술저서들의 목록은 다음과 같다.

1) 토마스 존슨, 성경에 나타난 삼위일체론과 공교회의 선택된 신조들: 연구를 위한 자료 (The Trinity in the Bible and Selected Creeds of the Church: Resources for Study), 2013.
존슨은 이 책에서 교회역사를 통해 삼위일체론이 어떻게 확정되었고,

---

[62] 이것을 9번과 10번 항목에서 집중적으로 논의하고 있다.

발전되어왔는지를 잘 설명하고 있다. 특히 20세기 복음주의 진영의 삼위일체론에 관하여 균형 잡힌 연구를 하고 있다.[63]

2) 토마스 쉬르마커, *미시오 데이: 하나님의 선교적 본질(Missio Dei: God's Mission Nature)*, 2017.

쉬르마커는 잘못된 세계교회협의회의 미시오 데이 개념이 성경에 나타난 삼위일체 하나님의 선교적 본질을 왜곡시키고, 선교를 오히려 부인하게 만들었다고 지적한다. 성경신학적으로 성부 하나님과 성자 하나님 그리고 성령 하나님의 선교적 역할과 관계성을 규명하고, 지상교회의 선교는 성령 하나님의 강림으로 교회가 세워지고, 성령 하나님께서 지상교회를 통해 예수 그리스도를 통한 하나님의 구속사역을 적용시키시며 완성시켜 나가신다는 관점으로 미시오 데이 즉 하나님의 선교 관점에서 또한 선교적 교회를 논하고 있다.[64]

3) 토마스 쉬르마커, *근본주의: 종교가 위험하게 될 때 (Fundamentalism: When Religion becomes Dangerous)*, 2013.

쉬르마커는 근본주의 개념을 미국에서 1910-25년 사이에 일어난 성경의 불오성과 무오성, 그리스도의 신성, 유일무이한 대속의 죽으심과 동정녀 탄생, 그 분의 부활과 재림 등을 믿으며 진화론 및 자유주의 신학을 대적한 딕슨(Dixen)과 토레이(Torrey), 벤자민 워필드(Benjamin Warfield), 제임스 오르(James Orr) 등의 근본주의 운동으로 그 기원을 해석한다. 근본주의 운동은 1930년대부터 1970년대까지는 부정적인 의미로 받아들여졌는데 내세 지향적이고, 사회문제에 관심이 없는 극단적인 보수주의와도 같은 의미이었다. 1979년에 이란의 호메이니 이슬람 신

---

[63] Thomas K. Johnson, *The Trinity in the Bible and Selected Creeds of the Church: Resources for Study*, MBS Texte 179 (2013), 1-21.

[64] Thomas Schirrmacher, *Missio Dei: God's Missional Nature* (Bonn: Culture and Science, 2017), 9-85.

정국가가 등장하게 되었을 때 근본주의는 호전적인 테러리즘과 연관된 정치적 개념으로 받아들여졌다. 쉬르마커에 의하면 오늘의 근본주의는 자신의 이념을 절대화하며, 누구의 말도 듣지 않는 전투적이고, 호전적인 정치적 개념으로 변질되었다는 것이다. 종교적으로 근본주의는 영적 독선과 전투적 경건주의 등으로 그 모습이 나타나며 여기에 폭력은 정당화된다는 것이다. 이러한 종교적 근본주의는 과격한 민족주의와 결합하여 종종 각종 폭력을 야기하는 반달리즘 및 테러리즘으로 나나난다는 것이다. 모든 종교에 이러한 잘못된 근본주의 운동이 세계 도처에서 일어남으로 다른 종교를 가진 사람들을 폭력의 희생물로 삼는 것을 정당화 한다는 것이다. 쉬르마커에 의하면 세속화와 동일시되는 현대주의 운동에도 이런 근본주의개념이 나타나고 있다고 경계하고 있다. 이러한 근본주의개념을 복음주의자들은 경계하고, 그 세력의 확산을 막아야 한다는 것이다.[65]

4) 토마스 존슨, 인권과 기독교윤리(Human Rights and Christian Ethic), 2005.

존슨은 인권이 공산독재 전제주의 정권과 이슬람 샤리아 통치를 주장하는 근본주의 이슬람지역 등에서 어떻게 유린되었는지를 언급하고 있다. 그는 13세기 신학자로서 토마스 아퀴나스의 네 가지 법의 개념을 소개하고 있다. 아퀴나스에 의하면 하나님의 마음에 있는 영원법(Eternal Law), 영원법이 인간의 이성에 심어졌는데 자연법(Natural Law), 특별계시로서 성경에 나타난 신적 법(Divine Law), 모든 문화권과 인간사회에 있는 오류가 가득한 인간법 등이 있다는 것이다. 아퀴나스는 영원법과 신적 법에 근거하여 모든 자연법과 인간의 법을 해석해야 한다고 주장하였다. 인간에게는 불의와 불법한 법에 대항하여 항거할 권리가 있다는 것이다. 존슨에 의하면 인권에 관한 세 가지 이론이 있는데 인권을 공동체 사회로부

---

[65] Thomas Schirrmacher, *Fundamentalism: When Religion Becomes Dangerous* (Bonn: Culture and Science, 2013), 9–110.

터 유래된 일종의 계약 개념으로 보는 것과 인권을 순전한 인간 자신의 존재로부터 유래된 것으로 보는 인본주의 개념과 인권을 하나님께로부터 기원된 것으로 보는 기독교 이론이 있다는 것이다. 1948년도에 선포된 국제인권선언은 기독교이론에 근거한 인권개념이 잘 나타나 있다고 해석을 한다. 이런 의미에서 복음주의자들은 국제인권선언을 바탕으로 인권문제를 논할 때 전략적인 접근을 할 수 있다는 것이다.[66]

5) 토마스 존슨 & 리처드 호웰, 인종주의: 리차드 호웰에 의한 인도의 카스트제도에 관한 글과 함께(Racism: With an Essay on Caste in India by Richard Howell), 2012.

쉬르마커는 성경에 인종주의에 대한 그 어떤 근거도 없으며 하나님에게 모든 인종은 근본적으로 하나님의 형상으로 지음 받은 동일한 인간이라는 것이다. 하나님께서 구약에 유대민족에게 다른 인종과 혼인을 하지 못하도록 하게 한 것은 계시의 역사성에 근거한 신학적이고, 영적인 의미가 있는 것이지 인종주의 개념이 아니라고 말한다. 잘못된 인종주의 개념에 근거한 노예제도, 특정 인종에 대한 말살정책(Genoside) 및 종족 중심주의 등에 대하여 복음주의자들이 어떻게 반대하여 왔는지를 기술하고 있다. 오늘날 유럽의 독일에서 이런 잘못된 인종주의 운동이 집시에 대한 차별, 반셈족주의운동(Anti-Semitism), 국가사회주의, 극단적인 우경화 운동 등으로 나타나며, 인도에서는 호웰에 의하면 심지어 교회 안에서도 카스트제도가 남아 있어서 이런 잘못된 인종주의 개념을 나타나고 있다는 것이다.[67]

---

[66] Thomas K. Johnson, *Human Rights and Christian Ethics*, MBS Texte 54 (2005), 3–10. cf. WEA는 인권문제에 관한 국제협의를 하게 될 때 항상 국제인권선언을 바탕으로 다른 종파 및 종교 지도자들과 전략적인 접근을 하고 있다. WEA, *Global Declarations on Freedom of Religion or Belief and Human Rights* (Bonn: Culture and Science, 2017).

[67] Thomas Schirrmacher, *Racism: with an Essay on Caste in India by Richard Howell* (Bonn: Culture and Science, 2012), 11–108.

6) 토마스 쉬르마커, *인신매매: 노예제도의 귀환*(Human Trafficking: the Return to Slavery), 2013,

쉬르마커는 출애굽기 21장 16절을 들어서 구약시대에 인신매매는 사형제에 속한 중범죄로 다스렸음을 언급하고 있다. 역사를 통해 인신매매는 한 번도 근절된 일이 없다는 것이다. 인신매매의 원인과 실태 등을 자세한 통계와 사례를 통해 소개하고 있다. 인신매매는 서구지역에서는 종종 약물중독 및 성적 범죄와 연관하여 이루어지며 큰 수익을 창출하는 범죄형이며, 이슬람지역에서는 내란으로 인한 포로획득과 여성경시사상 등을 통해 여성에 대한 성적 착취 및 노예판매 등으로 나타난다는 것이다. 근래에는 이슬람근본주의 테러집단이 기독교인들을 공격하여 인신매매, 노예판매 등의 범죄를 저지르기도 한다는 것이다. 이런 일에 대하여 복음주의자들은 서로 결속하여 전 세계의 모든 종교 및 정치지도자들과 함께 인신매매 및 현대판 노예제도를 근절하는 일에 최선을 다해야 함을 역설하고 있다.[68]

이렇듯이 WEA는 가난, 종교탄압, 인신매매, 테러리즘과 같은 현대사회 속에서 공통적으로 겪게 되는 사회, 윤리적 문제들을 여러 기독교 교단이나 단체들과 함께 연대하여 대처해나가려고 한다는 점에서는 WCC와 유사성을 지니지만, WEA를 대표하는 신학자들의 관련 주제들에 대한 신학연구 내용들은 철저하게 성경신학적으로 역사적 복음주의 개혁주의 신학 전통위에서 균형 잡힌 연구를 하고 있다. 따라서 WEA 신학은 전반적으로 WCC의 혼합주의나 종교다원주의와는 다르다고 볼 수 있다.

세계교회협의회의 1971년 벨기에 루베인(Louvain)에서 이루어진 성경관 선언문의 내용과는 근본적으로 다르다. 세계교회협의회는 후기 불트만 주의자들인 캐세만(Ernst Kasemann)이나 에벨링(Gerhard

---

[68] Thomas Schirrmacher, *Human Trafficking: The Return to Slavery* (Bonn: Culture and Science, 2013), 9−95.

Ebeling)의 주도하에 성경의 권위를 부정하고, 역사적 비평주의를 적극적으로 도입하고, 성경을 인간의 실존적 상황에 맞추어서 해석해야 한다는 가다머의 두 지평 이론 아래에 신해석학을 받아들였다.[69] WCC는 1961년 3차 뉴델리 대회에서는 다른 종교를 가리켜서 살아있는 신앙체(Living Faith)라고 부르며 살아있는 신앙체를 가진 사람들과의 대화분과를 만들기도 하였다. 이것은 예수 그리스도가 기독교 안에만 있는 것이 아니라 타종교 안에도 있으며, 그들도 살아있는 신앙체라는 것이다. 즉 기독론적 다원주의(Christ Centered Universalism)인 것이다.[70] 또한 3차 대회에서 호켄다이크가 주장하는 미시오 데이 개념을 공식 선교개념으로 받아들이므로 타인을 위한 교회 분과(Church for Others)를 만들기도 하였다. 호켄다이크의 미시오 데이 개념은 구약의 살롬 의미를 인간성의 완성이 이루어지는 인본주의 개념으로 바꾸어 소위 살롬의 신학을 말하는데 교회는 인간성의 완성을 위한 살롬을 수행함으로 하나님의 선교를 이루는 도구가 되어진다. 이런 의미에서 교회의 선교 사명 수행은 영혼 구원을 전제한 개종 선교가 아니라 정의와 평화를 증진시키며 구조 악의 문제와 투쟁하여 인간의 존엄성을 회복시키는 섬김과 변혁의 전위 도구가 되는 것이다. 하나님의 선교는 교회뿐 아니라 세속단체와 타종교를 통해서도 수행이 되는데 이것은 세상 속에서 하나님의 살롬을 구현하는 행위로 나타난다는 것이다.[71] 즉 이런 선교개념은 사회구원론에 의거한 보편구원설을 주장하게 된다. 3차 뉴델리 대회를 기점으로 1968년의 4차 웁살라 대회,

---

[69] 당시 WCC 지도자들은 세 가지 이유로 성경의 절대 권위를 인정할 수 없다는 견해를 밝히었다. 첫째는 현대사회는 반권위주의 사회이므로 성경의 절대 권위를 주장할 수 없다는 것이다. 두 번째는 역사적 비평적 성경연구방법이 성경의 많은 모순점을 밝혀냈다는 것이다. 세 번째는 고대에 기록된 성경 본문과 현대 독자들의 삶의 괴리가 너무 크다는 것이다. 바로 이런 성경관의 변질이 WCC 신학의 좌경화를 급속화 하였다. "The Authority of the Bible-the Louvain Report," *Ecumenical Review* 23.49 (October, 1971): 426.

[70] WCC New Delli Report, *The Third Assembly of the World Council of Churches*, 1961 (London: S.C.M., 1962), 85-88.

[71] Johannes C. Hoekendijk, *The Church Inside Out* (Philadelphia: Westminster, 1966), 13-31.

1983년의 6차 밴쿠버 대회, 1991년의 7차 호주의 캔버라 대회 등지에서 그리스도와의 동질화를 사회구원론적 입장에서 해석하며, 타종교를 살아 있는 신앙체로 부르며 그리스도 중심적 다원주의 신학뿐 아니라 신론적, 성령신학적 다원주의 신학을 노골적으로 주장하는 입장이 나타나고 있다.[72] 이런 기조는 2006년 9차 포르토알레그레 대회, 2013년 10차 부산 대회에서도 동일하게 나타나고 있다.

그러나 WEA 신학자들은 이미 살펴 보았지만 성경의 절대 권위에 입각한 철저한 계시의존신학의 신학연구방법을 수행하고 있으며 WCC의 미시오 데이 개념을 배격하고, 개혁주의 신학의 균형 잡힌 삼위일체 관점에서의 선교의 선교신학을 정립하고 있다. 그들은 복음선포를 통한 회심선교를 성경적 선교라고 확신한다. 사회구원론에 의거한 보편구원설이나 다원주의를 인정하지 않는다. WEA에 속한 신학자들은 역사적 정통적 복음주의 신학과 신앙을 견지하고 있음을 알 수 있다.

VI. 결론: WEA와의 교류에 관한 총신신대원 교수회 입장

위의 연구내용을 근거로 총신대학교 신학대학원 교수회는 WEA와의 교류문제에 대한 입장을 다음과 같이 정리한다.

1. 지난 104회 총회에서 결의한 바와 같이 WEA와의 교류를 금지하는 것은 바람직하지 않다. 위 IV 항과 V 항에서 확인한 내용을 근거로 생각할 때 WEA의 대표적인 신학자들이 여전히 역사적 복음주의 신학을 견지하고 있으며 또한 WCC와는 신학적 차별성을 지니고 있음이 확실하기 때문이다. 본 교단은 필요한 경우 WEA의 협의체를 통해 특정 문제를 논하고 상호간의 협력과 협조를 구할 수 있을 것이며, 본 교단의 선교현장에 위기

---

[72] 김성태는 WCC의 이들 대회들의 문제점을 원 자료를 중심으로 본인의 저서에서 자세하게 다루고 있다. 김성태, "Ⅷ. 에큐메닉 선교학 발전사," 현대 선교학 총론 (서울: 이레서원, 2000), 463-512.

상황이 발생할 경우 WEA 글로벌 네트워크와 영향력을 활용하여 문제를 해결하기 위한 실제적인 도움을 요청할 수 있을 것이다.

2. 그럼에도 불구하고 위 III 항 "2011 공동합의서에 대한 평가"에서 지적된 바와 같이, WEA는 로마 가톨릭, 세계교회협의회, 그리스 동방정교회, 세계오순절연맹 등의 기관들과 협의하는 과정에서 지나치게 상대방을 의식하며 부정적인 자극을 주는 것을 피하려 하여 신학적으로 우려될 모습을 보여준 것이 사실이다. 그러므로 본 교단은 향후 WEA의 선교협의나 사역들을 예의주시하면서 다음 두 가지를 경계해야 한다.

1) WEA와 교류 및 협의를 진행하는 과정에서 역사적 복음주의 및 개혁신학의 본질을 희석시키는 표현이나 내용이 포함되지 않도록 주의해야 한다.

2) 선교협의 내용 속에 사회/윤리적인 사역에 대한 협의 뿐만 아니라 회심의 열매를 위한 복음전도 사역에 관한 협의가 반드시 포함되도록 해야 한다. 성경적 선교에 있어서 불신자가 죄악을 인식하고 성경적 복음의 도전 앞에 부딪히는(confrontation) 과정은 필수적이다. 이를 놓치게 될 경우, 문화적 명령(Cultural Mandate)만을 수행하려다 전도적 명령(Evangelical Mandate)을 약화시켰던 WCC의 미시오 데이 신학노선이 범했던 것과 동일한 변질에 빠지게 될 위험성이 높다.

3. 앞의 2항에서 지적된 두 가지를 경계함과 동시에, 본 교단은 WEA의 글로벌 네트워크와 전략적 영향력을 활용하여 본 교단의 역사적 개혁주의 신학과 신앙을 적극적으로 확산시킬 수 있는 계기를 만들어 가야 한다. 본 예장 합동 교단은 한국교회의 장자 교단으로서 우리가 갖고 있는 위상과 사명을 잊지 말아야 한다. 바로 우리가 한국교회와 세계 교회의 중심에 서야하는 것이다. WCC 처럼 진리 수호는 포기한 채 교회 일치와 연합만을 추구하는 노선을 경계함과 동시에, ICCC 처럼 신앙의 순결만을 외친

나머지 극단적 분리주의, 반사회주의, 반문화주의로 향하는 노선도 경계해야 한다. 1979년 총신교수 일동의 이름으로 발표된 "총신의 신학적 입장"이 제시해준 바와 같이, 본 교단은 영혼구원을 위한 복음전도 사역과 사회, 윤리적 책임사역을 함께 수행하는 균형잡힌 태도를 견지함으로써 개혁신학의 기치를 세계 교회 안에 높이 들어올려야 할 것이다.

제 3 장

문 교수의 서울 공청회 논문: 교단분열을 조장하는 신근본주의 분리주의적 세계복음주의연맹(WEA) 비판

'세계복음주의연맹'(WEA, World Evangelical Alliance)은 1846년 영국 런던에서 결성된 '복음주의연맹'(EA, Evangelical Alliance)에서 시작된 오랜 역사를 지닌 신앙 운동이다.[1] EA는 공산주의가 발흥하고 다윈의 진화론이 등장하며 독일로부터 자유주의가 밀려오는 상황에서 이러한 현대주의의 도전에 맞서 칼빈주의의 후예들이 중심이 되어 웨스트민스터신앙고백 200주년을 맞는 1846년에 설립되었다. 그런데도 'WEA는 곧 신복음주의다'라는 프레임을 가지고 19세기와 20세기 중엽까지의 일체의

---

[1] 본 논문은 문병호 교수의 2021년 6월 8일 서울공청회 발표 논문, "WEA[세계복음주의연맹] 신복음주의 신학과 에큐메니칼 활동 비판"에 대한 평가와 분석이다. 동일한 논고가 문병호, "WEA 신복음주의 신학과 에큐메니칼 활동비판: WCC에 편승하여 로마 가톨릭과 신학적 일치를 추구하고 포용주의, 혼합주의, 다원주의로 나아감," 신학지남 347(2021년 여름): 53−117에 게재되었고, 이어 단행본으로 출간되었다. 문병호, WEA신복음주의 신학과 에큐메니칼 활동비판: WCC에 편승하여 로마 가톨릭과 신학적 일치를 추구하고 포용주의, 혼합주의, 다원주의로 나아감 (서울: 솔로몬, 2021). 총신대학교 신학대학원에서 30년의 교수사역을 감당하고 퇴임한 이한수, 김성태, 박용규 세 사람의 명예교수들은 175년의 역사를 지닌 건전한 복음적 국제기구인 세계복음주의연맹(WEA)에 대한 바른 정보를 제공하고 총신과 교단과 한국교회가 극단적인 방향으로 나가는 것에 대해 깊이 염려하는 마음으로 본고를 작성하였다. 본 논고는 문 교수의 신학 전반에 대한 평가도 아니고 더욱이 개인적 평가도 아니다. 지난 수년간 계속된 세계복음주의연맹(WEA) 문제로 예장 합동 총회와 교단이 혼란스러운 현상을 목도하면서 총회가 더 이상 소모전을 중단하고 생산적이고 미래지향적인 일에 힘을 모아야 할 필요성을 절감하고 총신과 총회 및 교단과 한국교회를 사랑하는 마음으로 본고를 작성했음을 밝힌다. 문 교수의 공청회 논문이 처음 발표된 논고이고 그의 신학지남 논고나 책의 논지가 공청회 발표 논고와 크게 다른 점이 없어 공청회 발표 논문으로 기준으로 평가를 진행했다.

100년이 넘는 복음주의운동을 부정하고 WEA를 신복음주의와 동일시하는 사람들이 있다. 표면적으로는 WEA의 기원을 1846년이라고 언급은 하면서도 실제로는 WEA가 1846년이 아닌 1951년 '세계복음주의협의회'(WEF, World Evangelical Fellowship)에서 출발한 운동이라고 해석하며 역사적 단절을 시도한다. 논지의 출발을 1846년이 아닌 1951년 세계복음주의협의회(WEF)로 잡는 것은 'WEA=신복음주의' 프레임을 정당화시키고 복음주의운동을 신복음주의운동으로 폄훼하고 단죄하기 위해서이다. 그런 시도의 전형적인 사례가 2021년 6월 8일 서울공청회에서 발표한 문병호 교수의 논문, "WEA 신복음주의 신학과 에큐메니칼 활동 비판: ─ WCC에 편승하여 로마 가톨릭과 신학적 일치를 추구하고 포용주의, 혼합주의, 다원주의로 나아감"이다.[2]

I. 일체의 복음주의 부정: WEA는 물론 현대복음주의운동을 신복음주의로 단죄

문 교수가 의도적으로 자신의 논문에서 "WEA와 신복음주의자들"이라는 표현을 수없이 반복적으로 사용하는 것은 'WEA는 곧 신복음주의다'라는 자신의 프레임을 정당화시키고 그 논지를 강조하기 위해서라고 판단된다. 하지만 복음주의운동은 1951년 전후에 생긴 것이 아니라 성경과 종교개혁으로 거슬러 올라가는 오랜 역사를 지닌 신앙운동이다. 주지하듯이 역사적으로 종교개혁자들을 복음주의자라고 불렀고, 개신교운동을 복음주의운동과 동일시했으며, 복음주의 각성운동으로 알려진 18세기 1차 대각성운동과 1846년 복음주의연맹(Evangelical Alliance) 결성이 보여주듯 19세기에도 공산주의, 진화론, 자유주의 도전에 맞서 역사적 복음주의 신앙을 지키려는 노력을 경주했고, 그런 노력이 20세

---

[2] 문병호, "WEA 신복음주의 신학과 에큐메니칼 활동 비판: ─ WCC에 편승하여 로마 가톨릭과 신학적 일치를 추구하고 포용주의, 혼합주의, 다원주의로 나아감," 「총회105회기 WEA 연구위원회 공청회 자료집」 (서울: 대한예수교장로회총회 WEA 연구위원회, 2021), 33-71 참조.

기 중엽에도 지속적으로 진행된 것이다. 복음주의운동이 문 교수가 주장하는 것처럼 20세기에 처음 시작된 운동이 아닐뿐더러 복음주의운동 전반을 싸잡아 신복음주의운동으로 매도하는 것은 미국의 신근본주의 분리주의 학자들도 하지 않는 주장이다.

문 교수는 '복음주의=신복음주의=신정통주의=신자유주의'라는 자의적 프레임을 갖고 복음주의운동 일체를 부정하며 현대 WCC 종교다원주의/종교혼합주의 에큐메니칼 자유주의운동과 제 2차 바티칸 신조와 맥을 같이하는 운동이라고 주장한다. 이 같은 해석은 복음주의운동의 역사에 대한 이해부족에서 출발한 것이라고 판단된다.

문 교수는 복음주의와 신복음주의를 구분하지 않고 둘을 동일한 의미로 사용한다. 복음주의는 곧 신복음주의라는 프레임은 문 교수의 논문의 가장 중요한 논제이다.

> 본고에서 특별히 다른 언급 없이 "복음주의"라는 말을 사용할 때는 "신복음주의"를, "복음주의자"라는 말을 사용할 때는 "신복음주의자"를 칭한다. 왜냐하면 신복음주의자들은 자기들의 글이나 성명서 등에서 자기들을 "복음주의자"라고 부르고, 자기들의 입장을 "복음주의"라고 칭하기 때문이다.[3]

문 교수가 이렇게 주장하는 것은 그의 공청회 논문이 증거하듯 모든 복음주의운동을 신복음주의운동과 동일시하고 현대복음주의운동을 반개혁주의운동으로 단죄하려는데 그 목적이 있는 것으로 보인다. 문 교수는 이런 관점을 가지고 미국의 ICCC 의 신근본주의자 칼 매킨타이어와 마찬가지로 스스로 개혁주의 신앙의 순결을 사수하는 진정한 투사(鬪士)로 자임하고 심지어 WEA를 WCC 와 신학적으로 동류의 집단, 아니 그 '책사와 전령'이라고 공격한다:

---

[3] 문병호, "WEA 신복음주의 신학과 에큐메니칼 활동 비판: – WCC 에 편승하여 로마 가톨릭과 신학적 일치를 추구하고 포용주의, 혼합주의, 다원주의로 나아감," 「총회105회기 WEA 연구위원회 공청회 자료집」, 34.

WEA가 WCC와 동류로서 그 책사와 전령의 역할을 충실히 감당
하는 WCC의 위장단체에 다름없다.[4]

이런 주장은 미국의 ICCC 칼 매킨타이어의 신근본주의자들에게서도
찾기 힘들다. 문 교수는 더 나아가 WEA가 '이단이나 이교가 백주에 활보
하는 장'을 마련하고 있는 '패역한 조류의 중심에서 조타수 역할을 하는'
단체라며 이렇게 비판한다.

심히 우려되는 바, WEA가 WCC와 로마 가톨릭과 함께 세 축이
되어 형성한 GCF(Global Christian Forum, 세계기독교포럼)는
2000년부터 지금까지 20년 이상 세계적이거나 지역적인 모임을
계속해 오고 있다. GCF에는 하나님과 그리스도를 믿는다고만 하
면 신학이나 역사적 배경에 관계없이 어느 교단이나 단체라도 회
원이 될 수 있다. 이러하니 이단이나 이교가 백주에 활보하는 장
이 열린 것이다. 이 패역한 조류의 중심에서 조타수 역할을 하는
것이 WEA이다.[5]

문병호 교수의 이 같은 주장은 학계에서 받아들일 수 없는 너무도 극단
적이고 주관적이고 자의적인 해석이다. WEA는 신앙고백이 표방하듯 성
경의 완전무오를 비롯하여 분명한 보수주의적 신앙고백을 표방하고 있다.
미국의 신근본주의 분리주의 신학자들도 복음주의와 복음주의운동 전체
를 신복음주의와 동일시하고, WEA를 신복음주의 집단으로 단죄하지 않
는다. 문 교수의 논문은 WEA와 복음주의 역사에 대한 신학적 역사적 선

---

[4] 문병호, "WEA 신복음주의 신학과 에큐메니칼 활동 비판: – WCC에 편승하여 로마 가톨
릭과 신학적 일치를 추구하고 포용주의, 혼합주의, 다원주의로 나아감,"「총회105회기 WEA 연
구위원회 공청회 자료집」, 35.

[5] 문병호, "WEA 신복음주의 신학과 에큐메니칼 활동 비판: – WCC에 편승하여 로마 가톨
릭과 신학적 일치를 추구하고 포용주의, 혼합주의, 다원주의로 나아감,"「총회105회기 WEA 연
구위원회 공청회 자료집」, 35.

교적 이해부족을 그대로 드러낸 것이다.

문 교수는 게다가 WEA를 WCC나 로마 가톨릭과 마찬가지로 "포용주의, 혼합주의, 다원주의"로 나가는 배도집단으로 매도하였다. WEA를 WCC나 로마 가톨릭과 동일한 집단으로 범주화시키는 노력은 미국이나 영국 학자들 가운데 누구도 시도하지 않는 일이다. 이것은 WEA와 복음주의운동에 대한 심각한 왜곡이 아닐 수 없다.

결론적으로 문 교수는 WEA를 신복음주의와 동일시하고 복음주의가 곧 신복음주의라고 주장하고 WEA가 WCC나 로마 가톨릭과 같이 종교다원주의, 종교혼합주의로 나간다고 주장한다. 이와 같은 주장은 "WEA가 우리 총회가 지켜오고 추구하는 신학적 입장과 크게 다른 점을 찾을 수 없어 교류 단절은 바람직하지 않다"는 2019년 제104회 총회의 결의를 부정하고, 2021년 총신신대원 교수회의에서 절대 다수의 교수들의 결의로 올린 WEA 교류문제에 대한 총신대학교 신학대학원 연구보고서를 정면으로 부정하는 것이고 그런 보고서를 작성한 총신대학교 신대원 교수 전체를 신복음주의로 싸잡아 매도하는 것이나 마찬가지이다.

II. WEA 성경관 곡해: WEA 신앙고백을 성경오류를 인정하는 "신복음주의" 성경관으로 곡해

예장합동이 1907년 독노회 때 한국장로교 표준문서로 채택한 웨스트민스터신앙고백은 성경이 불오한 말씀(The Infallible Word)이라고 천명하였고 구 프린스톤신학자들과 웨스트민스터 신학교 교수들도 성경의 무오와 불오를 구분하지 않고 성경의 완전 영감과 성경의 완전무오를 타협할 수 없는 기독교의 핵심 진리로 천명하였다.[6] 마찬가지로 역사적 복음주의는 성경의 최종적인 권위를 강조하고 성경의 무오성을 간직하는 것을

---

[6] The Members of the Faculty of Westminster Theological Seminary, *The Infallible Word: A Symposium* (Philadelphia, The Presbyterian Guardian Publishing Corporation, 1946), v-viii.

그 어떤 것보다도 중시하였다.[7] "성경은 역사와 심지어 과학을 포함하여 다루고 있는 모든 문제에 있어서 오류가 없다."[8] 영감과 무오는 떨어질 수 없는 불가분리의 관계를 갖고 있다. 정통기독교는 성경이 영감으로 기록되었기 때문에 무오하다고 믿는다. 영감으로 기록된 성경이 오류가 없다고 할 때 그 "성경의 무오성은 원본의 후대 사본들에 적용되는 것이 아니라 원본에만 적용된다."[9] 성경이 영감으로 기록되었고 오류가 없다는 것은 성경이 증거하고 또한 기독교 2천년의 역사가 증거한다.

> 어거스틴―"나는 정경적이라고 불리는 책들에게만 영예를 부여하기를 배웠는데 이러한 책들의 그 어떤 저자도 오류가 없으리라는 것을 나는 확실히 믿는다."[10]
> 마르틴 루터―"성령은 오류를 범할 수 없다."[11]
> 존 칼빈―"무오한 표준"[12]

성경관과 교리에 있어서 WEA는 너무도 분명한 정통개신교의 역사적 신앙고백을 가지고 있다. 성경의 무오성, 삼위일체, 그리스도의 양성, 그리스도의 대속, 육체적 부활, 승천, 육체적 재림에 이르기까지 전통적인 신앙고백을 분명히 천명하고 있다. WEA는 신앙고백에서 성경이 신적으로 영감된 오류 없는 신뢰할만한 하나님의 말씀이라는 사실을 천명했다.

---

[7] Gregory A. Boyd & Paul R. Eddy, 복음주의 신학 논쟁, 박찬호 역 (서울: CLC, 2014), 26-42.

[8] Gregory A. Boyd & Paul R. Eddy, 복음주의 신학 논쟁, 29.

[9] Gregory A. Boyd & Paul R. Eddy, 복음주의 신학 논쟁, 29.

[10] Augustine, *Epistle* 82.1, in *Letter of Augustine,* trans. Wilfrid Parsons, 5vols. (Washington, DC: Catholic University of America Press, 1951), 1:285. Gregory A. Boyd & Paul R. Eddy, 복음주의 신학 논쟁, 32에서 재인용.

[11] Martin Luther, *Works,* ed. *Jaroslave Pelikan and Helmut T.Lehmann,* 55 vols. (St. Luis: Concordia, 1955-73), 14:1073. Gregory A. Boyd & Paul R. Eddy, 복음주의 신학 논쟁,, 32에서 재인용.

[12] John Calvin, *Institute of Christian Religion,* ed. John T. McNeill, trans. Ford L. Battles Library of Christian classics, 2 vols. (Philadelphia: Westminster Press, 1960), 1:149. Gregory A. Boyd & Paul R. Eddy, 복음주의 신학 논쟁, 32에서 재인용.

그런데도 문 교수는 WEA 신앙고백이 성경의 오류를 인정하는 변질된 성경관이라고 곡해한다. WEA 신앙고백 1항에 있는 성경관이 성경의 오류를 인정하는 성경관이라는 주장은 미국 복음주의나 자유주의 신학자들 가운데 어느 누구도 하지 않는, 심지어 미국 신근본주의 분리주의 학자들도 하지 않는 주장이다. WEA가 성경의 무오성을 천명한 것은 WEA 신앙고백을 통해서 분명히 확인할 수 있다.

1. 우리는 하나님께서 주신 본래의 성경원본은 신적으로 영감되었고 정확무오하며, 완전히 신뢰할 수 있는 하나님의 말씀임을 믿으며, 그리고 신앙과 행위의 모든 면에서 절대적 권위임을 믿습니다.

We believe in the Holy Scriptures as originally given by God, divinely inspired, infallible, entirely trustworthy; and the supreme authority in all matters of faith and conduct.

2. 영존하시는 성부, 성자, 성령 삼위일체 한분 하나님을 믿습니다.

One God, eternally existent in three persons, Father, Son, and Holy Spirit.

3. 우리 주 예수 그리스도, 하나님이 육신으로 나타나심[성육신], 동정녀탄생, 죄가 없으신 삶, 신적 기적, 대속의 죽음, 육체적 부활, 승천, 중보사역, 그리고 권능과 영광 가운데 육체적 재림을 믿습니다.

Our Lord Jesus Christ, God manifest in the flesh, His virgin birth, His sinless human life, His divine miracles, His vicarious and atoning death, His bodily resurrection, His ascension, His mediatorial work, and His Personal return in power and glory.

4. 인간의 공로가 아닌 오직 믿음으로 주 예수 그리스도의 보혈을 통해 잃어버린 죄인이 구원을 얻고 성령으로 말미암는 중생을 믿습

니다.

The Salvation of lost and sinful man through the shed blood of the Lord Jesus Christ by faith apart from works, and regeneration by the Holy Spirit.

5. 믿는 자 가운데 내주하셔서 거룩한 삶을 살게 하시고, 주 예수 그리스도를 증거하고 그를 위해 사역할 수 있게 하시는 성령을 믿습니다.

The Holy Spirit, by whose indwelling the believer is enabled to live a holy life, to witness and work for the Lord Jesus Christ.

6. 모든 참된 신자들을 연합하게 하시는 성령과, 그리스도의 몸인 교회를 믿습니다.

The Unity of the Spirit of all true believers, the Church, the Body of Christ.

7. 구원 받은 자와 구원 받지 못한 자 둘 모두의 부활을 믿으며, 구원 받은 자의 생명의 부활과 구원 받지 못한 자의 정죄의 부활을 믿습니다."

The Resurrection of both the saved and the lost; they that are saved unto the resurrection of life, they that are lost unto the resurrection of damnation.[13]

WEA는 위 신앙고백 1항에서 보듯이 성경의 완전 영감에 기초한 성경 무오 사상을 분명하게 천명하였다. 실제로 WEA, 미국복음주의신학회(ETS), 미국복음주의협회(NAE), 1974년 로잔언약, 1978년 성경무오에 대한 시카고 선언, 그리고 '1989년 복음주의 선언'(Evangelical Affirmation)에 나타난 성경관은 구프린스톤신학자들의 성경관과 전혀

---

[13] "Statement of Faith," https://worldea.org/en/who-we-are/statement-of-faith/ <2021. 4. 14. 접속>.

차이가 없다. 그래서 시카고대학의 마틴 마티는 복음주의운동을 하나로 묶어주는 끈이 '성경무오'라고 밝혔다. 성경에 오류가 있다고 주장하는 정통 복음주의 신학자는 거의 없다. 실제로 미국복음주의신학회(ETS)는 매년 성경의 무오성에 대한 신앙을 모든 회원들에게 재확인하고 있고 1980년대 로버트 H. 건드리(Robert H. Gundry)의 마태복음 주석이 문제가 되어 그의 회원권이 박탈된 사례가 증거하듯 만약 어떤 ETS 회원이 성경무오를 믿지 않으면 ETS 회원권을 박탈한다.[14] 개혁파 복음주의 지도자 프랜시스 쉐퍼는 "성경은 가치와 의미 체계와 신앙적인 것들을 말할 때 뿐 아니라 역사와 우주를 말할 때에도 오류가 없다"[15]고 강조했다. 그런데도 문병호 교수는 다음과 같이 왜곡한다.

> 신복음주의자들은 여기 제1조를 근거로 자기들이 정통 개신교 성경관을 견지한다고 말한다. 그러나 그들의 관심사는 성경의 영감과 완전함 자체에 있지 않고, 성경 해석의 실제적 적용성에 있다. 그들은 자기들이 "본성과 관련해서는 성경의 무오(無誤, inerrancy)를 확정하고, 권위 있고 확실한 기능에 관련해서는 성경의 무류(無謬, infallibility)를 확정한다"라고 주장하는데, 사실상 이는 성경의 오류를 인정한다는 말로서, 벤자민 워필드가 "성경은 뜻하는 것이 아니라, 뜻을 지니고 있다"라고 한 말과는 뜻이 상반된다. 워필드의 이 말은 성경 저자가 성령의 감동으로 하나님의 말씀을 받았다는 "계시구술의 영감"과 그 말씀을 적었다는 "계시기록의 영감"을 모두 함의하기 때문이다.[16]

문 교수의 위 주장의 핵심은 WEA 신앙고백 제 1항이 성경의 오류를 인정하는 성경관이라는 것이다. WEA 신앙고백 제 1항의 성경관이 성경

---

[14] Craig L. Blomberg, 복음주의 성경론, 안상희 역 (서울: CLC, 2017), 314-316.

[15] Schaeffer, The Great Evangelical Disaster, 57.

[16] 문병호, "WEA 신복음주의 신학과 에큐메니칼 활동 비판: – WCC에 편승하여 로마 가톨릭과 신학적 일치를 추구하고 포용주의, 혼합주의, 다원주의로 나아감," 「총회105회기 WEA 연구위원회 공청회 자료집」, 38-39.

의 완전 영감에 기초한 성경무오의 성경관이 너무도 확실한데도 그는 WEA 성경관에 대해 "**본성과 관련해서는 성경의 무오(無誤, inerrancy)를 확정하고, 권위 있고 확실한 기능에 관련해서는 성경의 무류(無謬, infallibility)를 확정한다'라고 주장하는데, 사실상 이는 성경의 오류를 인정한다는 말**"이고, "**그들의 관심사는 성경의 영감과 완전함 자체에 있지 않고, 성경 해석의 실제적 적용성에 있다**"고 억지 주장을 한다. 이같은 주장은 WEA 신앙고백의 성경관에 대한 왜곡도 보통 심각한 왜곡이 아니다. 마치 위 신앙고백이 성경무오(inerrancy)를 거부하고 성경불오(infallibility)만을 고집한 것처럼 진실을 왜곡하는데 이것은 미국 복음주의자들의 성경관을 몰라서 하는 주장이다. 잭 라저스와 도날드 맥킴을 비롯한 미국의 진보적인 복음주의 신학자들이 불오(infallibility)와 무오(inerrancy)를 구분하고 성경은 불오하지만 무오하지는 않다고 주장하자 이것을 바로 잡기 위해서 1978년 "성경무오성에 관한 시카고 선언"이 나온 것이다. 불오와 무오 둘을 구분하려는 진보주의 시도는 역사적으로 신학적으로 문제가 있다.[17]

> "우리는 성경이 하나님의 영감으로 주어졌기 때문에 무오하며, 따라서 우리를 오도하기는커녕 그것이 취급하는 모든 문제에 있어서 진실하고 신빙할만하다는 것을 주장한다. 우리는 성경이 주장하는 바가 불오(infallible)하면서 동시에 유오(errant)할 수 있다는 주장을 부인한다. 불오성(infallibility)과 무오성(inerrancy)은 구별되기는 하나, 분리될 수 없다."[18]

"성경무오성에 관한 시카고 선언"은 구프린스톤 신학자들의 성경관을

---

[17] Gregory A. Boyd & Paul R. Eddy, 복음주의 신학 논쟁, 28. Ian Murray, 분열된 복음주의, 김석원 역 (서울: 부흥과 개혁사, 2009), 265. 이안 머레이 역시 둘을 구분하지 않으려 했다. "무오와 불오라는 단어는 오랫동안 같은 뜻으로 사용되었다."

[18] "성경무오성에 관한 시카고 선언," 김의환, 복음주의 신학과 한국교회의 신앙 (서울: 총신대학교 출판부, 2000), 444.

그대로 계승하면서도 더 학적이고 정통적인 성경관을 분명하게 천명한 것이다.[19]

> 4. 성경은 그 전체가 다 축자적으로(verbally) 영감되었기 때문에 그 모든 가르침에 있어서 오류가 없다. 창조에 있어서의 하나님의 행하심이나 세계사적인 사건이나 그 문학적 기원이나 개인생활에 있어서의 하나님의 구원의 은혜에 대한 증거에 있어서도 아무런 오류가 없다.[20]

"성경무오에 관한 시카고 선언"은 이어 간추린 선언문 5항에서 이렇게 성경의 완전무오 사상의 중요성을 재천명했다. "만일 성경의 전적인 신적 무오성이 제한되거나 성경의 자체의 가르침과 역행하여 상대적인 진리관을 주장하면, 성경의 권위는 돌이킬 수 없으리 만큼 손상을 받게 된다. 그리고 그러한 일탈은 개인이나 교회에 엄청난 손실을 초래하게 된다."[21] 이처럼 분명한 완전영감과 완전무오사상을 천명한 현대 성경무오선언은 찾기 힘들다.

1974년 로잔언약은 "2조 성경의 권위와 능력"에 대해 다음과 같이 천명했다. "우리는 신구약 성경 전체가 기록된 유일한 하나님의 말씀임을 믿으며 신적 영감과 진실성 및 권위와 성경 자체가 단언하는 모든 것에 대해서 오류가 없고 신앙과 행위의 유일한 정확무오한 법칙임을 믿는다."[22] 1989년 복음주의 선언에서도 4조 "성경" 조항에서 아래와 같이 전통적인 성경관을 분명하게 천명하였다.

---

[19] Charles Hodge, 그의 아들 A. A. Hodge, B. B. Warfield를 비롯한 구프린스톤 신학자들은 성경의 완전무오를 믿고 가르치고 변호했다.

[20] "성경무오성에 관한 시카고 선언," 김의환, 복음주의 신학과 한국교회의 신앙, 441.

[21] "성경무오성에 관한 시카고 선언," 김의환, 복음주의 신학과 한국교회의 신앙, 441.

[22] "로잔언약," Lausanne Movement, https://lausanne.org/ko/content-ko/covenant-ko/lausanne-covenant-ko <2021. 8. 24. 접속>.

영감된 성경의 진리를 '신앙과 행위'의 영역에만 제한시키려고 하는 시도는 성경의 총체성을 약화시키는 견해이며 또한 더욱 좋지 못한 것은 역사와 자연계 같은 문제에 있어서 오류가 있다는 주장을 하는 시도인데 이것은 성경 자체의 진실성 뿐만 아니라 기독교회의 중심 전통으로부터도 떠난 것이다.[23]

세계복음주의연맹(WEA)의 성경관이 성경 오류를 인정하는 성경관이라는 문 교수의 주장은 전혀 사실이 아니며 매우 심각한 왜곡이다. 시카고 선언이 증언하듯 미국 복음주의자들은 불오와 무오를 구분하면서 성경의 영감과 무오성을 분리시키거나 제한시키는 제한 무오를 분명하게 거부한다. "우리는 성경 전체가 무오하며 … 성경의 불오와 무오성이 영적 종교적 혹은 구원과 관련된 주제들에 한하여 적용되고 역사나 과학의 영역에 대해서는 예외적이라는 주장을 거부한다."[24] WEA 신앙고백이 불오를 사용했다고 해서 성경의 오류를 인정하는 것이 아니다.

이것은 존 우드브리지, 도날드 A. 카슨, 제임스 패커 박사를 비롯한 미국 복음주의 지도자들과 WEA/미국복음주의협회(NAE)/미국복음주의신학회(ETS)에 참여하는 모든 학자들의 입장이다. 종교개혁자들과 구프린스톤 신학이 견지한 성경의 완전 무오는 WEA와 미국의 대부분의 복음주

---

[23] "성경무오성에 관한 시카고 선언," 김의환, 복음주의 신학과 한국교회의 신앙, 454 – 455.

[24] "성경무오성에 관한 시카고 선언" 12항, James I. Packer & Thomas C. Oden, 복음주의 신앙선언, 정모세 역 (서울: IVP, 2014), 70. John E. Ashbrook, 신중립주의, 김효성 역 (서울: CLC, 1994), 51에서 재인용. 불오와 무오를 구분하고 후자를 완전 무오로 전자를 성경이 지리, 과학, 역사에서는 오류가 있지만 구원이라는 측면에서는 권위가 있고 오류가 없다는 제한무오에 대해 1976년 복음주의운동의 선구자 해롤드 린셀은 이렇게 반박했다. "성경무오를 믿는 사람들은 성경무오의 개념을 포함하는 '복음주의자'라는 정의를 위해 힘써 싸우는 것 외에 거의 다른 선택의 여지가 남겨져 있지 않은 것처럼 보인다. 이것은 특히 성경무오 신앙이 그 사람의 신앙입장을 결정하는 진정한 분수령이 될진대 더욱 그렇다. 이것은 제한된 무오를 믿는 이들이 믿음의 가족에서 제외된다는 것을 의미하지는 않는다. 그러나 그것은 모호하게 되어서는 안될 진정한 차이점이 있다는 것을 의미한다. 왜냐하면 제한된 무오설에 내재된 위험성들은 간과하기에는 너무나 중요한 문제이기 때문이다. 일단 성경무오 교리가 무너지면 그것은 바람직하지 않은 결과들을 초래한다는 것이 나의 주장이다. 결국 그것은 배교로 끝마치게 될 것이다. 일단 성경무오 교리가 무너지고 나면 그 다음으로 신학적 변질의 과정을 막을 길이 없다는 것이 나의 의견이다."

의자들이 천명하고 있는 신앙고백이다. 웨스트민스터신앙고백에서도 1881년 A. A. 핫지와 B. B. Warfield가 기술한 『영감』(*Inspiration*)에서도 성경이 "불오"(infallibility)하다고 밝혔지 무오(Inerrancy)라고 밝히지 않았다.[25] 웨스트민스터신앙고백과 1881년 A. A. 핫지와 B. B. 워필드의 저명한 논문 "영감"(Inspiration)에는 '불오' 용어를 사용했지만 성경의 유오성을 인정한 것이 아니다.[26] 성경무오와 관련하여 두 용어는 서로 교호적으로 사용하는 것이 미국 복음주의 신학계의 정설이다.[27] 잭 로저스와 도날드 맥킴을 비롯한 일부 복음주의 진영의 진보주의 신학자들이 이 둘을 구분하려 했지만 성경무오와 관련하여 불오와 무오는 같은 말이다.[28] 따라서 문 교수가 WEA가 "사실상 이는 성경의 오류를 인정한다는 말"[29]이라는 주장은 너무도 심각한 왜곡이 아닐 수 없다. 문 교수의 왜곡은 이뿐만이 아니다. 계속해서 문 교수는 해괴한 주장을 펼치고 있다.

> 주목해야 할 점은 WEA의 이 "신앙선언"에는 451년 칼케돈신경(Chalcedon Creed)에 고백된 중보자 그리스도의 신인양성의 위격적 연합 교리와 종교개혁의 요체인 이신칭의 교리 및 의의 전가 교리가 결여되어 있어서 개혁신학에 고유한 언약신학의 핵심 가치를 발견할 수 없다는 사실이다. 칼케돈 신경을 도외시하게 되면 단성론과 단의론 등 많은 기독론 이단들을 포용하게 되고 다원주의에 문을 열어주게 되며, 이신칭의와 의의 전가 교리를 도외시하게 되면 종교개혁의

---

[25] Archibald Hodge and Benjamin Warfield, "INSPIRATION," *The Presbyterian Review* 6 (April 1881): 225-60. http://www.bible-researcher.com/warfield4.html <2021. 7. 17. 접속> "infallible"이라는 단어가 10번 infallibility가 8번 등장한다.

[26] N. B. Stonehous, 메이첸의 생애와 사상, 홍치모 역 (서울: 그리심, 2003), 481.

[27] 트리니티복음주의신학교 박사과정에 재학하는 동안 박사과정 구두종합시험 때 조직신학 교수 브라운 박사가 내게 둘의 차이가 있는지 여부에 대해 물어보았던 것을 지금도 기억한다.

[28] 이 주제와 관련하여 John D. Woodbridge, *Biblical Authority: A Critique of the Rogers/McKim Proposal* (Grand Rapids: Zondervan, 1981)을 보라.

[29] 문병호, "WEA 신복음주의 신학과 에큐메니칼 활동 비판: – WCC에 편승하여 로마 가톨릭과 신학적 일치를 추구하고 포용주의, 혼합주의, 다원주의로 나아감," 「총회105회기 WEA 연구위원회 공청회 자료집」, 38-39.

핵심 가치가 상실되어 교회는 다시금 중세의 암흑기로 회귀되고 만다.[30]

문 교수는 WEA의 신학에 '451년 칼케돈신경(Chalcedon Creed)에 고백된 중보자 그리스도의 신인양성의 위격적 연합 교리'와 '이신칭의 및 의의 전가 교리가 결여'되어 있다고 주장하는데 어떤 근거로 그런 주장을 하는지 도무지 잘 이해가 가지 않는다. 칼케톤신조는 그리스도의 한 인격 안에 신성과 인성 양성과 양성의 연합에 대하여 매우 중요한 진술을 담고 있다.[31] WEA 신앙고백 3항과 4항에 이것이 분명히 드러나고 있다. 다시 WEA의 신앙고백 3항과 4항을 주목해 보기를 바란다.

> 3. 우리 주 예수 그리스도, 하나님이 육신으로 나타나심[성육신], 동정녀탄생, 죄가 없으신 삶, 신적 기적, 대속의 죽음, 육체적 부활, 승천, 중보사역, 그리고 권능과 영광 가운데 육체적 재림을 믿습니다.
> 4. 인간의 공로(행위)가 아닌 오직 믿음으로 주 예수 그리스도의 보혈을 통해 잃어버린 죄인이 구원을 얻고 성령으로 말미암는 중생을 믿습니다.

여기 3항에는 그리스도의 신인 양성이 분명히 함축되어 있고 4항에 '인간의 공로(행위)가 아닌 오직 믿음으로 … 잃어버린 죄인의 구원'이라고 분명히 천명하고 있다. 이보다 더 이신칭의 교리를 잘 담고 있는 신앙고백도 드물다. 문 교수가 451년 칼케돈 신조의 양성교리가 반영되지 않았다고 하는 것이 양성의 연합, 연합 후 양성 교리를 지칭하는 것인지 모르지만 WEA의 신앙고백은 당연히 칼케돈신조의 양성 교리를 전제한 것이다. 앨리스터 맥그래스가 지적한대로 **"복음주의는 역사적으로 정통 기독교이**

---

30 문병호, "WEA 신복음주의 신학과 에큐메니칼 활동 비판: – WCC에 편승하여 로마 가톨릭과 신학적 일치를 추구하고 포용주의, 혼합주의, 다원주의로 나아감," 「총회105회기 WEA 연구위원회 공청회 자료집」, 39.

[31] 김영재, 기독교 교리사 강의 (수원: 합동신학대학원출판부, 2006), 89-96.

다. 복음주의는 역사를 통해 내려온 기독교회의 중심적인 교리들을 받아들이는데 그 중에는 교부시대의 가장 중요한 두 교리였던 예수 그리스도의 신인 '양성론'과 '삼위일체론'이 포함된다. 이 교리들의 성경적 기초, 신학적 정당성, 영적 타당성 등을 열성적으로 변호한다는 점에서 복음주의는 현대에 있어서 역사적인 정통 기독교의 표준을 지니고 있다는 주장을 할 권리가 있는 것이다."[32] 이 같은 견해는 교회사적으로 정확한 지적이다. 문 교수가 어떤 이유와 근거에서 WEA 신앙고백에는 칼케돈신조가 반영이 되지 않았다고 주장하는지 도저히 이해가 가지 않는다. 종교개혁 이후 어떤 신앙고백도 칼케돈신조를 있는 그대로 삽입하여 재진술하지 않는다. 그것은 당연히 칼케돈 신조의 토대 위에 신앙고백을 구축하고 있기 때문이다. 결론적으로 WEA 신앙고백은 성경의 무오성과 그리스도의 양성교리에 기초한 이신칭의를 전혀 부정하고 있지 않다.[33]

III. WEA 정체성 왜곡: WEA 신학을 신정통주의와 신자유주의와 동일시

신정통주의와 신자유주의는 복음주의운동과 분명히 다른 신앙운동이다. 반틸이 칼 바르트와 에밀 부르너를 "신현대주의"(*The New Modernism*)라고 불렀던 것은 널리 알려진 일이다.[34] 반틸은 이 두 신학자를 깊이 있게 연구한 후 이들이 동일한 원리에 기초하고 있으며 정통주의와 다르기 때문에 신정통주의[위기의 신학]야 말로 신현대주의로 범주화시킬 수 있다고 결론을 내렸다.[35] 역사적 복음주의 전통에 선 자들이라면 복음주의 지도자들 중 어느 누구도 바르트와 복음주의를 동일시하지 않

---

[32] Alister McGrath, 복음주의와 기독교 미래, 정성욱 역. (서울: IVP, 2018), 103.

[33] "Statement of Faith," https://worldea.org/who-we-are/statement-of-faith/ <2021. 7. 17. 접속>

[34] Cornelius Van Til, *The New Modernism* (Philadelphia: The Presbyterian and Reformed Publishing Company, 1947).

[35] Cornelius Van Til, *The New Modernism*, 364

왔다. 보이드(Gregory A. Boyd)와 에디(Paul R. Eddy)가 분명하게 밝힌 것처럼 칼 바르트(Karl Barth, 1886-1968)는 '복음주의권 밖의 신학자'로 성경을 영감으로 기록된 정확무오한 하나님의 말씀으로 받아들이지 않고 그것이 우리의 실존과 만날 때 '하나님의 말씀이 된다'고 주장하는 것은 널리 알려진 일이다.[36] 개혁파 복음주의 지도자 프란시스 쉐퍼는 1948년 칼 바르트가 복음주의자가 아니라고 분명히 밝혔다.[37] 역사적 복음주의 노선의 학자들은 동일한 입장을 갖는다.

복음주의는 신정통주의나 자유주의와는 다르다. 역사적 복음주의는 성경의 완전영감과 완전무오를 받아들인다는 점에서 신정통주의와 다르고 성경의 권위, 믿음으로 말미암는 의, 만인제사장 원리 등 종교개혁의 정신을 그대로 계승한다는 점에서 자유주의와 다르다. 그런데도 문병호 교수는 '상황화' 코드를 끌어내 WEA의 신학을 WCC나 로마 가톨릭 신학과 동일시하고 심지어 신정통주의와 신자유주의와 동일노선의 신학으로 단죄한다.

> WEA 신복음주의자들은 성경 텍스트(text)에 기록된 하나님의 말씀 자체보다 콘텍스트(context)에 적용된 의미에 치중하여 상황화(contextulization)를 중점적으로 거론하였다. '성경의 상황화' 혹은 '복음의 상황화'는 그들이 로잔언약(Lausanne Covenant)에서 내건 최고의 기치였으며, 이를 매개로 WCC 에큐메니칼주의자들과 접촉점을 마련할 수 있었다. 이런 과정에서 '복음주의자들(evangelicals)'과 '에큐메니칼주의자들(ecumenicals)'의 구별이 점차 모호해졌다. 또한 신복음주의자들의 이러한 성경관은, 실존주의 해석학에 영향을 받아 성경 자체가 아니라, 성경이 독자에게 부딪혀 형성되는 의미를

---

[36] Boyd & Eddy, 복음주의 신학 논쟁, 27.

[37] Francis A. Schaeffer, "Should the Christian Tolerate the World Council? Or Is Liberalism Dead?" *Christian Beacon* 29 July 1948, 4-5. Robert E. Webber, *The Younger Evangelicals: Facing Challenges of the New World,* 젊은 복음주의자를 말하다, 이윤복 역 (서울: 조이선교회, 2010), 52에서 재인용.

계시라고 보는 칼 바르트(Karl Barth)와 에밀 브룬너(Emil Brunner)를 비롯한 신정통주의자들에게도 통로를 열게 되었다.··· 그리고 "신복음주의"는 "허울 좋은 이름"일 뿐 실상은 "신자유주의 운동"이라고 규정하였다.··· 신복음주의자들은 성경의 영감, 무오, 권위를 입에 담으면서도 정작 개별 교리 항목에 대한 참과 거짓을 말해야 할 때에는 뚜렷한 판단을 유보하고, '복음화'의 유익을 내세워 '신학적 타협'을 시도한다.··· 그들은 '복음화'의 효용성을 앞세워 '복음'의 의의와 가치를 상대화시키고, '복음화'를 '보편화'의 과정으로 여기고 다중의 동의를 우선적으로 추구하는 공리주의적이거나 실용주의적인 편의성에 매몰되어 있다.[38]

문 교수는 미국 복음주의운동이 칼 바르트와 에밀 브룬너의 신정통주의와 다를 바 없고 심지어 신자유주의운동이라고 단정한다. 이것은 복음주의운동에 대한 심각한 왜곡으로 복음주의운동의 역사와 성격에 대한 이해 부족에서 출발한 것이다. 신정통주의와 신자유주의는 태동, 발전, 진행과정에 있어서 복음주의운동과는 분명히 다른 신앙운동이다. 미국의 웨스트민스터신학교와 리폼드신학교에서 오랫동안 조직신학을 가르쳤던 개혁주의 조직신학자 존 프레임 교수는 신정통주의를 복음주의에 포함시키지 않고 신정통주의를 자유주의 범주에 포함시켰다.[39] 복음주의와 신정통주의는 기원과 성격과 지향점이 다르다. 이런 입장은 존 프레임만의 입장이 아니라 미국의 대부분의 복음주의 신학자들도 갖고 있는 견해이다. 바르트가 복음주의 신학이라는 책을 저술하고 일부 학자들 사이에서 바르트를 복음주의로 끌어들이려는 움직임이 있지만 절대 다수의 영미 복음주의 신학자들은 신정통주의와 복음주의를 동일시하지 않는다.

문 교수는 상황화를 거론하며 로잔언약과 칼 바르트와 에밀 브룬너를

---

[38] 문병호, "WEA 신복음주의 신학과 에큐메니칼 활동 비판: - WCC에 편승하여 로마 가톨릭과 신학적 일치를 추구하고 포용주의, 혼합주의, 다원주의로 나아감," 「총회105회기 WEA 연구위원회 공청회 자료집」, 40-41.

[39] John Frame, "Introduction to the Reformed Faith," https://frame- poythress.org/introduction- to-the- reformed-faith/ <2021. 7. 17. 접속>

동일선상에 놓고 정죄하는데 이같은 주장은 복음주의운동의 전반 특별히 1974년 로잔언약과 로잔세계복음화대회를 왜곡해도 보통 왜곡하는 것이 아니다. 이보다 더 비약적이고 심각한 왜곡은 문 교수의 다음과 같은 주장에서 확인할 수 있다.

> 성경의 상황화' 혹은 '복음의 상황화'는 그들이 로잔언약 (Lausanne Covenant)에서 내건 최고의 기치였으며, 이를 매개로 WCC 에큐메니칼주의자들과 접촉점을 마련할 수 있었다.[40]

"성경의 상황화와 복음의 상황화가 로잔 언약에서 내건 최고의 기치"라는 주장은 1974년 로잔언약에 대한 심각한 왜곡이다. 1974년 **로잔언약에는 "상황화"(contextualization)라는 용어조차 등장하지 않기 때문이다.**[41] 문 교수가 로잔언약의 원문을 직접 보았는지도 의심스럽다. 만약 원문을 직접 확인했다면 그런 주장은 하지 않을 것이기 때문이다. 자신의 주장과 논지를 전개하려면 적어도 원문은 살펴보고 논지를 전개해야 하지 않을까! 로잔대회는 복음전도와 사회적 책임의 균형을 강조하였지만 상황화를 논하지도 않았고 그런 주장을 로잔언약에 포함시키지도 않았다.

상황화(Contextualization)라는 용어가 최초로 나온 것은 1972년 WCC 신학교육분과(Theological Education Fund)의 책임자였던 대만 장로교회 신학자였던 쇼키 코(Shoki Coe)에 의해서이다. 쇼키 코는 신앙의 광범위한 위기, 사회정의와 인간개발의 주요 이슈 대두와 지역적, 문화적 종교적 실존 상황과 보편적 기술사회와의 상호대화 등의 세 가지 이유를 들어서 새로운 상황적 신학(Contextualizing Theology) 즉 상황화 신학(Contextual Theology)이 나와야 한다고 주장하였다.[42] 쇼키 코의 상황화

---

[40] 문병호, "WEA 신복음주의 신학과 에큐메니칼 활동 비판: - WCC에 편승하여 로마 가톨릭과 신학적 일치를 추구하고 포용주의, 혼합주의, 다원주의로 나아감," 「총회105회기 WEA 연구위원회 공청회 자료집」, 40.

[41] "로잔언약," Lausanne Movement, https://lausanne.org/ko/content-ko/covenant-ko/lausanne- covenant-ko <2021. 8. 24. 접속>.

신학은 WCC의 1971년 벨기에 루베인(Louvain)에서 열린 신앙과 질서 (Faith & Order) 분과대회에서 천명한 에큐메닉 진영의 성경관 선언문에 기초하여 나온 것이다. 이 대회를 총괄한 사람은 후기 불트만 신학자로서 대표적인 에른스트 캐세만(Ernst Kasemann)과 에벨링(Gerhard Ebeling)이다.

그들은 현대는 반권위주의 시대이고, 성서의 절대 권위를 주장하는 것은 이런 시대 풍조와 맞지 않고, 성경을 해석함에 역사적 비평방법에 의하여 성경의 여러 문제점들이 드러났으므로 인간의 실존 상황에 상호 부합하는 소위 케리그마적 해석을 해야 하고, 고대 본문과 현대 상황과 심각한 괴리감이 있으므로 새로운 해석학 즉 신해석학(New Hermeneutic)을 해야 한다고 주장하였다. WCC는 이런 성경관에 의거한 신해석학을 공식적으로 받아들였고, 여기서 상황화 신학이 나오게 된 것이다.[43]

이것은 소위 케리그마의 신학, 상황화 신학으로 불리게 되고, 노골적으로 인간의 다양한 실존적 상황 속에서 나오는 소위 케리그마에 성경을 종속시켜서 성경을 해석하는 해석학적 순환(Hermeneutic Circle)의 모델이 나오게 된다. 남미의 해방신학, 필리핀 및 한국의 민중신학, 남아프리카의 흑인신학, 유럽의 여성신학 등이 이런 해석학적 방법을 통해 나온 자유주의 신학 유형인 것이다. 이런 상황화 신학은 본질적으로 WCC의 미시오 데이(Missio Dei-하나님의 선교) 사상과 연관하여 사회 구원신학을 가지고 있고, 보편구원설과 종교 다원주의 신학으로 더욱 정교하게 발전하고 있다.[44]

1974년 로잔언약의 핵심은 이런 WCC의 상황화가 아니라 오히려

---

[42] Shoki Coe, "Contextualizing Theology," in *Mission Trends No. 3*, G. H. Anderson & T.F. Strandky, eds. (Grand Rapids: Eerdmans, 1976), 19-24; Theological Education Fund, *Ministry in Context: The Third Mandate Programme of the Theological Education Fund(1970-1977)* (Bromley: TEF, 1972).

[43] "The Authority of the Bible-the Louvain Report," *Ecumenical Review* 23. 49 (October, 1971): 426.

[44] David Hesselgrave & Edward Rommen, *Contextualization* (Grand Rapids: Baker, 1989), 28-35, 김성태, 선교와 문화 (서울: 이레서원, 2000), 316-318.

WCC의 왜곡된 성경관, 그에 따른 자유주의적 상황화 신학에 내재하고 있는 사회구원론, 보편구원설, 회심 선교의 부정과 종교 다원주의에 대항하는 전통적인 역사적 복음주의 신학을 분명하게 천명하고 있다. 로잔언약은 역사적 복음주의 신학의 핵심 가르침을 아주 집약적으로 잘 담고 있다. 텍스트(성경)의 규범성을 선포하는 가운데 성경의 불오성과 무오성도 분명하게 천명하였다.

로잔언약의 복음전도의 개념 역시 WCC의 '하나님의 선교'(Missio Dei)와 본질적으로 다르다.[45] 다시 말해 전통적인 성경관, 기독교 가르침, 실천에 근거한 로잔언약은 WCC의 입장과는 근본적으로 다르다.

로잔언약을 논외로 치더라도 성경의 규범성에 기초한 복음주의 선교 신학자들이 주장하는 상황화는 하나님의 선교(Missio Dei)에 근거한 WCC 종교다원주의 상황화와 성격이 본질적으로 다르다. 그런데도 WEA를 WCC와 로마 가톨릭과 동일 선상에 놓고 WEA와 교류단절을 주장하는 것은 문 교수가 신근본주의 분리주의 노선의 전형적인 입장을 견지하고 있다는 사실을 보여주는 것이다. 세대주의 이원론적인 세계관에 깊이 뿌리를 둔 신근본주의 분리주의가 사회-문화적 책임을 중시하는 청교도 개혁주의 전통과 달리 일체의 사회-문화적 책임을 부정하고 사회적 책임을 사회복음으로 치부하고 반지성주의와 반사회주의 반문화주의로 흐른 것은 널리 알려진 일이다.

IV. 로잔대회 왜곡: 로잔회의와 로잔대회(1974)의 기원과 배경 왜곡

이런 문 교수의 왜곡된 주장은 1974 로잔회의와 '로잔언약'(Lausanne Covenant, 1974)의 기원에서도 매우 선명하게 드러난다. 로잔세계복음

---

[45] Masanori Kurasawa, "An Evangelical Understanding of missio Dei in Contemporary Japan," https://core.ac.uk/download/pdf/230600066.pdf <2021. 8. 25. 접속>.

화대회는 미전도 종족에게 복음을 전하는 전통적인 선교 개념을 부정하는 WCC 의 '하나님의 선교'에 대한 복음주의적 대책과 응답의 일환으로 일어난 선교운동이다. 데이빗 루이즈(David Ruiz)에 따르면, 오늘날 로잔언약의 영향은 방대하여 라틴 아메리카의 경우 85%의 선교기구들이 로잔언약을 자신들의 신앙고백으로 받아들이고 있다.[46] 로잔대회는 WCC 가 하나님의 선교를 주창하며 교회의 선교를 부정하자 본래의 전통적인 교회의 선교를 이 시대에 회복하려는 노력의 일환으로 일어난 것이다.[47] 그것은 로잔대회의 정식명칭인 "로잔세계복음화대회"에서도 찾을 수 있다. 그러나 문 교수는 1974년 로잔대회가 2차 바티칸회의의 '열린 입장'과 WEA의 '복음화'가 만나 이루어진 대회라고 단정한다.

> 로잔언약은 '복음화'의 종말론적 지평을 환기시키며 교회와 그리스도인의 사회적, 문화적, 정치적 책임을 극적으로 부각시켰다. 이는 로마 가톨릭의 제2차 바티칸회의와 이에 기민하게 반응한 WCC에 의해서 조성된 당시의 조류에 편승한 결과였다. 우리는 로잔언약을 1981년에 이르기까지 11년간 모임이 계속되었던 "성공회−로마 가톨릭 국제위원회(Anglican−Roman Catholic International Commission, ARCIC)"와 연장선에 있음을 기억해야 한다.[48]

로잔언약이 "로마 가톨릭의 제 2차 바티칸회의와 이에 기민하게 반응

---

[46] "The Lausanne Movement," https://lausanne.org/content/covenant/lausanne − covenant <2021. 8. 24. 접속>.

[47] Robert A. Hunt, "The History of the Lausanne Movement, 1974−2011," *International Bulletin of Missionary Research* Vol. 35, No. 2 (April 2011): 81−84.

[48] 문병호, "WEA 신복음주의 신학과 에큐메니칼 활동 비판: − WCC 에 편승하여 로마 가톨릭과 신학적 일치를 추구하고 포용주의, 혼합주의, 다원주의로 나아감," 「총회105회기 WEA 연구위원회 공청회 자료집」, 41−42. 이안 머레이가 '분열된 복음주의' 제 4장 "영국 성공회 구복음주의와 신복음주의 사이의 갈등"에서 "1962−1965 바티칸 공회로 인한 로마 가톨릭의 변화"를 언급한 것에서 그런 주장의 근거를 삼았는지는 모르지만 이것을 WEA 로 연결시키는 것은 비약도 보통 비약이 아니다. 왜냐하면 이것은 영국 그것도 성공회 안에서 일어난 일은 WEA 와 직접 관련이 없기 때문이다. Murray, 분열된 복음주의, 118−155.

한 WCC에 의해서 조성된 당시의 조류에 편승한 결과"[49]라는 문 교수의 주장은 사실이 아니며 전혀 관련성이 없는 둘을 연계시키는 것은 심각한 비약이다. 현대 어느 신학자도 전혀 상관없는 둘을 연결시키는 그 같은 논리를 펼치고 있지 않다.[50] 1974년 로잔대회가 문 교수의 주장대로 과연 2차 바티칸 회의에 기원을 두고 있고, 로마 가톨릭의 영향을 받거나 그들과 대화를 진행하기 위해 시작한 운동인가? 로잔대회가 "WCC에 의해서 조성된 당시의 조류에 편승한 결과"인가? 한 마디로 결코 그렇지 않다. 이것은 로잔대회에서 중요한 역할을 한 서구 복음주의 지도자들과 아시아 복음주의 지도자들은 물론 김준곤, 조동진, 조종남, 전호진, 김의환을 비롯한 한국교회 복음주의 지도자들에 대한 심각한 명예훼손이다.

복음주의운동의 최고 권위자 중 한 명인 브라이언 스탠리는 "로잔회의의 기원"에 대해 다음과 같이 기술하고 있다.

"1970년 1월에 빌리 그래이엄 전도협회가 워싱턴에서 작은 국제 고문단 회의를 열어 베를린대회를 이은 후속 모임이 필요한지 아닌지를 논의했다. 최소한 이 모임의 해외 회원이 만장일치로 이런 대회가 더 필요치 않다는 데 합의를 보았다. 그러나 그레이엄이 1971년 11월 말에 화이트 설퍼 스프링스(White Sulphur Springs)에서 열린 모임에 열여섯 명을 초대해서 이 문제를 다시 논의했을 때에는 반응이 훨씬 호의적이었다. 비록 베를린 경험을 똑 같이 반복하는 것은 원치 않았지만 '우리가 제자를 삼고 세례를 주고 가르치는 일을 마음에 품는 교회의 온전한 선교를 다시 감당해야 한다'는 '꽤 분명한 의견 일치'가 분명해졌다. 1974년 여름에 '완전한 세계복음화의 공

---

[49] 문병호, "WEA 신복음주의 신학과 에큐메니칼 활동 비판: – WCC에 편승하여 로마 가톨릭과 신학적 일치를 추구하고 포용주의, 혼합주의, 다원주의로 나아감," 「총회105회기 WEA 연구위원회 공청회 자료집」, 41 –42.

[50] 이안 머레이, A. P. Johnston을 비롯한 몇몇 학자들이 전도방식과 관련하여 로잔대회와 빌리 그래함을 비판했지만 로잔대회의 창립 배경을 로마 가톨릭과 연계시키지는 않았다. Ian Murray, 분열된 복음주의, 79; A. P. Johnston, *The Battle for World Evangelism* (Sheaton: Tyndale House, 1978), 300 –329. 비판의 핵심은 폭이 넓어졌다는 것과 빌리 그래함의 전도대회와 에큐메니칼운동을 연결시킨 것이다.

통과업으로 모든 복음주의자를 하나되게 한다'는 목적 하에 두 번째 세계대회[로잔세계복음화대회]를 열기로 하자는 합의가 도출되었다.[51]

"교회의 선교를 점점 더 휴머니즘이나 정치적 해방으로 정의하려는"[52] WCC의 선교 방향에 맞서 복음주의 선교를 진작시킬 필요성이 1970년대에 접어들어 강하게 제기되었다. 로잔대회는 처음부터 시들해져가는 과거의 선교적 열정을 이 시대에 회복하겠다는 순수한 복음전도와 선교적 목적에서 기원되었다.

로잔세계복음화대회가 열리게 된 역사적 배경을 간략하게 살펴보면 다음과 같다. 1961년도에 열린 WCC의 3차 뉴델리대회에서의 종교 다원주의 신학(타종교를 다른 신앙체로 부르며 다른 신앙체와의 대화분과 창설), 1968년 4차 웁살라대회에서의 성령신학적 보편구원설과 1973년도 방콕에서 개최된 WCC의 세계선교와 전도분과대회에서 미시오 데이 사상에 근거한 정치, 경제적 속박에서 인간을 구원하는 사회구원론의 노골적 WCC의 공개적 자유주의신학은 전 세계 역사적 기독교의 신앙과 신학 위에 서 있는 모든 복음주의 교회진영의 지도자들을 경악케 하였고, 위기의식을 느끼게 하였다. 특히 독일에서 튀빙겐대학 선교학 교수로 있었던 피터 바이엘하우스(Peter Beyerhaus)가 중심이 되어서 유럽의 31명의 전통적 보수 신학자들을 동원하여 1970년 프랑크푸르트선언문 "선교는 어느 길로: 인간화인가 성경적 구속의 길인가? (Mission Which Way: Hunmanization or Redemption?)"를 발표하게 하였다. 이를 계기로 미국의 빌리 그래함과 협력하여 1966년에 베를린에서 베를린선교대회를 개최했고, 더 나아가서 전 세계복음주의 교회 지도자들을 결속시키며 역사적 사도 신학과 신앙을 천명하며 성경적 구속 신학에 근거한 성경적 회심 선교를 재확립하며, 세계 복음화의 사명을 고취시키기 위한 세계 복음화

---

[51] Brain Stanley, 복음주의 세계확산, 이재근 역 (서울: CLC, 2014), 242.

[52] Stanley, 복음주의 세계확산, 243.

대회를 1974년도 스위스 로잔에서 개최하기로 한 것이다.

로잔대회 지도자는 "왜 로잔이 필요한가?(Why Lausanne?)"라는 개회 연설에서 로잔 대회의 개최의미를 분명히 밝히고 있다. 비서구 지역에서의 교회 부흥을 열거하며 전 세계적인 영적 갈급함과 선교의 시급성을 논하고, 교회 역사를 통해 전통적으로 받아들여졌던 복음화의 방법을 수행할 것을 촉구하고 있다. 또한 당대의 교회가 신학의 양극화로 갈라져 있음을 시인하고, 그 이유로 성경관의 변질과 회심 선교의 부정 그리고 사회적이고 정치적인 문제에 교회가 몰두하는 것과 동일하게 조직적인 연합을 지나치게 강조하는 것 등을 열거하고 있다. 성경의 권위를 인정하고 예수 그리스도 없이 구원이 불가능하다는 사실, 복음은 말씀과 행위로 전인적이고, 총체적으로 전파되어야 한다는 사실, 그리고 세계 복음화를 위한 전 세계복음주의 교회들의 연합의 필요성이 제기되어 세계선교를 효과적으로 진행하기 위해 로잔 대회가 개최되었다.[53]

문 교수는 1974년 로잔언약의 기초를 놓은 사람이 성공회와 로마 가톨릭의 연합운동에 앞장선 존 스토트라며 로잔대회─로마 가톨릭의 프레임을 만들어 전혀 다른 둘을 연계시키는데 이것은 비약도 보통 비약이 아니다. 문 교수가 WEA가 WCC와 로마 가톨릭과 같이 간다는 자신의 주장을 펼치기 위해서 이와 같은 주장을 하는 것인지는 몰라도 이런 주장은 학적으로도 뒷받침될 수도 없고 세계 어느 학자도 그런 억지 주장을 펼치지 않는다. 문 교수가 앞서 1974년 로잔언약에 전혀 언급되지도 않은 '상황화'를 들어 로잔언약을 비판하더니 이제는 로잔세계복음화대회의 기원을 왜곡하여 그 기원을 로마 가톨릭과 연계시키고 있다. 전혀 존재하지 않는 것에서 의미를 찾으려는 이상한 시도를 하는 셈이다.

더 나아가 문 교수는 다음과 같은 주장을 하며 1974년 이후 로잔대회가 WCC의 그리스도 중심의 종교혼합주의 조류에 편승한 결과물이라고 단정한다:

---

[53] Billy Graham, "Why Lausanne?," in *Let the Earth hear His Voice*, J. D. Douglas, ed. (Minneapolis: World Wide Pub., 1975), 22-36.

로잔회의 이후 1970년대 중반부터 WEA(WEF)는 WCC 및 로마 가톨릭과 교류와 협력 및 일치를 위한 길을 적극적으로 모색하였다. 당시 WEA(WEF) 신학위원장이었던 브루스 니콜스(Bruce J. Nicholls)는 신학위원회와 "세계선교화를 위한 로잔위원회(Lausanne Committee for World Evangelization, LCWE)"를 긴밀히 연결시키면서 복음주의 운동에서 에큐메니칼 운동으로 급선회하였다. 그가 1975년에 개최된 WCC 제5차 나이로비 총회에 참관인으로 참여하여 적극적인 활동을 한 것은 그 일환이었다. 이 총회에서 WCC가 머리가 되는 "협의회적 교제(conciliar fellowship)" 개념이 제시되었고 이로써 종교, 문화, 인종, 이념 간의 대화를 진작시켜 교회의 보편성을 넘어서는 전 인류의 보편성을 겨냥하였다. 당시 WCC 중앙위원회 의장이었던 토마스(M. M. Thomas)는 이런 취지를 구현하기 위하여 "그리스도 중심의 혼합주의(Christ centered syncretism)"를 제시하기도 하였다. 이는 로마 가톨릭이 제2차 바티칸 총회에서 그리스도인이라고 불리지 않는 사람에게도 구원이 있다고 한 것과 궤를 달리 하지 않는다.[54]

문 교수는 세계복음화를 위해 복음주의자들이 연합한 것을 에큐메니칼 운동으로 단죄하고, 세계복음주의협의회(WEF) 신학위원회와 로잔위원회가 긴밀히 연대한 것을 에큐메니칼운동으로 급선회한 사건이라고 해석한다. 게다가 문 교수는 국제기구의 총회에 다른 국제기구의 대표를 초청하는 것이 일반적으로 하고 있는 국제회의의 의례인데 참석한 것 자체를 신학적 타협, 종교다원주의, 종교혼합주의라고 단정한다.

뿐만 아니라 그것을 WCC의 혼합주의와 연계시키고 다시 그것을 로마 가톨릭과 연결시키고 있는데 이것은 문 교수가 로잔대회의 전도 및 선교 개념과 WCC의 '하나님의 선교'와 개념이 본질적으로 다르다는 사실을

---

[54] 문병호, "WEA 신복음주의 신학과 에큐메니칼 활동 비판: – WCC에 편승하여 로마 가톨릭과 신학적 일치를 추구하고 포용주의, 혼합주의, 다원주의로 나아감," 「총회105회기 WEA 연구위원회 공청회 자료집」, 42.

간과하거나 모르거나 아니면 의도적으로 왜곡하는 것이다. 로잔대회의 전도와 선교의 개념은 WCC에서 주창하는 '하나님의 선교'와 본질적으로 다르다. 로잔대회는 전통적인 교회의 선교, 불신자들에게 복음을 전하는 전통적인 복음전도를 근간으로 삼고 있다. 따라서 로잔대회를 배경과 성격과 신학이 다른 WCC 토마스의 "그리스도 중심의 혼합주의"[55]와 연계시키는 것은 보통 심각한 왜곡이 아닐 수 없다.

문 교수는 WEA를 WCC와 연계시키고 다시 이를 로마 가톨릭과 연결시키고 있다. 그는 WEA가 혼합주의와 종교다원주의라는 점에서 WCC와 로마 가톨릭의 제2차 바티칸총회의 가르침과 노선을 같이하는 것으로 곡해하고 있다. "이는 로마 가톨릭이 제2차 바티칸 총회에서 그리스도인이라고 불리지 않는 사람에게도 구원이 있다고 한 것과 궤를 달리 하지 않는다."[56] 문 교수가 어떤 근거로 이런 주장을 하는 것인지 이해할 수 없다. 로잔언약을 WCC 보고서나 로마 가톨릭의 신학적 입장과 서로 비교하는 논문은 많지만 어떤 논문도 혼합주의와 종교다원주의 관점에서 WEA를 WCC와 로마 가톨릭과 연결시키는 주장을 펼치지 않는다. WEA를 WCC와 로마 가톨릭과 동일선상의 신앙운동으로 단정하고 비판하는 것은 로잔복음화대회와 로잔언약의 태동 배경, 내용, 영향, 결과를 심각하게 왜곡하는 것이다.

---

[55] 문병호, "WEA 신복음주의 신학과 에큐메니칼 활동 비판: – WCC에 편승하여 로마 가톨릭과 신학적 일치를 추구하고 포용주의, 혼합주의, 다원주의로 나아감," 「총회105회기 WEA 연구위원회 공청회 자료집」, 42.

[56] 문병호, "WEA 신복음주의 신학과 에큐메니칼 활동 비판: – WCC에 편승하여 로마 가톨릭과 신학적 일치를 추구하고 포용주의, 혼합주의, 다원주의로 나아감," 「총회105회기 WEA 연구위원회 공청회 자료집」, 42.

V. WEA와 ERCDOM의 관련성 왜곡: WEA와 직접 관계 없는 "선교에 대한 복음주의-로마 가톨릭 대화(ERCDOM)"를 WEA의 입장으로 왜곡

"선교에 대한 복음주의-로마 가톨릭 대화(ERCDOM)"(The Evangelical-Roman Catholic Dialogue on Mission)는 1977년부터 1984년까지 7년 동안 복음주의자들과 로마 가톨릭 지도자들이 3차례 모임을 갖고 진행한 대화 모임이었다.[57]

	ERCDOM 1 (Venice) April 1977	ERCDOM II (Cambridge, England) March 1982	ERCDOM III (Landévennec, France) April 1984
Evang elical Partic ipants	Professor. Peter Beyerhaus Bishop. Donald Cameron Dr. Orlando Costas Mr. Martin Goldsmith Dr. David Hubbard Reverend. Gottfried Osei-Mensah Reverend. Peter Savage Reverend. John Stott	Dr. Kwame Bediako Professor. Peter Beyerhaus Bishop. Donald Cameron Mr. Martin Goldsmith Dr. David Hubbard Reverend. Peter Savage Reverend. John Stott Dr. David Wells	Dr. Kwame Bediako Bishop. Donald Cameron Dr. Harvie Conn Mr. Martin Goldsmith Reverend. John Stott Dr. David Wells

---

[57] Graham Kings, "Evangelical-Roman Catholic Dialogue on Mission, 1977-84: Insights and Significance," http://www.missiontheologyanglican.org/article/evangelical-roman-catholic-dialogue-on- mission-1977-84-insights-and-significance/ <2021. 7. 9. 접속>

		Sister. Joan Chatfield	
	Sister. Joan Chatfield	Father. Parmananda	
	Father. Pierre Duprey	Divarkar	Sister. Joan Chatfield
	Monsignor. Basil	Father. Pierre Duprey	Father. Matthieu Collin
	Meeking	Father. René Girault	Sister. Joan Delaney
Roman	Father. Dionisio Minguez	Monsignor. Basil	Father. Claude Geffré
Cathol	Fernandez	Meeking	Monsignor. Basil
ic	Father. John Paul	Monsignor. Jorge Mejia	Meeking
Partici	Musinsky	Father. John Mutiso—	Father. Philip Rosato
pants	Father. Waly Neven	Mbinda	Bishop. Anselme Sanon
	Father. Robert	Father. John Redford	Father. Bernard Sesboué
	Rweyemamu	Monsignor. Pietro	Father. Thomas
	Father. Thomas	Rossano	Stransky
	Stransky	Father. Thomas	
		Stransky	

첫 모임은 1977년 베니스에서 가졌고 두 번째 모임은 1982년 케임브리지에서 가졌으며 세 번째 모임은 1984년 프랑스 랜드베닉(Landévennec)에서 가졌다.[58] 세 차례의 모임의 참석자들은 위표와 같다. Venice에서 열린 1977년 첫 모임에 참석한 8명의 개신교 지도자들 가운데 존 스토트(John Stott), 도날드 카메론(Donald Cameron, the Bishop of North Sydney), 그리고 마틴 골드스미스(Martin Goldsmith, a lecturer in mission studies at All Nations Christian College) 등 3명이 영국성공회 소속이었다.[59] 이것은 영국 성공회가 축이 되었음을 의미한

---

[58] http://www.christianunity.va/content/unitacristiani/en/dialoghi/sezione—occidentale/ evangelici/ dialogo/documenti—di—dialogo/en.html <2021. 7. 2. 접속>

[59] Graham Kings, "Evangelical—Roman Catholic Dialogue on Mission, 1977—84: Insights and Significance," http://www.missiontheologyanglican.org/article/evangelical—roman —catholic-dialogue-on— mission—1977—84—insights—and—significance/ <2021. 7. 9. 접속>

다. 여기 참석자들은 WEA의 대표성을 가지고 참석한 것이 아니다. WEA와 전혀 상관없이 시작되었고 진행되었다. 참석자들이 두 문서 - 개신교의 로잔언약(1974)과 로마 가톨릭의 *Evangelii Nuntiandi* - 를 논의의 출발로 삼았고 로잔대회에 참석한 존 스토트, 피터 바이엘하우스를 포함하여 복음주의자들이 대화에 참여하였지만 <u>이들 학자들이 WEA를 대표하거나 로잔대회를 대표하여 참석한 것도 아니다. WEA가 이들을 대표로 선발해준 것도 추천해준 것도 인준해준 적도 없다. WEA 신학위원회의 이름으로 참여한 것도 아니다. 이 모임의 출발과 진행은 WEA와 전혀 관련이 없으며 로잔위원회도 "선교에 대한 복음주의-로마 가톨릭 대화(ERCDOM)"를 지원하지 않았다.</u>[60]

그런데도 문 교수는 "선교에 대한 복음주의-로마 가톨릭 대화(ERCDOM)"를 WEA가 WCC 에큐메니즘에 편승하여 로마 가톨릭과 신학적 일치를 추구하고 포용주의, 혼합주의, 다원주의로 나가는 중요한 근거로 삼았다. 따라서 문 교수의 주장은 다음 몇 가지 점에서 매우 심각한 문제점을 가지고 있다.

첫째, 명칭의 왜곡이다. 정확한 명칭은 "선교에 대한 복음주의-로마 가톨릭 대화(ERCDOM)"인데 문 교수는 이를 "복음주의-로마 가톨릭 선교대화(ERCDOM)"[61]로 교묘하게 변역(變譯)하고 있다. '선교에 대한 복음주의-로마 가톨릭 대화'와 '복음주의-로마 가톨릭 선교대화' 이 둘은 번

1977년 5월 30일 존 스토트는 로마 가톨릭의 PCPCU(the Pontifical Council for Promoting Christian Unity) 의장 추기경 윌리브랜드(Cardinal Jan Willebrands)에게 "복음주의 측에서 우리는 로잔세계복음화위원회가 기꺼이 그 팀을 임명하고 그 대화를 후원하기를 희망한다"고 편지를 보냈다. 그러나 로잔위원회는 이를 거절했다.

[60] Graham Kings, "Evangelical-Roman Catholic Dialogue on Mission, 1977–84: Insights and Significance," http://www.missiontheologyanglican.org/article/evangelical-roman-catholic-dialogue-on-mission-1977-84-insights-and-significance/ <2021. 7. 9. 접속>. 이 경우 전체 로잔 위원회가 공식적으로 ERCDOM 팀을 임명하거나 ERCDOM 대화를 지원하지 않았다(In the event, the whole Lausanne Committee did not officially appoint the [ERCDOM] team or sponsor the [ERCDOM] dialogue)

[61] 문병호, "WEA 신복음주의 신학과 에큐메니칼 활동 비판: - WCC에 편승하여 로마 가톨릭과 신학적 일치를 추구하고 포용주의, 혼합주의, 다원주의로 나아감," 「총회105회기 WEA 연구위원회 공청회 자료집」, 44.

역 상으로나 의미 상 매우 차이가 크다. 선교라는 문제를 놓고 복음주의자들과 가톨릭 지도자들이 대화를 나눈 것과 복음주의와 로마 가톨릭이 신학적 일치를 위해 대화를 나눈 것은 본질적으로 성격이 다르기 때문이다. 그런데 문 교수의 번역은 후자의 인상을 받도록 자신의 논지에 맞게 교묘하게 아니면 억지 변역(變譯)하였다. 이것은 매우 의도적이라고 판단된다.

둘째, 이보다 더 심각한 것은 앞서 언급한 대로 "선교에 대한 복음주의-로마 가톨릭 대화(ERCDOM)"가 WEA와 관계가 없다는 사실이다. 이것은 1977-1984년 사이에 주로 영국 성공회 안에서 일부 복음주의자들과 가톨릭에 대해 우호적인 그 교단 내의 그룹들 사이에 진행된 움직임이었다.[62] 주로 영국 성공회 내 복음주의자들이 참여한 것인데도 마치 문 교수는 "선교에 대한 복음주의-로마 가톨릭 대화"가 WEA가 주도한 것처럼 진실을 곡해하며 논지를 전개하고 있다. "선교에 대한 복음주의-로마 가톨릭 대화(ERCDOM)"가 WEA 이름으로 시작한 것도, WEA 가 주도한 것도, 참여한 것도 아닌데도 문 교수는 전혀 설명도 없이 이렇게 결론을 내리고 있다.

위와 같이 ERCDOM 보고서를 통하여 우리는, 로마 가톨릭이 교황의 수위권(首位權, primatus, primacy)과 전통의 권위를 내세우는 기존의 입장에서 한 발도 물러서지 않고 '항상 동일한 것(semper eadem)'으로 남아 있다는 사실과, 복음주의자들이 자유주의와 근본주의의 두 극단을 모두 배척한다며 양비론(兩非論)에 서다가 이제는 자기들과 로마 가톨릭이 다 옳다는 '양시론(兩是論)'을 내세워 난국을 모면하는 데 급급하다는 사실을 발견하게 된다. 이러한 신복음주

---

62. Dr Graham Kings, "Evangelical-Roman Catholic Dialogue on Mission, 1977-84: Insights and Significance,"http://www.missiontheologyanglican.org/article/evangelical-roman-catholic- dialogue-on-mission-1977-84-insights-and-significance <2021. 7. 2. 접속>; "Evangelical-Roman Catholic Dialogue on Mission, 1977-84" http://www. christianunity.va/content/unitacristiani/en/dialoghi/sezione-occidentale/evangelici /dialogo/ documenti-di-dialogo/en.html <2021. 7. 2. 접속>

108   WEA와의 교류단절은 신근본주의 분리주의 길

의자들의 신학적 '중도'는 사실상 '포용'이나 '혼합'과 다를 바 없고, 다른 것을 함께 세운다는 점에서는 '다원'과 다를 바 없다. '그럼에도 불구하고'라고 하며 신학의 상이함을 문제 삼지 않고 이현령비현령의 자세로 '복음화'를 거론하니 그들의 '복음주의'에는 '복음'이 절대적이고 객관적으로 전제됨이 없다. 이렇듯 "'신'복음주의"의 '새로움'은 '다른 것'이 아니라 '틀린 것'이다.[63]

위 결론은 문 교수의 논문이 얼마나 왜곡이 심각한지를 전형적으로 보여준다. 첫째, 앞서 언급한 것처럼 ERCDOM 보고서를 WEA 보고서처럼 진실을 왜곡하고 있다. 이것은 보통 왜곡이 아니다. 영미 복음주의운동의 역사와 흐름을 모르는 이들이 문 교수의 글을 읽는다면 ERCDOM을 WEA가 주도한 것으로 당연히 받아들일 것이다. 둘째, 이것은 WEA와 관계가 없는 일부 복음주의자들, 영국 성공회 복음주의자들이 주도한 대화였다. 문 교수가 WEA와 전혀 관계가 없는 이런 대화 움직임을 가지고 "이러한 신복음주의자들의 신학적 '중도'는 사실상 '포용'이나 '혼합'과 다를 바 없고, 다른 것을 함께 세운다는 점에서는 '다원'과 다를 바 없다"[64]며 "선교에 대한 복음주의-로마 가톨릭 대화"(ERCDOM)를 WEA가 주도하여 진행한 다원주의의 한 표상처럼 왜곡한 것은 도저히 이해할 수 없다. **WEA와 전혀 관계없이 일부 복음주의 신학자들이 선교분야에 대해 로마 가톨릭과 대화를 진행한 'ERCDOM'을 WEA의 포용주의, 혼합주의와 연계시키는 것은 너무도 큰 비약이고 왜곡이다.**

---

[63] 문병호, "WEA 신복음주의 신학과 에큐메니칼 활동 비판: - WCC에 편승하여 로마 가톨릭과 신학적 일치를 추구하고 포용주의, 혼합주의, 다원주의로 나아감,"「총회105회기 WEA 연구위원회 공청회 자료집」, 44.

[64] 문병호, "WEA 신복음주의 신학과 에큐메니칼 활동 비판: - WCC에 편승하여 로마 가톨릭과 신학적 일치를 추구하고 포용주의, 혼합주의, 다원주의로 나아감,"「총회105회기 WEA 연구위원회 공청회 자료집」, 44.

VI. WEA와 BEM 관계 왜곡: "제2차 바티칸회의 신학과 WCC의 'BEM 문서'에 대한 WEA(WEF)의 입장" 왜곡

문 교수의 WEA에 대한 신학적 왜곡은 제 2바티칸 신학과 WCC의 'BEM' 왜곡에서도 확인할 수 있다. 우선 문 교수의 주장을 들어보자.

> WEA(WEF)는 이 문건으로 로마 가톨릭에 편향적인 지도부에 대한 회원들의 내부적 우려와 불만을 잠재우려고 하였지만, 그 속내는 로마 가톨릭과 신학적 일치를 이룰 '최대공약수'를 찾는 데 있었다. <u>이 문건이 있은 후 WEA(WEF)와 로마 가톨릭이 함께 하나가 되자는 운동이 본격적으로 전개된 것을 생각할 때, 이 점이 매우 확실해진다.</u>[65]

문 교수는 이와 같은 주장의 근거로 1986년 10월과 1987년 1월 *ERT(Evangelical Review of Theology)*에 발표된 "Roman Catholicism에 대한 복음주의적 관점"이라는 제목의 두 논문을 인용하고 있다.[66] 과연 이 두 논문이 그의 주장대로 "WEA와 로마 가톨릭이 함께 하나가 되자는 운동"[67]인지를 먼저 확인할 필요가 있다.

---

[65] 문병호, "WEA 신복음주의 신학과 에큐메니칼 활동 비판: ― WCC에 편승하여 로마 가톨릭과 신학적 일치를 추구하고 포용주의, 혼합주의, 다원주의로 나아감," 「총회105회기 WEA 연구위원회 공청회 자료집」, 45.

[66] 문병호, "WEA 신복음주의 신학과 에큐메니칼 활동 비판," 45. "Evangelical Perspective on Roman Catholicism," *Evangelical Review of Theology* 10.4 (1986): 33–49, https://theology.worldea.org/wp-content/uploads/2020/12/ERT-10-4.pdf <2021. 7. 17. 접속>; "Evangelical Perspective on Roman Catholicism-Ⅱ," *Evangelical Review of Theology* 11.1 (1987): 79–95. https://theology.worldea.org/ wp-content/uploads/2020/12/ ERT-11-1.pdf. <2021. 7. 17. 접속>.

[67] 문병호, "WEA 신복음주의 신학과 에큐메니칼 활동 비판: ― WCC에 편승하여 로마 가톨릭과 신학적 일치를 추구하고 포용주의, 혼합주의, 다원주의로 나아감," 「총회105회기 WEA 연구위원회 공청회 자료집」, 45.

지금 WEA는 *ERT*의 모든 논문들을 다 오픈하여 누구나 볼 수 있도록 개방하고 있고,[68] 웨스트민스터신학교, 카버넌트신학교, 칼빈신학교, 리폼드신학교, 트리니티복음주의신학교, 고든콘웰신학교를 비롯한 전세계 복음주의 신학자들이 *ERT*에 기고하거나 기고하기를 원한다. 문 교수가 문제를 제기한 두 논문도 누구나 *ERT*에서 찾아 읽을 수 있다. 1986년 10월호에 실린 첫 번째 논문 서두에서 이렇게 밝혔다.

> 우리는 세계 복음주의협의회(WEF, the World Evangelical Fellowship)로서 진심으로 복음주의 신앙에 대한 헌신을 고백한다. 우리는 선지자들과 사도들의 증거에 구체화 된 하나님의 말씀 위에 함께 서 있다. 우리는 우리의 구주이자 주이신 예수 그리스도의 복음에서 우리의 힘을 얻는다. 우리는 16세기 종교 개혁의 유산 속에 재진술된(rearticulated) 역사적인 기독교 신앙에 깊은 빚을 졌음을 인정한다.
>
> We as the World Evangelical Fellowship confess wholeheartedly our commitment to the evangelical faith. We stand together upon the word of God embodied in the witness of the prophets and the apostles. We draw our strength from the Gospel of Jesus Christ, our Saviour and Lord. We acknowledge our deep indebtedness to the historic Christian faith rearticulated in the heritage of the sixteenth century Reformation.[69]

WEA는 역사적 복음주의 신앙전통, 예언서들과 사도들의 증언들에 담긴 하나님의 말씀, 예수 그리스도의 복음, 그리고 16세기 종교개혁의 신앙전통에 확고하게 서 있다는 입장을 분명히 밝혔다.[70] 그리고 다음 9개의

---

[68] https://theology.worldea.org/evangelical-review-of-theology/ <2021. 7. 17. 접속>.

[69] "An Evangelical Perspective of Roman Catholicism I," *Evangelical Review of Theology* (October 1986): 34. https://theology.worldea.org/wp-content/ uploads/2020/ 12/ERT-10-4.pdf <2021. 7. 17. 접속>

주제별로 로마 가톨릭이 어떤 입장인지를 하나씩 개진했다.

1. 다른 교회들과의 관계(Relation to Other Churches)
2. 종교의 자유(Religious Liberty)
3. 마리아론(Mariology)
4. 교회의 권위(Authority in the Church)
5. 교황권과 무오(The Papacy and Infallibility)
6. 현대주의/자유주의신학(Modernism/Theological Liberalism)
7. 칭의론(Justification by Faith)
8. 성례론과 성찬론(Sacramentalism and the Eucharist)
9. 교회의 선교(The Mission of the Church)[71]

"Roman Catholicism에 대한 복음주의적 관점" 논문은 로마 가톨릭교회의 교회관의 문제점, 특별히 바티칸 II 문서에 명문화된 '로마 가톨릭' 교회가 '하나의 참된 교회'라고 명시된 문제점을 포함하여 로마 가톨릭의 교회관의 문제점을 분명히 지적했다.[72] 또한 로마 가톨릭과 다른 교회들 사이에는 본질적인 차이가 있다는 사실도,[73] 마리아론이 성경적으로 맞지 않다는 점도 분명히 밝혔다.[74] "Roman Catholicism에 대한 복음주의적

---

[70] "An Evangelical Perspective of Roman Catholicism I," 34. https://theology.worldea.org/wp-content/ uploads/2020/12/ERT-10-4.pdf <2021. 7. 17. 접속>

[71] "An Evangelical Perspective of Roman Catholicism I," 34-49. https:// theology.worldea.org/wp-content/ uploads/ 2020/12/ERT-10- 4.pdf <2021. 7. 17. 접속>; "An Evangelical Perspective of Roman Catholicism-II," *Evangelical Review of Theology* (January 1987): 54-65.

[72] "An Evangelical Perspective of Roman Catholicism I," 37. https://theology.worldea.org/wp-content/ uploads/ 2020/12/ERT-10- 4.pdf <2021. 7. 17. 접속>. "그러나 바티칸 제 2 차 문서 전반에 걸친 교리적 전제는 로마 교회가 하나의 참된 교회라는 것이다."(Yet the assumption throughout the Documents of Vatican II is that the Church of Rome is the one true church).

[73] "An Evangelical Perspective of Roman Catholicism I," 37.

[74] "An Evangelical Perspective of Roman Catholicism I," 43. "To be sure, Mary, the mother of Jesus, also has a definite place in the hearts and minds of Evangelicals. Their high regard for her is based on the gospel narratives concerning her place in Jesus' earthly ministry

관점" 논문은 그 외 다른 가톨릭의 문제점도 정통개신교 입장에서 분명하게 지적했다. 논문의 결론에서 WEA가 종교개혁의 전통의 오직 성경(sola Scriptura), 오직 은혜(sola gratia), 오직 믿음(sola fide), 오직 그리스도(sola Christo)에 충실한다는 입장을 분명하게 천명하였다.[75]

논문은 WEA와 로마 가톨릭의 차이점을 분명히 하면서 둘 사이의 일치점을 찾으려고 한 것이다. 결론에서 언급한 **"손짓하는 길은 '로마로 돌아가는' 것도, '비텐베르그나 제네바로 건너가는 길'도 아니라 기독교 신앙의 역사적 구속적 기준점인 '예루살렘에서 함께 모이는 길'이다"**라고 밝히고 있는 것 역시 로마 가톨릭과 복음주의 교회가 교리적으로 하나가 되자는 의미는 전혀 아니다. 이것은 종교개혁의 정신과 사상을 부정하는 것이 아니라 더 근원적인 예루살렘, 곧 사도행전의 초대교회에서 출발점을 찾아야 한다는 의미로 해석해야 할 것이다.

1982년 WCC는 페루 리마 총회에서 '리마 문서'(The Lima document) 혹은 BEM 문서로 알려진 "세례, 성찬, 사역"(BEM, Baptism, Eucharist and Ministry)을 채택했다. 1989년 10월 호 *ERT*에는 여기에 대한 WEA의 평가가 실렸다.[76] 이것은 1989년 6월 WEF 신학위원회가 준비한 것을 4개월 후 *ERT*에 게재한 것이다. '리마문서'에 대한 논평에서 WEA는 WEA가 교회연합기관 또는 기구연합기관이 아니라는 사실을 먼저 밝힌 다음 당시 중요한 이슈가 되는 '리마문서'에 대한 WEA의 입장을

---

and in the early church as recorded in the book of Acts. However, the dogmatic affirmations of her immaculate conception, her perpetual virginity, and her assumption into heaven in bodily form lack biblical foundation. Nor is there biblical basis for titles such as 'Queen of Heaven', 'Mother of the Church', and 'Queen of all Saints', nor for the belief that she constantly intercedes on behalf of the believers."

[75] "An Evangelical Perspective of Roman Catholicism II," 65. "In our evaluation of Roman Catholicism we have endeavoured to be true to the evangelical faith and honest and fair to the Church of Rome. Our submission to the Scriptures requires of us to hold high the cardinal truths of the historic apostolic faith as proclaimed anew in the 16th century Reformation of sola Scriptura, sola gratia, sola fide, sola Christo, all to the glory of God."

[76] "An Evangelical Response to Baptism, Eucharist and Ministry," *Evangelical Review of Theology* 13.4 (1989): 2–15. https://theology.worldea.org/wp-content/uploads/2020/12/ERT-13-4.pdf.

밝혔다. WEA 신학위원회는 "세례, 성찬, 사역"에 대하여 조목조목 어떤 점에서 동의하는지 어떤 점에서 동의할 수 없는지를 분명하게 밝혔다. 세례에 대해서도 일반적인 동의를 언급한 후 BEM에 대해 동의하기 어려운 부분 다섯 가지를 매우 구체적으로 지적했다. "1.성례용어," "2. 성경인용," "3. 단순 동의의 표시(Mere appearance of agreement)," "4. 세례의 기본 일치(Grounding unity in baptism)," "5. 재세례 진술(The statement on 're-baptism')"이 그것이다. 특별히 가장 중요한 성경사용에 있어서 리마문서(BEM)에 나타난 여러 성경인용구들에 대해 강한 의문을 제기했다.[77] 리마문서의 "세례" 부분만 아니라 "성찬"과 "사역" 부분에 대해서도 매우 강도 높게 문제점을 지적했다. 물론 동의하는 점에 대한 언급도 있지만 동의하기 힘든 점들에 대해서 매우 구체적으로 문제를 제기한 것이다. 서구 사회에서 이 정도의 문제점 제기는 매우 강도 높은 비판이다. 글의 성격상 이것은 제목 그대로 "세례, 성찬, 사역에 대한 복음주의 대응"("An Evangelical Response to Baptism, Eucharist and Ministry")이라고 평가할 수 있다.

그런데도 문 교수는 이에 대해 너무도 이상한 평가를 내리고 있다. "WEA(WEF)가 로마 가톨릭이나 WCC로부터 멀어지기 위한 명분을 찾기 위함이 아니라 그들과 좀 더 가까워지는 조건을 얻기 위한 과정이었다 헤럴드 오켕가가 말했듯이 '분리(separation)'가 아니라 '침투(infiltration)' 방식에 대한 그들 나름대로의 모색이었다."[78] 문 교수는 신근본주의 분리주의 신학자들이 복음주의를 공격할 때 자주 인용하는 '침투(infiltration)'의 시각을 가지고 '리마문서'에 대한 WEA 평가를 그 증거로 제시한 것이다. 문 교수가 '리마문서'의 WEA 평가를 이 논문의 전

---

[77] "Many of WEF's constituents would question the baptismal exegesis of BEM (e.g. B2, B3, B4, B5, B6, B8, B9, B10, B19). Amongst the passages quoted are many that do not refer to water-baptism (1 Cor. 12:13 of paramount importance). Most would find considerable difficulty with the appeal BEM makes to Jn. 3:5; 1 Cor. 6:11; Tit. 3:5; Heb.10:22, to cite but a few examples."

[78] 문병호, "WEA 신복음주의 신학과 에큐메니칼 활동 비판," 46.

체 주제, WEA가 WCC 과 일치를 추구하고 포용주의, 혼합주의, 다원주의로 나가는 일환으로 제시했다는 사실을 주목해야 한다.

WEA의 '리마문서'에 대한 평가가 결코 포용주의나 혼합주의, 종교다원주의를 지향하는 입장으로 해석할 수 없는 것은 바로 이어서 *ERT*에 등장하는 데이빗 라이트(David F. Wright, 문 교수의 박사학위 논문을 지도한 에딘버러대학교의 교수)의 논문, "One Baptism or Two? Reflections on the History of Christian Baptism"(한 세례 혹은 두 세례? 기독교 세례 역사에 대한 고찰)[79]을 통해서도 확인할 수 있다. 라이트 교수의 논문은 BEM 에 대해 매우 긍정적으로 평가하고 있다.

> 다시 BEM은 '세례는 하나님의 선물이자 그 선물에 대한 인간의 반응'이라는 함축문장(pregnant sentence)을 지닌 좋은 출발점이다.
> Again BEM is a good starting-point, with its pregnant sentence, 'Baptism is both God's gift and our human response to that gift'.[80]

라이트 교수는 기독교 역사에 나타난 세례의 역사를 고찰하면서 BEM 을 세례의 중요한 근본 가르침을 담고 있는 중요한 문서로 인정하고 긍정하고 지지하는 입장을 피력한 것이다. BEM 의 문제점에 대한 WEA 의 비판이 매우 강도 높고, 라이트 교수의 평가에 비추어 볼 때도 WEA의 리마문서 평가가 WCC 와 같이 가려는 일환이라고 평가하는 것은 정확한 평가가 아니다.

---

[79] David F. Wright, "One Baptism or Two? Reflections on the History of Christian Baptism" *ERT* 13.4 (October 1989): 23-35. https://theology.worldea.org/ wp-content/uploads/2020/12/ERT-13-4.pdf.<2021. 7. 17. 접속>. 이 글은 먼저 David F. Wright, "One Baptism or Two? Reflections on the History of Christian Baptism," *Vox Evangelica* 18 (1988): 7-23에 실렸다. https://biblicalstudies.org.uk/pdf/vox/vol18/baptism_wright.pdf. <2021. 9. 1. 접속>.

[80] David F. Wright, "One Baptism or Two? Reflections on the History of Christian Baptism," *ERT* 13.4 (October 1989): 33. BEM 은 '세례는 하나님의 선물이자 그 선물에 대한 인간의 반응'이라는 풍성한 함의가 가득찬 문장의 좋은 출발점이라는 뜻이다.

VII. WEA와 ECT 관련성 왜곡: WEA와 관련 없는 ECT를 마치 WEA가 주도한 것처럼 완전한 역사적 사실을 왜곡

위 내용보다 더 심각한 문 교수의 문제는 그의 논문 "제 7장 '복음주의자들과 로마 가톨릭주의자들이 함께(ECT)'(1994년-현재): 로마 가톨릭의 주도로 신학적 공존 가운데 서로 간의 일치를 추구"[81]를 통해서 확인할 수 있다. ECT(Evangelicals and Catholics Together: The Christian Mission in the Third Millennium)는 1994년부터 최근까지 척 콜슨(Chuck Colson), 제임스 패커(J. I. Packer), 톰 오덴(Tom Oden), 티모티 조지(Timothy George)를 비롯한 일부 복음주의자들이 존 뉴하우스(John Richard Neuhaus), 아베리 덜리스(Avery Dulles), 프란시스 마틴(Francis Martin), 조지 위겔(George Wiegel)을 비롯한 로마 가톨릭 지도자들과 중요한 여러 신앙 주제들을 놓고 로마 가톨릭 지도자들과 함께 논의를 해온 대화의 움직임이다.[82] ECT는 복음주의자와 가톨릭 신자 15명의 위원들이 작성하고 복음주의자와 가톨릭 지도자 25명의 추천을 받아 1994년 3월 뉴욕에서 발표되었다.[83] ECT에 대해서는 존 앵커버그(John Ankerberg), 제임스 케네디(D. James Kennedy), 존 매카더(John F. MacArthur), R. C. 스프라울(R. C. Sproul) 등 복음주의 지도자들은 강하게 반대했다.

ECT는 WEA와 전혀 관계가 없이 진행된 움직임이다.[84] 일부 복음주의

---

[81] 문병호, "WEA 신복음주의 신학과 에큐메니칼 활동 비판: - WCC에 편승하여 로마 가톨릭과 신학적 일치를 추구하고 포용주의, 혼합주의, 다원주의로 나아감," 「총회105회기 WEA 연구위원회 공청회 자료집」, 51.

[82] John D. Woodbridge, "Timothy George and Evangelicals and Catholics Together," https://www.beesondivinity.com/blog/2019/george-evangelicals-and-catholics-together <2021. 7. 9. 접속>.

[83] "Evangelicals and Catholics Together: The Christian Mission in the Third Millennium." https://www.firstthings.com/article/1994/05/evangelicals-catholics-together-the-christian-mission-in-the-third-millennium <2021. 7. 22. 접속>.

자들이 사회 윤리적 문제와 복음전도를 목적으로 진행한 운동이었다. WEA가 ECT 에 참여한 것도 ECT 를 주도한 것도 ECT 에 관여한 것도 아니다. 그런데도 문 교수는 WEA가 ECT 를 주도한 것처럼 진실을 왜곡하고 있다. ECT 는 일부 복음주의자들과 로마 가톨릭 옹호자들이 중심이 되어 시작한 운동으로 WEA와 전혀 관계가 없다. 그런데도 문 교수는 이렇게 주장한다.

> 이러한 신학적 수렴을 모색하는 과정에서 로마 가톨릭과 WEA (WEF)는 서로 간의 일치를 위한 중장기적 계획과 프로그램을 기획하였다. 이런 조류에 부응하는 모임이 1992년부터 이루어졌고, "복음주의자들과 로마 가톨릭주의자들이 함께: 세 번째 천년기의 기독교 선교"라는 이름으로 자료들이 묶여 1994년에 간행되었다. 이후 "Evangelicals and Catholics Together"의 약칭인 "ECT"가 이 모임과 모임의 문건을 지칭할 때 사용되었다.[85]

위에 있듯이 문 교수는 WEA가 ECT 를 중장기적 계획과 프로그램 일환으로 추진한 것처럼 사실을 왜곡하고 있다. 문 교수는 위 진술 외에도 둘의 연관성을 "ECT 3: 성경과 전통에 권위를 부여하는 로마 가톨릭 신학에 대한 WEA의 우회적 수용"[86]이라고 왜곡하였다. 문 교수는 더구나 이런 입장이 WCC 에큐메니칼운동과 궤를 같이 한다고 주장한다: "우리는 WCC 가 이와 유사한 맥락에서 거룩함의 표지를 에큐메니칼 운동에서

---

[84] Murray, 분열된 복음주의, 301–329. 이안 머레이는 ECT 에 대해 매우 비판적인 시각을 가지고 있다. 심지어 ECT 아일랜드 판에는 "우리는 다른 기독교 공동체의 신자들을 전향시키는 활동에 반대한다"는 내용이 있다고 지적한다. ECT 와 미국 신복음주의운동에 대해 매우 비판적인 이안 머레이도 ECT 를 WEA 와 연계시키지 않았다.

[85] 문병호, "WEA 신복음주의 신학과 에큐메니칼 활동 비판: – WCC 에 편승하여 로마 가톨릭과 신학적 일치를 추구하고 포용주의, 혼합주의, 다원주의로 나아감," 「총회105회기 WEA 연구위원회 공청회 자료집」, 51.

[86] 문병호, "WEA 신복음주의 신학과 에큐메니칼 활동 비판: – WCC 에 편승하여 로마 가톨릭과 신학적 일치를 추구하고 포용주의, 혼합주의, 다원주의로 나아감," 「총회105회기 WEA 연구위원회 공청회 자료집」, 52.

찾는다는 것을 상기해야 한다."[87] 문 교수는 자신의 논문에서 ECT 1-9까지 상술하면서 이에 대해 그의 논문 거의 3쪽이나 할애하며 WEA가 ECT를 주도하고, 그것이 WCC의 에큐메니칼운동과 흡사한 움직임이라고 왜곡한다. 하지만 WEA와 ECT는 직접 관련이 없다. WEA와 관련이 없는 ECT를 들어 WEA의 신학을 비판하는 것은 상당한 문제가 있다.

VIII. WEA와 JDDJ의 관련성 왜곡: "루터교 세계연맹과 로마 가톨릭의 칭의에 관한 공동선언(1999년)"을 WEA가 주도한 것처럼 사실을 곡해

이보다 더 문 교수의 심각한 왜곡은 그의 논문 제 8장에서 더욱 더 선명하게 드러난다. 문 교수가 서울 공청회 때 발표한 논문에서 루터교 세계연맹(Lutheran World Federation, LWF)과 로마 가톨릭의 PCPCU가 1999년 발표한 "칭의 교리에 대한 공동선언"(Joint Declaration on the Doctrine of Justification, JDDJ)을 WEA의 종교다원주의 행보의 결정적인 증거로 제시하였다. 그는 이 주제에 대해 한 장을 할애하고 있다. 1999년 루터교-로마 가톨릭 공동선언문은 루터파와 로마 가톨릭의 PCPCU 사이에 작성된 칭의에 대한 문서이다.[88] 이 공동선언문은 루터파와 로마 가톨릭 사이에 논의하고 발표한 것으로 WEA와 전혀 관계가 없다. WEA

---

87 문병호, "WEA 신복음주의 신학과 에큐메니칼 활동 비판: - WCC에 편승하여 로마 가톨릭과 신학적 일치를 추구하고 포용주의, 혼합주의, 다원주의로 나아감," 「총회105회기 WEA 연구위원회 공청회 자료집」, 53.

88 "Joint Declaration on the Doctrine of Justification," https://www.lutheranworld.org/sites/default/ files/2019/documents/ 190603-joint_ declaration _on_ the_doctrine _of _justification_20_anniversary_edition-en.pdf.pdf <2021. 7. 17. 접속>. 백충현, "칭의론에 관한 공동선언문을 넘어서-칭의와 관련된 인간의 상태에 관한 쟁점 분석과 해결모색," 장신논단 제50집 2호 (2018. 6): 118. "1999년 10월 31일에 루터교세계연맹(Lutheran World Federation)과 로마(천주)교회(Roman Catholic Church)가 서명한 『칭의론에 관한 공동선언문(Joint Declaration on the Doctrine of Justification)』에 세계감리교협의회(World Methodist Council)가 2006년에, 그리고 세계개혁교회커뮤니온(World Communion of Reformed Churches)이 2017년에 서명하였다."

가 주도한 것도 관여한 것도 참여한 것도 인준한 것도 아니다. 그런데도 문 교수는 제 8장 제목에서 이렇게 주장한다.

> 제8장. 루터파와 로마 가톨릭의 칭의에 관한 공동선언(1999년) : 로마 가톨릭의 위선적인 에큐메니즘에 현혹되어 종교개혁의 근본 가치를 폐기함.[89]

문 교수가 "루터파와 로마 가톨릭의 칭의에 관한 공동선언(1999년)"은 "로마 가톨릭의 위선적인 에큐메니즘에 현혹되어 종교개혁의 근본 가치를 폐기"했다고 주장하는데 누가 그랬다는 것인가? 1999년 칭의에 관한 공동선언은 루터교세계연맹과 로마 가톨릭의 PCPCU 사이에 맺은 것이다. 이것은 WEA와 전혀 관련이 없다. 그런데, 어떻게 이 루터교-로마 가톨릭 공동선언문을 WEA의 행보처럼 왜곡하고, 다시 이 사건을 종교개혁의 근본가치를 폐기한 WEA의 에큐메니칼운동의 사례라고 곡해할 수 있을까?

역사적 맥락을 정확히 이해하지 못하는 사람들이 문 교수의 논문 제8장을 읽는다면 마치 WEA가 로마 가톨릭과 칭의에 대해 공동선언을 발표하였고, WEA가 "로마 가톨릭의 위선적인 에큐메니즘에 현혹되어 종교개혁의 근본 가치를 폐기"[90]한 것으로 이해할 것은 당연하다. 실제로 문 교수는 그런 의도와 목적으로 자신의 글을 전개하고 있다. 문 교수가 WEA와 전혀 관련이 없는 JDDJ 를 WEA가 WCC 와 로마 가톨릭과 같이 가는 포용주의, 혼합주의, 다원주의의 사례로 든 것은 곡해도 보통 심각한 곡해가 아닐 수 없다. 정상적인 학자라면 할 수 없는 왜곡이다.

---

[89] 문병호, "WEA 신복음주의 신학과 에큐메니칼 활동 비판: - WCC 에 편승하여 로마 가톨릭과 신학적 일치를 추구하고 포용주의, 혼합주의, 다원주의로 나아감," 「총회105회기 WEA 연구위원회 공청회 자료집」, 54.

[90] 문병호, "WEA 신복음주의 신학과 에큐메니칼 활동 비판: - WCC 에 편승하여 로마 가톨릭과 신학적 일치를 추구하고 포용주의, 혼합주의, 다원주의로 나아감," 「총회105회기 WEA 연구위원회 공청회 자료집」, 54.

이처럼 문 교수는 WEA와 복음주의 역사에 대해 역사적 단절을 시도하고, **전혀 관련이 없는 사건을 끌어다 WEA의 신학적 변천의 증거로 인용하며 관련이 없는 루터교 세계연맹과 로마 가톨릭의 칭의에 관한 공동선언(1999년)을 WEA의 신학적 변천을 뒷받침하는 증거로 제시하고 있다.** 이것은 보통 심각한 문제가 아닐 수 없다. 현대 복음주의를 모두 다 WCC와 로마 가톨릭의 종교다원주의와 에큐메니칼운동을 지향하는 신복음주의로 매도하는 문 교수의 입장에서는 루터파─로마 가톨릭에서 진행된 칭의에 대한 공동선언문의 움직임도 넓은 의미에서 신복음주의 행보이고 따라서 WEA와 궤를 같이하는 것이라고 항변할지 모르지만 이런 주장은 신학적 왜곡도 보통 심각한 왜곡이 아니다.

너무도 분명한 것은 많은 복음주의 신학자들이 신학적으로 문제가 있어서 '루터파와 로마 가톨릭의 칭의에 대한 공동선언(1999)'을 받아들이지 않는다고 분명하게 천명하였다는 사실이다.[91] 문 교수가 WEA와 관계없는 루터파─로마 가톨릭 PCPCU 사이에 작성한 칭의에 대한 공동선언문을 들어 WEA를 비판한 것은 납득이 가지 않는다. 문 교수가 복음주의 운동의 역사와 WEA에 대하여 조금만 살펴보았어도 그런 주장을 하지 않았을 것이다.

IX. "세계기독교포럼(GCF)"(2000년-현재)과 관련된 WEA의 곡해

GCF(the Global Christian Forum)는 2000년 세계기독교지도자들이 종파와 교단을 초월하여 기독교인 상호 간에 공동의 선과 각자 선교를

---

[91] E. Hahn, *European Journal of Theology* VII/1 (1998): 9–14; W. R. Godfrey, *Banner of Truth* 436 (2000): 17–20; G. Bray - P. Gardner, *Churchman* 115/2 (2001): 110–127; D. Estrada, *Christianity and Society* XI/1 (2001): 12–17; T. M. Dorman, *Journal of the Evangelical Theological Society* 44/3 (2001): 421–434; A. Greiner, *Fac-Réflexions* 51–52 (2000/2–3): 4–21; D. Vaughn, *La Revue Réformée* 216 (2002/1): 43–64; J. Moreno Barrocal, *Nueva Reforma* 50 (2000): 4–9; L. De Chirico, *Ideaitalia III* (1999/6): 3.

수행함에 불필요한 다툼이나 분쟁을 피하기 위한 서로 간의 협력과 대화를 목적으로 창립되었다.[92] GCF는 대화의 모임이지 교파나 교단의 일치를 목적하거나 단일교회를 추구하는 모임이 아니다. WEA만 참여한 것이 아니라 지역을 초월하고 종파와 교파를 초월하여 성공회, 아프리카 복음주의연합, 세계침례교연맹, 로마 가톨릭교회, 하나님의 교회, 라틴 아메리카 복음주의, 루터란 세계연맹, 세계오순절협의회, 세계복음주의연맹, 세계교회협의회, 국제구세군, 안식교 등 여러 교파들이 참여하는 대화 모임이다.[93] 그리고 무조건 누구나 다 참여할 수 있는 것이 아니라 삼위일체하나님과 예수 그리스도의 신성과 인성을 분명히 믿는 사람들이 참여하는 것이다. 삼위일체와 예수 그리스도의 참된 신성과 인성을 인정하는 교단이라면 그리스도의 성육신, 대속의 죽음, 부활, 승천, 재림을 인정할 것이다. 초대교회사와 교리사에 조금이라도 지식이 있는 이들이라면 삼위일체와 예수 그리스도의 신성과 인성의 문제가 325년 니케아회의, 381년 콘스탄티노플회의, 431년 에베소회의, 451년 칼케돈회의에서 다루어진 중요한 핵심 주제였다는 사실을 잘 알 것이다. 삼위일체와 기독론은 정통인지 아닌지를 구분하는 중요한 판단 기준 중의 하나이다. GCF의 목적은 교회의 일치가 아니다.

GCF는 전 세계 기독교의 선교 현장에서 점점 악화되어가는 경제의 양극화 현상으로서 가난의 문제, 종교 탄압, 인신매매, 테러리즘과 같은 현대사회 속에서 공통적으로 겪게 되는 사회, 윤리적 문제들을 여러 기독교 종파, 교단이나 단체들과 함께 연대하여 대처해나가려고 한다는 점에서는 WCC와 유사성을 지니지만, WEA를 대표하는 신학자들의 관련 주제들에 대한 신학연구 내용물들이 철저하게 성경 신학적으로 역사적 복음주의 개혁주의 신학 전통 위에서 균형 잡힌 연구를 하고 있다는 점에서

---

[92] *The Global Christian Forum*, https://globalchristianforum.org/past-newsletters/ 여기서 발행하는 뉴스 레터를 통해 GCF의 활동을 확인할 수 있다. 2013년부터 2021년까지 15회의 뉴스 레터가 발간되었다.

[93] "Current Global Christian Forum Committee (2021)" https://globalchristianforum.org/current-global-christian-forum-committee/ <2021. 7. 18. 접속>.

본질적인 차이가 있다. 따라서 WEA 신학은 전반적으로 WCC의 혼합주의나 종교 다원주의와는 근본적으로 다르다고 볼 수 있다.

핵심 목표 안내(Guiding Purpose Statement):

삼위일체 하나님과 예수 그리스도를 그의 신성과 인성에 있어서 완전하신 분으로 고백하는 다양한 기독교교회들과 교회 간 기구들의 대표들 내에서 열린 공간을 창출하기 위해 상호 존중심을 증진하고 함께 공동의 도전들을 탐색하고 논하기 위하여 모일 수 있다.

요한복음 17장 21절의 "그들도 다 하나가 되어 … 세상으로 아버지께서 나를 보내신 것을 믿게 하옵소서"와 화목케 하시는 하나님에 대한 우리의 믿음(고린도후서 5:18-21) 때문에 포럼은 다음을 추구하려고 한다:

● 하나님의 말씀과 세상에서의 선교에 대한 우리의 헌신을 깊게 한다.

● 기독교 선교의 현대의 표현에 대한 우리의 이해를 증진시킨다.

● 그리스도인의 차이점과 독특한 특성을 자유롭고 책임감 있고 평화롭게 다룰 수 있는 원칙과 관행을 추구한다.

● 상호 관심 분야에 대한 신학적 성찰에 참여한다.

● 의사 소통과 협력을 장려하여 교회의 온전함을 강화시킨다.

공통 증거로 이어질 수 있는 관계를 조성한다.

2007년 11월 리무루(Limuru)[94]

"To create an open space wherein representatives from a broad range of Christian churches and interchurch organizations, which confess the triune God and Jesus Christ as perfect in His

---

[94] "A presentation to the 48th International Ecumenical SeminarNon-denominational and Trans-confessional MovementsJuly 2-9, 2014Strasbourg, France," https://www.strasbourginstitute.org/wp-content/uploads/2014/08/The-Global-Christian-Forum.pdf <2021. 7. 18. 접속>.

divinity and humanity, can gather to foster mutual respect, to explore and address together common challenges.

In the spirit of John 17:21 " that all of them may be one ⋯ so that the world may believe that you have sent me" and because of our faith in a reconciling God (2 Cor.5: 18−21) a forum could pursue the following:

- Deepen our commitment to God's Word and mission in the world;

- Enhance our understanding of contemporary expressions of Christian mission;

- Pursue principles and practices that enable us to deal freely, responsibly and peaceably with our Christian differences and distinctive qualities;

- Engage in theological reflection in areas of mutual concern;

- Strengthen the wholeness of the church by encouraging communication and cooperation;

  and−Foster relationships that may lead to common witness.

Limuru, November 2007.

위 내용에 있듯이 GCF는 '상호 존중심을 증진하고 함께 공동의 도전들을 탐색하고 논하기 위하여' 모인 것이다. 이것은 타종교와의 대화라는 WCC가 추구하는 종교간 대화와 성격이 다르다. 이런 목적으로 제 1차 GCF가 2007년 11월 케냐의 리무루(Limuru)에서 모였고, 2011년 10월 제 2차 GCF가 인도네시아 마나도(Manado)에서 모였으며, 2018년 4월 23−28일까지 제 3차 GCF가 'Let mutual love continue'(Hebrews 13:1)란 주제로 콜롬비아 보고타(Bogota)에서 열렸다.[95] 이들 세 차례 모임에서 논의된 사항은 위에서 언급한 목적에서 벗어나지 않았다. GCF가 "기존의 구조와 상관없이 성장하는 글로벌 교회의 일치를 위한 자리를 만

---

[95] "Bogota 2018," https://globalchristianforum.org/bogota−2018/ <2021. 7. 18. 접속>.

드는 것을 목표로 한다."[96]고 할 때 여기서 말하는 일치는 신학적 일치, 신앙적 일치, 교리적 일치, 단일교회의 일치, 외형적 일치, 그리고 WCC 의 전세계적 교회 일치를 의미하는 것이 아니다. 모임 취지와 사역 방향에서도 관계적 일치라는 사실을 분명하게 밝히고 있다. 그런데도 문 교수는 GCF 가 전세계 기독교의 교회일치를 추구하는 모임이라는 전제를 하고 GCF 를 (1) "교리를 불문하여 신학적 경계도 없는 모임"[97] (2) "WEA 를 수하로 삼아 로마 가톨릭—WCC 에큐메니칼 신학의 염원을 이룸"[98]이라고 단죄하였다. 문 교수는 GCF 가 마치 WCC 의 에큐메니칼운동처럼 가시적 교회의 제도적 일치를 추구하는 모임으로 비약하고 논지를 전개하고 있다. 그것은 다음 제목에서 확인할 수 있다.

> 제 9장. "세계기독교포럼(GCF)"(2000년—현재) : WCC, 로마 가
> 톨릭, WEA(WEF), 오순절 교회가 네 축이 되어 신앙고백과 교리를
> 불문하는 전 세계 기독교의 일치를 추구[99]

문 교수는 GCF 가 "WEA를 수하로 삼아 로마 가톨릭—WCC 에큐메니칼 신학의 염원을 이룸"이라며 교회 일치를 목적으로 한 WCC 에큐메니칼운동인 것처럼 진실을 호도하는데 GCF 는 교회 일치를 추구하는 모임이 아니고 그런 권한을 갖고 있지도 않다. 그런데도 문 교수는 GCF 를 들어 WEA가 WCC 와 로마 카톨릭의 에큐메니칼 신학과 궤를 같이 하며

---

[96] "The Global Christian Forum Story and Vision," https://globalchristianforum.org/ what -we-do/ <2021. 7. 18. 접속>.

[97] 문병호, "WEA 신복음주의 신학과 에큐메니칼 활동 비판: — WCC 에 편승하여 로마 가톨릭과 신학적 일치를 추구하고 포용주의, 혼합주의, 다원주의로 나아감," 「총회105회기 WEA 연구위원회 공청회 자료집」, 56.

[98] 문병호, "WEA 신복음주의 신학과 에큐메니칼 활동 비판: — WCC 에 편승하여 로마 가톨릭과 신학적 일치를 추구하고 포용주의, 혼합주의, 다원주의로 나아감," 「총회105회기 WEA 연구위원회 공청회 자료집」, 57.

[99] 문병호, "WEA 신복음주의 신학과 에큐메니칼 활동 비판: — WCC 에 편승하여 로마 가톨릭과 신학적 일치를 추구하고 포용주의, 혼합주의, 다원주의로 나아감," 「총회105회기 WEA 연구위원회 공청회 자료집」, 56.

궁극적으로 하나의 교회를 목적하고 나가는 것처럼 곡해한다.

　　2017년 5월에는 GCF의 네 축이라고 불리는 WCC, WEA, PWF, 로마 가톨릭 바티칸의 공식 사절이 모여 GCF 협력 방안을 모색하였다. 여기서 GCF 모임의 향후 지침을 "그리스도 안에서의 더 큰 하나됨(greater oneness in Christ)"으로 삼자는 공감대가 형성되었다. 여기서 GCF는 처음에 표방했던 "형식에 얽매이지 (않는) 관계적 에큐메니즘(the informal and relational ecumenism)"을 폐기하고 기존의 "제도적 에큐메니즘(institutional ecumenism)"으로 회귀하고자 하는 속내를 드러내었다.… GCF는 스스로 기독교라는 정체성을 가졌다고 생각하는 모든 교회와 단체들이 함께 모여서 서로 이야기를 나누고 이해를 증진시키며 <u>궁극적으로 하나됨을 이루자는 취지로 시작되었다.… 이는 '교회의 일치'를 넘어서 '인류의 일치'를 지향하는 WCC와 제2 바티칸회의 이후의 로마 가톨릭의 에큐메니칼 신학과 궤를 같이 한다.</u>[100]

　이 글에서 중요한 핵심 사항은 WEA가 정말 <u>"궁극적으로 하나됨"을 목적하고 GCF 모임에 참가하여 "비형식 및 관계적 연합운동"</u>(the informal and relational ecumenism)에서 "제도적 연합운동"(institutional ecumenism)으로 회귀하려고 했느냐 하는 것이다. 문 교수가 근거로 제시한 자료들을[101] 아무리 살펴봐도 그런 내용을 찾을 수 없다.

---

[100] 문병호, "WEA 신복음주의 신학과 에큐메니칼 활동 비판: − WCC에 편승하여 로마 가톨릭과 신학적 일치를 추구하고 포용주의, 혼합주의, 다원주의로 나아감," 「총회105회기 WEA 연구위원회 공청회 자료집」, 58.

[101] 문 교수는 자신의 주장의 근거로 각주 117−122에 다음 자료를 인용하였다. 그의 주장의 논지와 관련 자료를 검토하였지만 문 교수가 주장하는 그런 내용을 확인할 수 없었다. "Keynote Address, Korea." https://www.oikoumene.org/resources/ documents/keynote− address−korea (2021. 4. 23. 접속); "WEA and WCC Leaders Meet." https://www.oikoumene. org/news/wea −and−wcc−leaders−meet (2021. 4. 23. 접속); "Historic Meeting to Support the Global Christian Mission." https://www. ecupatria.org/ 2017/05/29/ historic−meeting−to−support − the−global−christian−forum/ (2021. 4. 23. 접속); Leonard de Chirico, "Greater Oneness in Christ': What Does it Mean?" https:// vaticanfiles.org/en/2017/09/ 141−greater− oneness−

2017년 5월 17일 세계교회협의회(WCC), 세계오순절협회(PWF, Pentecostal World Fellowship), 세계복음주의연맹(WEA)의 최고위 지도자들과 '기독교 일치를 촉진하기 위한 바티칸 관료들'(the Vatican's officials for promoting Christian Unity)이 모인 것은 첫 모임이었고[102] 문 교수가 주장하는 "형식에 얽매이지 (않는) 관계적 에큐메니즘(the informal and relational ecumenism)을 폐기하고 기존의 '제도적 에큐메니즘(institutional ecumenism)'으로 회귀하자는 논의는 전혀 없었다. 문 교수가 우려되어 그런 주장을 펼쳤는지 모르지만 사실에 근거하여 논지를 전개하는 것과 자신의 우려를 표명하는 것은 본질적으로 다르다. 문 교수는 WEA 신복음주의가 에큐메니칼운동을 추구하고 그 점에서 WCC 에큐메니칼운동과 로마 가톨릭 에큐메니칼운동과 맥을 같이한다는 프레임을 가지고 모든 것을 인위적으로 무리하게 연결하려는 시도를 글 전체에서 반복하고 있다. 문 교수가 "궁극적으로 하나됨을 이루자는 취지로 시작되었다… <u>이는 '교회의 일치'를 넘어서 '인류의 일치'를 지향하는 WCC와 제2 바티칸회의 이후의 로마 가톨릭의 에큐메니칼 신학과 궤를 같이 한다"</u>고 주장한 것은 GCF 창립목적과 취지에 대한 심각한 왜곡이다. WEA가 교단연합체가 아니라는 사실을 간과하고 있다. 몇몇 교단들이 WEA에 가입되었지만 교육기관, 선교기구, 개별적 참여가 절대다수이고 교단 가입을 의도하거나 확장하거나 거대한 교회연합체를 만드려는 것이 처음부터 WEA의 설립 목적이 아니었다. 더더욱 GCF가 세계 단일 교회연합과 일치를 만들어 낼 수도 없고 더구나 그럴 권한도 없으며 교단들의 연합체가 아닌 GCF가 제도적인 에큐메니칼 교회일치운동을 추진할 수 없다.

GCF는 WCC처럼 교단 가입으로 이루어지는 단체가 아니라 각 기독

---

in-christ -what-does-it-mean/ (2021. 4. 23. 접속). 본래 이 문건은 Vatican File #141로 출간.

[102] "Historic Meeting to Support the Global Christian Mission." https://www.ecupatria.org/2017/05/29/historic -meeting-to- support-the-global- christian -forum/ <2021. 7 18. 접속>.

교 종파, 교단, 선교기구 혹은 개인 차원의 교회 지도자의 대표들이 모여 기독교의 공동선을 나누는 대화의 모임이고, 기독교인들 간에 불필요한 선교 현장에서의 과도한 경쟁과 오해와 그로 인한 분쟁과 이슬람이나 불교, 힌두교 권에서의 극단적 민족주의와 결합된 전투적이고 호전적인 기독교인에 대한 무자비한 공격과 납치와 폭력적 테러리즘에 대비하여 상호 협력과 공동의 연합전선을 펼쳐 나가자는 그런 전략적인 관계적 목적 하에 협력과 일치를 주장하고 있다. 그 목적은 결단코 제도적인 교회의 일치가 아니다. 다시 강조하지만, GCF 창립 목적이 제도적 일치가 아니라는 사실은 모임의 목적과 취지에 분명하게 드러나 있다.[103]

문 교수가 인용한 문헌의 말미에 보면 "1986년 로마 가톨릭교에 대한 현대 복음주의 관점"에 대한 평가와 복음주의자들이 로마 가톨릭을 어떻게 판단하는지 분명하게 드러나 있다. 바티칸 문서파일(141)에 있듯이 로마 가톨릭 입장에서는 WEA가 로마 가톨릭과 신학적 차이가 너무도 분명하다고 판단한다.

세계복음주의연맹(WEA)에 관한 한, WEA 총회에서 마지막으로 투표한 문서는 '로마 가톨릭교: 현대 복음주의적 관점(Roman Catholicism. A Contemporary Evangelical Perspective, 1986)'이다. 교리와 실천에 있어 오늘날의 로마 가톨릭교를 주의 깊게 분석한 후, 그 문서는 성경적 진리를 희생시키지 않는 선에서의 일치가 바람직하며, 복음에 대한 다양한 설명 때문에 복음주의자들과 로마 가톨릭 교회 사이에 여전히 "극복할 수 없는 장애물"이 있다고 주장하며 끝을 맺었다. 수백만의 복음주의자들은 이것이 사실이라고 여전히 확신하며, '더 큰 하나됨'을 향해 나아가야 할 어떤 성경적 이유도 보지 못한다.

As far as WEA is concerned, the last document that was voted by a General Assembly is Roman Catholicism. A Contemporary

---

[103] "Greater Oneness in Christ": What Does it Mean?" https://vaticanfiles. org/en/ 2017/09/141-greater-oneness-in-christ-what-does-it- mean/ <2021. 7. 18. 접속>.

Evangelical Perspective (1986). <u>After a careful analysis of present-day Roman Catholicism in its doctrine and practice, the document ends by arguing that unity is desirable but not at the expense of biblical truth</u> and that <u>there are still "unsurmountable obstacles" between Evangelicals and the Roman Catholic Church</u> because of their divergent accounts of the gospel. <u>Millions of evangelicals are still convinced that this is case and do not see any biblical reason to move towards "greater oneness".</u>[104]

WEA는 분명한 성경적 신학적 입장을 그대로 견지하고 있기 때문에 로마 가톨릭과 일치로 나갈 수 없다는 입장을 밝혔다. 이것을 로마 가톨릭도 알고 위와 같이 평가를 한 것이다. WEA가 이런 분명한 입장을 가지고 있는 상황에서 교파나 교단별 참여가 아닌 GCF가 제도적인 단일교회의 일치를 지향할 수도, 만들어 낼 수도 없다. 또 그곳에서 다루어진 주제들도 제도적 일치를 추구하는 것이 아니라는 사실은 3차례의 모임의 내용과 성격을 살펴보면 어렵지 않게 판단할 수 있다.

X. WEA와 안식교의 공동 성명(2007) 내용의 왜곡

문 교수의 사실에 대한 비약과 왜곡은 안식교에 대한 WEA의 입장에 대한 분석과 평가에도 그대로 나타난다. WEA는 안식교를 회원으로 받아 준 적이 없다. WEA와 교류단절을 지지하는 사람이 어느 언론과의 인터뷰에서 안식교가 WEA의 회원이라고 주장하였는데 이것은 전혀 사실과 다른 왜곡된 주장이다. 회원이 아니라는 사실이 밝혀지자 이제는 'WEA와 제칠일 재림교[안식교]의 공동 성명(2007)'을 들어

---

[104] Leonardo de Chirico, "Vatican Files 141. "Greater Oneness in Christ": What Does it Mean?" https://vaticanfiles.org/en/2017/09/141-greater-oneness-in-christ-what-does-it-mean/ <2021. 7. 18. 접속>

WEA가 안식교와 연합을 추구하고 있다고 호도하고 있다. 문 교수 역시 WEA와 제칠일 재림교의 공동 성명(2007)을 들어 "WEA 복음주의자들의 신학적 이중성을 여실히 드러"낸 것이라고 강하게 비판했다.

WEA와 안식교는 2006년 8월 6-9일과 2007년 8월 8-11일 두 차례 모임을 갖고 공동성명("Joint Statement of the World Evangelical Alliance and the Seventh-day Adventist Church")을 발표했다.[105] 문제의 핵심은 WEA가 안식교와 교리적 일치를 추구하고 있는가 하는 것이다. 이를 위해 이 공동성명의 내용을 있는 그대로 객관적으로 살펴볼 필요가 있다. 이 문서에서 <u>WEA는 안식일 개념, 하늘 성소와 재림전 예비심판, 알렌 지 화이트의 계시관을 비롯하여 안식교의 교리에 동의할 수 없는 부분이 무엇인지 분명히 밝혔다.</u> 그렇다면 공동성명서와 관련하여 3가지 사실을 확인할 필요가 있다. 첫째, WEA와 안식교가 상호 일치하는 점은 무엇인가? 둘째, WEA와 안식교가 서로 견해가 다른 것은 무엇인가? 셋째, WEA와 안식교가 과연 서로 연합을 향해서 달려가고 있는가? 다시 말해 계속해서 서로 어떤 협력사업을 전개하고 있는가 하는 것이다.

이에 대한 정확한 이해를 위해서는 먼저 "Joint Statement of the World Evangelical Alliance and the Seventh-day Adventist Church"에 있는 내용을 심층적으로 살펴볼 필요가 있다. 먼저 이 모임을 갖게 된 취지를 주목할 필요가 있다.

> 1.2. 이 대화의 핵심 목적은 **조직의 공식적인 연합을 탐구하려는 것이 아니라** 서로의 신앙과 사역 방식을 더 잘 이해하고 지역 교회 가운데서와 전국 연맹에서 유익한 협력 가능성을 탐구하는데 있다. 이것은 세속주의와 비기독교 종교와 이데올로기의 전 세계적 성장의 관점에서 그리스도인들이 함께 그리스도를 증거하기 위한 도전이라는 점에서 특히 중요하다.

---

[105] "Joint Statement of the World Evangelical Alliance and the Seventh-day Adventist Church," http://www.worldevangelicals.org/news/WEAAdventistDialogue20070809d.pdf <2021. 7. 8. 접속>.

The key purposes of these conversations were not to explore any formal joining of organizations, but, rather to better understand each other's beliefs and working methods and to explore possibilities of fruitful cooperation among local churches and in national alliances. This is especially important in view of secularism and the worldwide growth of non—Christian religions and ideologies, representing a challenge for Christians to come together and witness for Christ.[106]

위에서 언급하고 있듯이 문서는 "이들 대화의 목적이 두 기구의 어떤 공식적인 연합을 탐구하려는 것이 결코 아니다"(The key purposes of these conversations were not to explore any formal joining of organizations)는 사실을 분명히 밝히고 있다. 서구 기독교회는 일반적으로 한국교회와 다르게 안식교를 비정상적 종파라고 보지만 이단이라고 까지 규정하지 않는 그런 경향이 있다. 어떤 경우에는 자유주의 교회진영과 대항하는데 있어서 공동의 연합전선을 펼 때도 있는 것을 보게 된다. 그러나 이런 서구 교회의 상황은 한국교회에서는 이해될 수 없는 모습이다. 어쨌든 문 교수가 마치 WEA가 안식교와 에큐메니즘으로 나가는 것처럼 곡해하는데 이것은 전혀 사실이 아니다.[107] 안식교가 삼위일체 신앙과 예수 그리스도의 신인 양성을 받아들이는 전제하에 전 세계적으로 복음주의 교회가 선교사를 파송하고 있는 모든 선교 현장에 안식교가 선교사를 파송하고 있고, 동일한 외부의 반기독교적 적대세력에 의하여 심각한 위협과 핍박을 받고 있다는 점에서 불필요한 경쟁과 다툼이나 극단적 근본주의 반기독교 종교세력의 공격하에 일반 은총적 측면에서의 공동선을 고취하며 공동

---

[106] "Joint Statement of the World Evangelical Alliance and the Seventh—day Adventist Church,"http://www.worldevangelicals.org/news/WEA Adventist Dialogue20070809d.pdf <2021. 7. 8. 접속>.

[107] 문병호, "WEA 신복음주의 신학과 에큐메니칼 활동 비판: ― WCC에 편승하여 로마 가톨릭과 신학적 일치를 추구하고 포용주의, 혼합주의, 다원주의로 나아감," 「총회105회기 WEA 연구위원회 공청회 자료집」, 60.

의 연합전선에 참여하자는 그런 의미에서 대화가 이루어진 것이다.

두 번의 모임을 가진 것은 "서로의 신앙과 사역방법을 더 잘 이해하고 지역교회와 전국연합에서 결실 있는 협력의 가능성을 탐구"[108]하는데 있다. 왜 이것이 중요한지를 이어서 밝히고 있다. "이것은 세속주의와 비기독교 종교와 이데올로기의 전 세계적 성장의 관점에서 그리스도인들이 함께 그리스도를 증거하기 위한 도전이라는 점에서 특히 중요하다."[109] 세속주의와 타종교의 급속한 성장이 전세계적으로 진행되고 있는 상황에서 선교적인 차원에서 만나 논의를 했다는 의미이다. 결코 두 기구의 연합과 일치를 모색하는 모임이 아니라는 사실을 서두에서 분명히 밝힌 것이다. 이어서 상호 일치하는 신앙(Our common faith)이 무엇인지, 그리고 다른 점이 무엇인지를 밝혔다.

"2. 우리의 공동신앙

안식교도들은 WEA 신앙선언에 동의할 수 있다. 그들은 하나님의 말씀의 권위와 우월성, 삼위일체, 그리스도의 신성과 인성, 오직 그리스도 믿음에 의한 구원, 기도의 중요성, 개인의 회심, 그리고 성화, 그리스도의 임박한 재림과 최후 심판에 대한 복된 소망을 견지한다. 재림에 대한 그 어떤 날짜를 정하는 것은 결코 있을 수 없다는 사실에도 동의한다."

Our common faith

2. ⋯ Adventists can subscribe to the WEA Statement of Faith. (Document attached below). They fully accept the authority and supremacy of the Word of God, the Trinity, the divine and human natures of Christ, salvation by faith in Christ alone, the importance of prayer, personal conversion, and sanctification, and

---

[108] "Joint Statement of the World Evangelical Alliance and the Seventh-day Adventist Church,"http://www.worldevangelicals.org/news/WEAAdventistDialogue20070809d.pdf <2021. 7. 8. 접속>.

[109] "Joint Statement of the World Evangelical Alliance and the Seventh-day Adventist Church,"http://www.worldevangelicals.org/news/WEAAdventistDialogue20070809d.pdf <2021. 7. 8. 접속>.

hold dear the blessed hope in the imminent Second Coming of Christ and the final judgment. There was agreement that there should never be any date—setting regarding the Second Advent.[110]

여기 서로 일치하는 신앙은 안식교가 WEA의 신앙고백에 동의한다는 내용이 그 골자이다. 위 내용에 분명하게 기록하고 있듯이 공동신앙의 출발점이 <u>안식교가 WEA의 신앙고백에 대해 어떻게 생각하고 있는가를 언급한 것이지 WEA가 안식교의 어떤 교리에 동의한다고 밝힌 것이 아니다.</u> WEA가 WEA 신앙고백에 근거하여 대화를 진행한 것을 알 수 있다. 그런데도 문 교수가 얼마나 사실을 왜곡하고 있는가는 다음 주장에서 그대로 드러난다.

　　이러한 "근본적인 교리적 · 신학적 일치"를 넓게 조망한 후 이제 서로 간의 차이점에 대해서 다룬다.[111]

공동문서에 있듯이 이것은 WEA가 안식교와 '근본적인 교리 · 신학적 일치를 넓게 조망한' 문서가 아니다. 이렇게 주장하는 것은 사실에 대한 심각한 왜곡이다. 마치 WEA와 안식교가 서로 공통적인 신앙고백이 무엇인가를 연구하고 광범위하게 합의점을 도출한 것처럼 진실을 호도하고 있는데 문서 어디에도 그런 내용이 없다. 오히려 <u>'주일과 안식일'</u> 차이, '하늘 지성소와 예비 심판,' '엘렌 지 화이트(Ellen G. White)의 가르침과 권위 문제' 등 안식교의 가장 핵심적인 가르침을 포함한 차이점이 무엇인가를 더 분명하게 다음과 같이 밝히고 있다.

　　3.1. 안식일에 관한 제 4계명에 따라 매주 안식일과 예배의 중요

---

[110] "Joint Statement of the World Evangelical Alliance and the Seventh—day Adventist Church,"http://www.worldevangelicals.org/news/WEAAdventistDialogue20070809d.pdf <2021. 7. 8. 접속>.
[111] 문병호, "WEA 신복음주의 신학과 에큐메니칼 활동 비판: — WCC에 편승하여 로마 가톨릭과 신학적 일치를 추구하고 포용주의, 혼합주의, 다원주의로 나아감," 「총회105회기 WEA 연구위원회 공청회 자료집」, 59.

성에 대해서는 의견이 일치하지만 구체적인 요일에 대해서는 이견이 있다. 복음주의자들은 주의 첫 번째 날인 일요일을 주님의 부활의 날로 지킨 반면, 안식교는 그리스도 안에서 창조와 구속을 기념하는 일곱째 날을 기념한다.

3.2. 하늘 성소와 관련된 재림 전 예비 심판에 관한 안식교의 가르침에 대해 이견이 있었다. 다니엘서와 요한계시록에 대한 해석을 바탕으로 안식교인들은 재림 전 예비 심판이 1844년에 시작되었다고 이해한다. 반면 복음주의자들은 그런 입장을 받아들이지 않는다. 복음주의자들의 관점에서 볼 때 그것은 분명한 성경적 뒷받침이 부족하다. 그러나 안식교인들은 이 성경적 해석이 그들이 재림을 준비하는 선교 과업에 대한 긴급함과 세계적 환경을 보다 명확하게 보는 데 도움이 된다고 믿는다.

3.3. 신학적 대화는 또한 Ellen G. White(1827-1915)의 권위 있는 역할을 살펴보았다. 그들의 발표에서 안식교 참가자들은 E. G. 화이트 그녀가 그렇게 했던 것처럼 그녀의 역할이 부차적이며 성경에 종속되며 성경에 의해 판단되어야 한다는 사실을 분명히 했다. E. G. White의 중요한 그리스도 중심의 역할을 인정하지만 복음주의 참가자들은 그녀의 전체 교회에 대한 어떤 권위적이거나 영감된 역할에 대해 의문을 제기한다.…

3.1. While agreement exists on the importance of a weekly day of rest and worship, according to the Fourth Commandment concerning the Sabbath day, there is disagreement as to the specific day. Evangelicals celebrate Sunday, the first day of the week, as the day of the Lord's Resurrection, while Adventists celebrate the seventh day of the week as the memorial of creation and redemption in Christ.

3.2. There was disagreement on the Adventist teaching regarding the Heavenly Sanctuary and the related pre-Advent judgment. Based on their interpretations of the Books of Daniel and Revelation, Adventists understand that the pre-Advent judgment began in the year 1844. Evangelicals do not share this understanding; in their view, it lacks clear Biblical support. However, Adventists believe that this Biblical interpretation helps them to see more clearly the urgency and global setting of the missionary task in preparation for the Second Coming.

3.3. The theological conversation also looked at the authoritative role of Ellen G. White (1827−1915). In their presentations, the Adventist participants made clear, as did E.G. White herself, that her role is secondary and subject to Scripture and is to be judged by it. Adventists derive their doctrines from the Bible and want them to be tested by the Scriptures. While acknowledging the significant and Christ−centered role of E. G. White, the Evangelical participants question any authoritative or inspired role on her part for the whole Church.[112]

위에 있듯이 WEA는 정통개신교 복음주의 입장에서 안식교의 세 가지 핵심 가르침에 대해 동의할 수 없다는 사실을 분명히 밝혔다. 첫째, 구약의 안식일을 문자적으로 고집하는 안식교에 반해 개신교는 주님이 부활하신 안식후 첫날 주일을 지키고 예배한다는 사실을 분명히 드러낸 것이다. 둘째, 하늘 지성소와 이와 관련하여 1844년에 예비심판이 시작되었다는 안식교의 가르침도 정통개신교에서 받아들일 수 없다는 사실도 분명히 했다. 셋째, 안식교에서 절대시 하는 Ellen G. White의 가르침을 정통개신교는 받아들일 수 없다는 점도 분명히 했다.

"엘린 지 화이트(E. G. White)의 의미심장하고 그리스도 중심의 역할을 인정한 반면 복음주의 대표자들은 그녀의 전체 교회에 대한

---

[112] "Joint Statement of the World Evangelical Alliance and the Seventh−day Adventist Church,"http://www.worldevangelicals.org/news/WEAAdventistDialogue20070809d.pdf <2021. 7. 8. 접속>

어떤 권위적이거나 영감된 역할에 대해 의문을 제기하였다."

"While acknowledging the significant and Christ-centered role of E. G. White, the Evangelical participants question any authoritative or inspired role on her part for the whole Church."[113]

문 교수가 WEA와 안식교의 공동문서를 조금이라도 면밀히 원문을 살폈다면 둘이 연합하려고 하는 것이 아니라는 사실을 어렵지 않게 알 수 있었을 것이다. 오히려 이 문서는 WEA와 안식교가 일치를 모색한 것이 아니라 안식교인들과 정통개신교가 어떤 점이 다른가를 분명히 밝힌 결과가 된 것이다. 안식교는 여전히 안식일을 고집하고 1844년 예비심판이 시작되었다는 사실을 지금도 고집하고 있고, 안식교가 성경의 권위를 최종적인 권위에 위치시킨다고 하면서도 엘린 지 화이트(E. G. White)의 가르침을 '권위적이고 영감된' 가르침으로 삼고 있다는 사실을 WEA가 밝힘으로 안식교와 정통개신교는 교리적으로 분명히 다르다는 사실을 재확인한 것이다. 그런데도 문 교수는 이에 대해 이렇게 이상한 논리를 펼치고 있다.

> 셋째, 안식교는 그 창시자 엘렌 화이트(Ellen G. White, 1827-1915)가 하나님의 계시를 그것이 성경에 종속된 것이며 성경에 의해서 판단을 받는다는 것이라고 보지만, 받았다는 것을 믿는다는 것이 지적되었다.[114]

문 교수가 무슨 이야기를 하려고 하는지 불분명하다. "보지만 받았다는 것을 믿는다는 것이 지적되었다"는 의미가 대체 무엇인가? 말로는 성경에 종속되어야 하고 성경에 의해서 판단되어야 한다고 하지만

---

[113] "Joint Statement of the World Evangelical Alliance and the Seventh-day Adventist Church,"http://www.worldevangelicals.org/news/WEAAdventistDialogue20070809d.pdf <2021. 7. 8. 접속>.

[114] 문병호, "WEA 신복음주의 신학과 에큐메니칼 활동 비판: - WCC에 편승하여 로마가톨릭과 신학적 일치를 추구하고 포용주의, 혼합주의, 다원주의로 나아감," 「총회105회기 WEA 연구위원회 공청회 자료집」, 59-60.

실제로는 그의 가르침을 성경처럼 믿는다는 주장을 하는 것인가? 원문의 의미는 모호하지 않다. 이렇게 기록하고 있다.

> 신학적 대화는 또한 Ellen G. White(1827-1915)의 권위 있는 역할을 살펴보았다. 그들의 발표에서 안식교 참가자들은 E. G. White의 역할을 부차적이고 성경에 따르며 성경에 의해 판단되어야 한다는 점을 분명히 했다. 안식교인들은 성경에서 그들의 가르침을 도출하였고 그것들이 성경에 의해서 시험을 받기를 원한다.
>
> The theological conversation also looked at the authoritative role of Ellen G. White (1827-1915). In their presentations, the Adventist participants made clear, as did E. G. White herself, that her role is secondary and subject to Scripture and is to be judged by it. Adventists derive their doctrines from the Bible and want them to be tested by the Scriptures.[115]

WEA는 Ellen G. White의 가르침의 권위를 인정할 수 없다는 것을 너무도 분명하게 밝혔다. 안식교 참가자들(the Adventist participants)이 엘렌 지 화이트를 존경할지 몰라도 그러나 WEA 복음주의자들은 그녀의 어떤 권위와 역할도 인정할 수 없다고 분명히 천명했다. WEA와 안식교 둘 사이에는 차이점이 분명하기 때문에 서로 연합한다는 것은 있을 수 없는 일이고 두 기구의 연합은 더더욱 있을 수 없다. 이런 동의사항과 차이점을 분명히 한 가운데 서로 어떤 영역에서 협력할 수 있는가를 다음과 같이 밝혔다.

> 협력분야(Areas of cooperation)
> 4. 대화에서 드러난 공통된 신념의 공통 기반 때문에 복음주의자들과 안식교인들은 공통적으로 힘쓰는 부분에 있어서는(on shared

---

[115] "Joint Statement of the World Evangelical Alliance and the Seventh-day Adventist Church," http://www.worldevangelicals.org/news/WEAAdventistDialogue20070809d.pdf <2021. 7. 8. 접속>.

endeavors) 함께 일할 가능성을 본다. 동시에 그들은 상호협력을 할 수도 있는 모든 교회들이 각각의 고유한 교리상의 가르침들을 고수하고 따를 권리, 심지어는 책임이 있음을 인지하고 있다. 종교적 자유, 관용, 선의 및 존중의 원칙이 모든 경우에 넘쳐나도록 한다.

4. Because of the common ground of shared beliefs that the conversations revealed, Evangelicals and Adventists see the possibilities of working together on shared endeavors. At the same time, they recognize the right and even responsibility of all churches who may cooperate with each other to uphold and follow their own distinctive doctrinal teachings. The principles of religious liberty, tolerance, good will, and respect are to prevail in all cases.

4.1 ⋯ 그들은 기도, 성경 공부, 성서공회사역, 종교의 자유, 기독교적 사랑과 교제의 정신으로 사회의 절박한 필요를 충족시키는 것과 같은 검토 가능한 다양한 영역에서의 협력을 권고한다.

4.1 ⋯ They recommend various areas of cooperation where advisable, such as prayer, Bible study, Bible society work, religious liberty, and meeting the crying needs of society in the spirit of Christian love and fellowship.[116]

위 합의문 협력 분야에서 몇 가지 사실을 확인할 수 있다. 첫째, 두 번의 모임을 가졌지만 그것이 연합을 모색하는 모임이 아니었다는 사실이다. 둘째, 공동문서는 WEA가 안식교의 어떤 교리에 대해 동의한다고 안식교 교리를 들어 명시한 것이 전혀 없다는 사실이다. 반대로 안식교인들이 WEA의 신앙고백에 대하여 어떤 입장인가를 밝혔다. 셋째, 안식교의 중요한 세 가지 핵심 가르침을 정통개신교의 입장에서는 동의할 수 없고 받아들일 수 없다는 점을 분명히 한 것이다. 넷째, 협

---

[116] "Joint Statement of the World Evangelical Alliance and the Seventh-day Adventist Church,"http://www.worldevangelicals.org/news/WEAAdventistDialogue20070809d.pdf <2021. 7. 8. 접속>.

력할 수 있는 것도 연합을 위한 모색이 아니라 "종교적 자유, 관용, 선의 및 존중의 원칙"이라는 일반적인 공동의 선이라는 분야로 제한했다. 그런데도 문 교수는 다음과 같이 결론을 내리고 있다.

> 그리고 마지막 부분에서는 토론에서 나눈 신앙에 공통 기반을 두고 서로 함께 일하고 노력할 것과, 모든 교회들은 다른 교회들과 서로 협력하여 <u>그들 자신의 분명한 교리적 가르침들을 서로 지지하고</u> 따라야 할 권리는 물론 책임까지도 인식해야 한다는 것을 천명하였다."[117]

위 문 교수의 주장은 공동문서 원문을 의도적으로 왜곡시켜 변역(變譯)한 것이다. "<u>그들 자신의 분명한 교리적 가르침들을 서로 지지하고</u>"라는 내용은 공동선언문 원문에 없다. 문 교수의 "<u>그들 자신의 분명한 교리적 가르침들을 서로 지지하고</u>"는 영어 원문을 완전히 곡해한 것이다. 원문은 "<u>동시에 그들은 상호협력을 할 수도 있는 모든 교회들이 각각의 고유한 교리상의 가르침들을 고수하고 따를 권리, 심지어는 책임이 있음을 인지하고 있다. 종교적 자유, 관용, 선의 및 존중의 원칙이 모든 경우에 넘쳐나도록 한다.</u>"(At the same time, they recognize the right and even responsibility of all churches who may cooperate with each other to uphold and follow their own distinctive doctrinal teachings)[118]고 되어 있다. 이 말은 안식교 가르침을 따르는 자들이 그 가르침을 따르고 정통개신교의 가르침을 따르는 자들은 그 가르침을 그대로 따르도록 하는 조건하에 협력한다는 것이지, 정통개신교와 안식교가 서로의 교리적 가르침을 상호 지지한다는 의미는 전혀 아니다. 문 교수가 주장하는 "<u>서로 지지하고</u>"는 문

---

[117] 문병호, "WEA 신복음주의 신학과 에큐메니칼 활동 비판: – WCC에 편승하여 로마가톨릭과 신학적 일치를 추구하고 포용주의, 혼합주의, 다원주의로 나아감," 「총회105회기 WEA 연구위원회 공청회 자료집」, 60.

[118] "Joint Statement of the World Evangelical Alliance and the Seventh-day Adventist Church,"http://www.worldevangelicals.org/news/WEAAdventistDialogue20070809d.pdf <2021. 7. 8. 접속>.

서에 없다. 그런데도 문 교수는 WEA와 안식교가 **"그들 자신의 분명한 교리적 가르침들을 서로 지지하고"**[119]라고 완전히 왜곡하고 있는 것이다.

이 문서를 면밀히 살펴본 사람이라면 문 교수의 주장이 얼마나 비약되고 왜곡되었는가를 어렵지 않게 확인할 수 있을 것이다. WEA가 안식교와 서로 만났다는 것 자체를 불편하게 생각하고 문제를 제기할 수는 있지만 전혀 합의하거나 목적하지 않은 것을 마치 그렇게 한 것처럼 진실을 왜곡하는 주장은 지양되어야 할 것이다.

한 가지 사실을 더 추가해야 할 것이다. 2006년 8월과 2007년 8월 두 번 모여 상호 일치점과 차이점을 확인한 후 WEA가 안식교와 함께 더 깊은 논의를 진행하거나 협력 사업을 전개한 적이 없다. 그 두 번 외에 둘의 만남과 대화는 더 이상 진행되지 않았다. 미국의 상황에서 대부분의 신학교와 교단들이 안식교에 대해서는 점차 개방적인 자세를 취하고 있는 것이 사실인데도 공동문서에 WEA가 안식일 문제, 하늘 지성소와 1844년 예비심판, 화이트의 권위 문제 등 아주 중요한 세 가지 측면에서 안식교의 가르침이 정통개신교의 가르침과 다르다는 점을 분명히 한 것은 매우 중요한 의미를 지닌다. 더 이상의 논의와 발전적 협력이 없었던 것이야 말로 것이야말로, WEA가 안식교와의 연합을 도모하기는커녕, 그들 간에 존재하는 분명한 차이점을 충분히 인지하고 있다는 증거가 아니겠는가?

XI. "다종교 세계의 기독교 증언: 행위를 위한 권고들" (2011년) 왜곡

WEA와의 교류단절을 주장하는 이들이 수년전부터 제일 먼저 들고 나온 것이 2011년 작성된 "다종교 세계의 기독교 증언: 행위를 위한

---

[119] 문병호, "WEA 신복음주의 신학과 에큐메니칼 활동 비판: − WCC에 편승하여 로마가톨릭과 신학적 일치를 추구하고 포용주의, 혼합주의, 다원주의로 나아감," 「총회105회기 WEA 연구위원회 공청회 자료집」, 60.

권고들"(Christian Witness in a Multi-Religious World: Recommendations for Conduct)이다.[120] 여기에 대해서는 총신신대원 교수들이 많은 연구를 진행했고 여러 차례 이 문서의 목적과 취지가 무엇인가를 분명히 밝혔다. 결론부터 밝히면 2011년 문서는 WEA가 로마 가톨릭과 WCC가 연합을 위해서 만든 것이 아니라는 사실이다. 기독교 박해와 테러가 다발적으로 일어나는 무슬림 지역 등 다종교 사회에서 기독교 선교를 모색하기 위해 모여 만든 것이라는 점을 분명하게 문서에서 밝히고 있다.

> 이 문서의 목적은 선교에 관한 <u>신학적인 선언을 하고자 함이 아니라 다종교 세계에서 기독교 신앙 증거에 관한 실질적인 문제들을 다루는 데 있다</u>. 이 문서의 목적은 교회와, 교회 협회들, 그리고 선교 단체들이 현재 행하는 선교 방식들을 회고하고, 이 문서를 다른 신앙을 가진 사람들과 무종교인들을 향한 그들의 고유의 전도와 선교 방식에 관한 가이드라인을 준비하는 데 활용하도록 하기 위함이다.[121]

2011년 문서 내용을 면밀히 검토하면 발견할 수 있는 것처럼 이것은 공동의 신앙고백을 도출하기 위해 의도된 것이 아니라 선교 현장에서 복음증거를 위해 지켜야 할 실질적인 선교실천원칙을 도출하려는 동기에서 출발한 것이다. 혹자는 이 문서를 가지고 WEA가 WCC와 로마 가톨릭과 결국 교리적 일치를 단행한 결정적 합의서라는 식의 비판을 가하지만 그런 내용은 문서 어디에서도 찾을 수 없다.[122] 이것은 WCC, WEA, 로마 가톨릭이 각자의 고유한 신앙을 포기하고 하

---

[120] "Christian Witness in a Multi-Religious World: Recommendations for Conduct," http://www.worldevangelicals.org/pdf/1106Christian_Witness_in_a_Multi-Religious_World.pdf <2021. 8. 1. 접속>.

[121] "Christian Witness in aMulti-Religious WorldRecommendations for Conduct," https://www.oikoumene.org/sites/default/files/Document/Christian-Witness_recommendations.pdf <2021. 7. 18. 접속>.

[122] 문병호, "WEA 신복음주의 신학과 에큐메니칼 활동 비판: - WCC에 편승하여 로마 가톨릭과 신학적 일치를 추구하고 포용주의, 혼합주의, 다원주의로 나아감," 「총회105회기 WEA 연구위원회 공청회 자료집」, 60-61.

나가 되자는 취지의 문서가 아니다. 이 문서는 WEA가 WCC와 로마 가톨릭이 각기 자신들의 신학적 입장을 분명히 갖고 있으면서도 서로 공감대를 형성할 수 있는 공통분모를 찾아 다종교 사회의 선교현장에서 만나는 실천적인 문제들에 효과적으로 대응할 수 있는 길을 찾으려고 한 것이다.[123] 또한 본 문서가 종교 다원주의를 인정하려는 목적에서 만들어진 것도 종교다원주의를 지지하는 그런 내용을 담고 있는 것도 아니다. 선교지의 상황에서 발생할 수 있는 종교 간의 마찰을 피하고, 효과적으로 선교할 수 있도록 실천적인 측면에서 WCC, WEA, 로마 가톨릭이 상호 동의할 수 있는 선교방법을 도출하려고 한 것이다.[124] 서울신대 박명수 교수가 지적한 것처럼 WEA가 전통적인 신앙고백을 포기하거나 전통적인 신앙을 타협하거나 혹은 종교다원주의로 나가겠다는 의미는 아니었다.

그동안 총신 교수들을 비롯한 여러 학자들이 WEA 연구보고서가 연합을 위한 시도가 아니라는 사실을 분명히 하였다. 그런데도 문 교수는 2011년 문서를 마치 교단일치와 연합을 향해 나가는 중요한 전환점인 것처럼 곡해하고 있다.

> 그동안 '복음화(Evangelism)' 혹은 '복음주의(Evangelicalism)'와 에큐메니즘(Ecumenism 혹은 Ecumenicalism)'은 대립되는 개념으로 여겨졌다. 그러나 <u>WEA-WCC-로마 가톨릭 사이의 삼자 대화와 GCF 등의 활동을 통하여 WEA는 점차 복음주의의 옷은 벗어버리고 에큐메니즘의 옷을 입게 되었다.</u> 그 결과물이 2011년에 공표된 "다종교 세계의 기독교 증언: 행위를 위한 권고들"이었다.[125]

---

[123] "WEA·WCC·교황청 공동문서, 지나친 해석은 말아야: 국내 복음주의 신학자들, 장점과 한계 동시에 지적," <크리스천투데이>, 2011년 6월 29일자. http://www.christiantoday.co.kr/news/247930> <2018. 4. 26. 접속>.

[124] 김영한, "WEA 복음주의운동과 한국교회," 268. WEA 총무 터니클리프는 이 문서를 "다양한 기독교 기구들이 함께 활동하고 함께 말할 수 있는" "기독교 선교의 본질에 대한 공식적인 합의"라고 평가했다.

[125] 문병호, "WEA 신복음주의 신학과 에큐메니칼 활동 비판: - WCC에 편승하여 로마 가톨릭과 신학적 일치를 추구하고 포용주의, 혼합주의, 다원주의로 나아감," 「총회105회기 WEA 연구위원회 공청회 자료집」, 60-61.

WEA가 이 문서를 주도한 것처럼 과장하거나 왜곡하지 말아야 할 것이다.[126] 또한 문서의 서두에서 분명히 밝히고 있듯이 "다종교 세계의 기독교 증언: 행위를 위한 권고들"(2011)은 연합을 위한 것도 신학적 일치를 추구하는 것이 아니다. 더더욱 '점차 복음주의 옷을 벗어버리고 에큐메니즘의 옷을 입은 것'도 아니다. 이슬람 같은 다종교 사회에서 종교의 자유와 종교 박해 속에서 기독교 선교에서 협력을 논의하고 있는 것이 그 목적이다. 결코 신학적 일치와 연합을 위한 운동이 아니었다. 그런데도 불구하고 문 교수는 다음과 같이 왜곡한다.

> 이 문건은 선교에 관한 신학적 진술을 담고 있지 않으며 실천적 문제를 다루고 있음이 서론에서 천명되었으나, <u>이러한 시도 자체가 WEA가 '복음화'를 명분으로 실상 WCC와 로마 가톨릭 제2차 바티칸 회의 유(類)의 **에큐메니칼 신학화의 길로 들어서서 사실상 '탈복음화'로 나아가게 되었다**는 것을 말해준다.</u>[127]

문 교수도 이 문서가 신학적 진술을 담고 있지 않고 실천적 문제를 다루고 있다는 사실을 인정한다. 그런데도 문 교수의 WEA에 대한 공청회 논문에서는 비약적인 결론을 도출하는 과장되고 왜곡된 논법이 반복되는데 여기서도 그런 왜곡과 비약이 그대로 나타난다. 그것은 다음과 같은 문 교수의 주장에서 그대로 드러난다. "<u>이러한 시도 자체가 WEA가 '복음화'를 명분으로 실상 WCC와 로마 가톨릭 제2차 바티칸 회의 유(類)의 에큐메니칼 신학화의 길로 들어서서 사실상 '탈복음화'</u>

---

[126] 앞에서 우리는 문 교수가 처음부터 WEA는 신복음주의운동이고 WCC와 로마 가톨릭과 같이 가고 있다고 전제하고 논지를 끌어가고 있다는 사실을 확인했는데 여기서도 여전히 동일한 주장을 펼치는 것이다. 그의 주장은 이것이다. "WEA는 점차 복음주의의 옷을 벗어버리고 에큐메니즘의 옷을 입게 되었다."(문병호, 61) 그리고 그 결정적인 증거가 "다종교 세계의 기독교 증언: 행위를 위한 권고들"(2011)이라는 것이다. "다종교 세계의 기독교 증언: 행위를 위한 권고들"(2011)은 WEA가 주도한 것은 아니다. WCC와 로마 가톨릭의 PCID(Pontifical Council for Interreligious Dialogue, 종교 간 대화를 위한 교황위원회)가 처음 논의를 시작하였고 이들이 후에 WEA를 초대했다.

[127] 문병호, "WEA 신복음주의 신학과 에큐메니칼 활동 비판: - WCC에 편승하여 로마 가톨릭과 신학적 일치를 추구하고 포용주의, 혼합주의, 다원주의로 나아감," 「총회105회기 WEA 연구위원회 공청회 자료집」, 61.

로 나아가게 되었다는 것을 말해준다."[128] 이것을 압축하면 시도 자체가 WEA가 WCC와 로마 가톨릭의 에큐메니칼 신학과 '탈복음화'로 나가는 것이라는 주장이다. 이런 왜곡되고 비약된 전제 하에 문 교수는 2011년 문서가 "로마 가톨릭—WCC—WEA의 에큐메니칼 협업 선언"이라고 단정하고 "복음의 핵심인 그리스도의 대속의 의의 전가와 이신칭의에 대한 언급은 어디에도 없다"며 이렇게 주장한다.

> 먼저 "기독교 증언의 기본(A Basis for Christian Witness)"을 일곱 가지로 말한다. 여기서 "사랑," "복음," "왕국" 등에 대해서 말하지만, 복음의 핵심인 그리스도의 대속의 의의 전가와 이신칭의에 대한 언급은 어디에도 없다.[129]

2011년 문서 "다종교 세계의 기독교 증언: 행위를 위한 권고들"의 서두에 밝혔듯이 교리적 합의서나 신학적 일치를 모색하는 문서가 아니라 "선교에 대한 가이드"를 제시하는 것이 목적이다. 때문에 이 문서에서 이신칭의 교리를 찾을 수 없는 것은 당연하다. 이 문서에 없다고 WEA가 이신칭의를 포기하고 로마 가톨릭과 연합을 추구하고 있다고 주장하는 것은 왜곡도 보통 왜곡이 아니다. 문 교수는 문서에 없기 때문에 마치 WEA가 그리스도의 대속의 의의 전가와 이신칭의 교리를 부정하는 것처럼 사실을 왜곡하고 있다. WEA는 신앙고백에 명시하고 있는 것처럼 그리스도의 십자가의 대속과 믿음을 통해 구원을 분명하게 천명하고 있다.

문 교수의 심각한 왜곡은 원칙들 12항이 개종금지를 천명한 것이라고 주장하는데서 더욱 분명하게 드러난다. 결론부터 말하면 12항은 실천사항을 명시한 것이지 개종금지를 언급한 것은 아니다. 그것은 원

---

[128] 문병호, "WEA 신복음주의 신학과 에큐메니칼 활동 비판: — WCC에 편승하여 로마 가톨릭과 신학적 일치를 추구하고 포용주의, 혼합주의, 다원주의로 나아감," 「총회105회기 WEA 연구위원회 공청회 자료집」, 61.

[129] 문병호, "WEA 신복음주의 신학과 에큐메니칼 활동 비판: — WCC에 편승하여 로마 가톨릭과 신학적 일치를 추구하고 포용주의, 혼합주의, 다원주의로 나아감," 「총회105회기 WEA 연구위원회 공청회 자료집」, 61.

문 1항부터 12개 항목까지를 면밀히 살펴보면 어렵지 않게 읽을 수 있다.

원칙들

기독교인들은 그리스도의 위임을 적절한 방식으로, 특별히 종교 간의 상황에서, 성취하기를 추구함에 있어서 다음의 원칙들을 고수하는 것이 요청된다.

1. 하나님의 사랑 안에서 복음증거를 실천한다. 기독교인들은 하나님이 모든 사랑의 근원이시라고 믿는다. 따라서 복음을 증거함에 있어서, 그리스도인들은 사랑의 삶을 실천하고 그들의 이웃을 자기 몸 같이 사랑하라고 부름 받았다.

2. 예수 그리스도를 닮는다. 기독교인들은 삶의 모든 영역, 그리고 특별히 복음증거에 있어서, 그리스도인들은 예수 그리스도의 모범과 가르침을 따라 그의 사랑을 나누고, 성령의 권능 가운데 성부 하나님께 영광과 존귀를 돌리도록 부름 받았다.

3. 기독교 덕성. 기독교인들은 성실, 자비, 연민, 그리고 겸손을 가지고 행하며, 모든 교만과, 잘난체함, 그리고 경멸함을 극복하도록 부름 받았다.

4. 봉사와 정의의 실천. 기독교인들은 공의를 행하고 인자를 사랑하도록 부름 받았다(미가 6:8). 그들은 더 나아가 다른 이들을 섬기고, 그리고 그렇게 행함에 있어서 그들의 형제들과 자매들 안에 계시는 그리스도를 인정하도록 부름을 받았다. 교육, 의료, 구제봉사, 그리고 정의와 시민활동(advocacy)의 행위 같은 봉사의 실천은 복음증거에 있어서 필수적인 요소이다. 기독교인들의 외부 전도에서 가난과 궁핍의 상황의 착취가 존재할 수 없다. 기독교인들은 그들의 봉사활동에 있어서 재정적인 동기나 보상을 포함한 모든 형태의 유혹물들을 제공하는 행위를 탄핵하며 또한 그런 행위를 삼가야 한다.

5. 치유사역에서의 분별력. 복음증거의 필수적 요소로서 그리스도인들은 치유 사역을 실천한다. 그리스도인들은 그들이 이들 치유사

역을 수행함에 있어서 분별력을 실천하여 인간 존엄성을 온전히 존경하고, 사람들의 연약함과 치유에 대한 그들의 필요를 이용하지 않는다는 사실을 보장하도록 부름을 받았다.

6. 폭력의 배제. 기독교인들은 자신들의 복음증거에 있어서 힘의 남용을 포함한 모든 종류의 폭력, 심지어는 심리적인 또는 사회적인 폭력을 거부하도록 부름을 받았다. 그들은 또한 예배장소, 종교적 상징 또는 경전의 침범 혹은 파괴를 포함한 어떤 종교적 혹은 세속적 권력에 의한 폭력, 부당한 차별 혹은 부당한 억압을 거절해야 한다.

7. 종교와 신앙의 자유. 공공장소에서 자신의 종교를 천명하고 예배하고 전파하고 바꾸는 권리를 포함한 종교적 자유는 모든 인류가 하나님 형상과 모양으로 창조되었다는 사실에 근거한 인간의 존엄성에서 기원한다(참고 창세기 1:26). 그러므로 모든 인간은 동일한 권리와 책임을 가진다. 어떤 종교가 정치적인 목적을 위해 도구로 이용되는 곳이나 혹은 종교적 탄압이 일어나는 곳에서 기독교인들은 이러한 행위를 규탄하는 예언자적 증거에 참여하도록 부름을 받았다.

8. 상호간의 존경과 협력. 기독교인들은 상호간의 존경심을 가지고, 함께 정의, 평화, 그리고 공동의 선을 증진하면서 헌신적으로 모든 사람들과 사역하도록 부름을 받았다. 종교 간의 협력은 그런 헌신에서 필수적이다.

9. 모든 사람들에 대한 존경. 기독교인들은 복음이 문화에 도전을 주는 동시에 문화를 증진시킨다는 점을 인정한다. 복음이 문화의 어떤 부분에 도전을 줄 경우, 기독교인들은 모든 사람들을 존경하도록 부름을 받았다. 기독교인들은 또한 그 자신들의 문화 속에서도 복음에 의해 도전 받는 요소들을 분별하도록 부름을 받았다.

10. 거짓증거 탄핵. 기독교인들은 진지하게, 또한 책임감 있게 말해야 한다. 그들은 다른 사람들의 신앙과 종교적 실천을 배우고 이해하기 위하여 귀를 기울여야 하고, 그들 안에 진실되고 선한 것들을 인정하고 표하도록 격려해야 한다. 어떠한 의견과 비판적인 접근은 다른 종교에 관한 거짓 증거를 하지 않는 것을 분명히 하면서 상호 존중의 정신 속에서 행해져야 한다.

11. 개인적 분별력의 확보. 기독교인들은 한 개인의 종교를 바꾸는 일이 그들이 개인의 자유를 충분히 활용하는 과정을 통하여 상당한 숙고와 준비를 위한 충분한 시간이 반드시 뒤 따라야 하는 결단의 단계라는 사실을 인정해야 한다.

12. 종교간의 관계 증진. 기독교인들은 공동의 선을 위하여 보다 더 깊은 상호 이해, 화합과 협력을 증진시키기 위해 다른 종교인들과 존경과 신뢰의 관계를 지속적으로 세워가야 한다.[130]

12항은 "종교간의 관계 증진"에 대한 항목이지 개종 금지를 천명한 것이 아니다. 12항은 "종교간의 관계 증진"을 위해 "기독교인들은 공동의 선을 위하여 보다 더 깊은 상호 이해, 화합과 협력을 증진시키기 위해 다른 종교인들과 존경과 신뢰의 관계를 지속적으로 세워가야 한다"고 분명하게 진술하고 있다. 타종교의 기독교 개종을 금지하거나 타종교인들에게 복음을 전하는 것을 금지하는 내용이 아니다. 그런데도 문 교수는 이것이 '개종금지'를 명시한 것이라고 단정하고 다음과 같이 진실을 왜곡하고 있다.

그리고 "원리들(Principles)"에 관련해서 해야 할 것과 하지 말아야 할 것을 열거한다. 그중 종교 신앙의 자유를 해치지 말고(7), **종교 간의 관계를 올바르게 세워가야 한다는 것이(12) 개종 금지와 관련하여 주목된다. 다음이 본 문건의 취지에 가장 깊이 관련된다.**
"그리스도인들은 다른 종교들에 속한 사람들과 존중과 신뢰의 관계를 지속적으로 세워가서 깊은 상호 이해, 화해, 공동선을 위한 협력에 유익을 꾀해야 한다."(12)
여기서 말하는 "공동선(the common good)"은 무엇을 뜻하는가? 이는 기독교적 가치가 아니라 기독교를 넘어선 인류 보편의 가치, 범종교적인 가치를 말하는 것이 아닌가? 다른 종교를 인정하고 지지하

---

[130] "Christian Witness in a Multi-Religious World Recommendations for Conduct," https://www.oikoumene.org/sites/default/files/Document/Christian-Witness_recommendations.pdf <2021. 7. 18. 접속>.

고 보호하는 것은 '종교적 증언'은 될지 모르나 '기독교적 증언'은 될 수 없다. 본 문건은 에큐메니칼 신학이 성경의 가르침에서 얼마나 동떨어졌는지를 말해주고 있고, 이에 동조하는 신복음주의자들이 '복음'과 '복음화'의 근본 가치에서 얼마나 멀어졌는지도 보여주고 있다.[131]

12항은 공동의 선을 위해서 "보다 더 깊은 상호 이해, 화합과 협력을 증진시키기 위해 다른 종교인들과 존경과 신뢰의 관계를 지속적으로 세워가야 한다"는 것이 그 핵심으로 개종 금지를 명시하지 않았다. 타종교지역에서의 효과적인 기독교 선교를 진행하기 위해 해야 할 '종교간의 관계증진'을 언급한 것이지 개종금지를 언급한 것이 아니다. 그런데도 문 교수는 12항을 개종금지 규정으로 단정하고 이를 WEA의 전형적인 탈복음화의 사례로 왜곡하고 있다.

신근본주의 분리주의는 '이차분열'(second degree separation)을 자신들의 정체성으로 삼는다. 자신들과 신앙이 다른 이들과 관계를 끊어야 하고 신학적으로 다른 입장을 가진 이들과 교제하는 동료들, 심지어 신근본주의 분리주의자들 내에서 그런 이들이 있다면 그들과도 분리해야 한다는 입장을 취한다. 그 전형적인 사례가 ICCC 칼 매킨타이어의 신근본주의 분리주의자들이 복음주의운동을 신중립주의로 정죄하고 그들과의 분리를 명문화시키고 심지어 같은 근본주의자인 제리 파웰을 비판 정죄하고 그와도 분리할 것을 밝힌 이유도 거기에 있다.

WEA가 WCC와 로마 가톨릭과 2011년 공동문서를 '에큐메니칼 신학'으로 규정하고 WEA가 참여한 것 자체가 종교다원주의이고 WCC와 로마 가톨릭의 에큐메니칼운동에 합류한 것이고 결국 이것은 WEA가 WCC와 로마 가톨릭과 연합을 추구하는 것이라는 비약을 하는 셈이다. 한국적 보수적인 입장에서 로마 가톨릭과 WCC와의 만남을 비판적으로 보는 것은 이해할 수 있지만 2011년 합의서의 취지와 목적

---

[131] 문병호, "WEA 신복음주의 신학과 에큐메니칼 활동 비판: ─ WCC에 편승하여 로마 가톨릭과 신학적 일치를 추구하고 포용주의, 혼합주의, 다원주의로 나아감," 「총회105회기 WEA 연구위원회 공청회 자료집」, 61.

과 내용을 왜곡하는 것은 지양되어야 할 것이다.

XII. 총체적 복음에 대한 의미 왜곡

문 교수의 심각한 왜곡은 이것만이 아니다. 총체적 복음에 대한 왜곡도 심각하다. 복음주의자들이 말하는 총체적 복음과 WCC에서 말하는 총체적 복음은 그 개념과 접근이 전혀 다르다. 복음주의에서 말하는 총체적인 복음은 1974년 로잔언약에서 천명한 복음전도와 사회적 책임이 분리될 수 없다는 사실에 근거한다. 근본주의가 복음을 영혼구원에만 집중하고 사회적 책임을 도외시하는 것에 대한 우려에서 나온 것이다. 무엇보다 예수님이 보여주신 것처럼 말로만의 전도가 아닌 말과 행동과 삶으로 전도해야 한다는 것이 총체적 복음의 골자이다. 로잔대회가 말하는 총체적인 복음이란, 성경을 부인하는 것이 아니라 선교적인 차원에서 영혼구원의 책무와 사회적 책임이 공히 필요하다는 의미이다. 그런데 문 교수는 로잔대회에서 말하는 총체적 복음에 대한 의미를 왜곡한다. 우리는 좀 더 객관적인 이해를 위해서 문 교수의 주장을 직접 살펴볼 필요가 있다.

2. "총체적 복음의 의의와 총체적 복음에 대한 성경적 명령": WEA의 '총체적 복음' 개념의 난맥상

'총체적 복음' 개념은 로잔회의에서 복음주의자들이 중도적 입장을 표방하면서 '복음'과 '에큐메니즘'을 모두 포섭하기 위한 일종의 제3의 길을 모색하는 과정에서 부각되었다. '총체적 복음'은 '복음'에는 말씀과 함께 행위가 있어야 된다는 것이 그 요지인데, WCC의 에큐메니칼 신학에 동화되고 로마 가톨릭이 제2차 바티칸회의 이후 로마 가톨릭이 내세운 '익명의 기독교(anonymous Christianity)' 혹은 '알려지지 않은 그리스도(Unknown Christ)' 개념에 동조하면서 점차 '복음'을 부끄러워하고 변질시키는 '복음화'의 길을 걷게 되었다.[132]

문 교수가 로잔대회에서 말하는 총체적 복음이 무엇인자를 조금이라도 연구하고 살펴보았다면 그런 주장은 하지 않았을 것이다. 로잔대회는 WCC의 '하나님의 선교'(Missio Dei) 개념과는 달리 전통적인 선교 입장을 계승하고 있으며 1974년 로잔언약에서 분명하게 밝히고 있듯이 로잔대회는 로마 가톨릭의 익명의 기독교나 WCC의 알려지지 않은 그리스도 개념에 동의하지 않는다. 사회적 책임 구현이라는 차원에서 그리스도인이 세상에서 사회정의와 환경 등 다양한 분야에서의 실천을 강조하지만 그것은 성경의 텍스트에 근거한 것이다. 복음의 본질을 왜곡하거나 포기하거나 타협하는 것은 결코 아니다. 그런데도 문 교수는 다음과 같이 왜곡한다.

> 2012년 10월에 WEA 신학위원회는 "총체적 복음의 의의와 총체적 복음에 대한 성경적 명령"에 대한 새로운 성명서를 준비하였다. 이는 "새로운 복음화(the New Evangelisation)"를 강조하는 제2차 바티칸회의 50주년에 즈음해서 마련되었다. <u>그 성명서의 제목은 "복음주의: 복음적 신앙의 특징"이었다.</u>[133]

문 교수가 위에서 주장하는 소위 성명서는 <신학뉴스>(*Theological News*) 42권 1호(2013년 1월)에 실린 WEA 신학위원회(the World Evangelical Alliance Theological Commission)가 작성한 "복음전도: 복음주의 신앙의 표증(Evangelism: The Hallmark of Evangelical Faith)"[134]을 말하는 것이다. 문 교수는 이 문서의 핵심 내용이 무엇인지 이렇게 집약하고 있다. "여기서 주장된 '총체적 복음화(holistic evangelisation)'는 복음의 내용보다는 복음을 전하는 방식

---

[132] 문병호, "WEA 신복음주의 신학과 에큐메니칼 활동 비판: – WCC에 편승하여 로마 가톨릭과 신학적 일치를 추구하고 포용주의, 혼합주의, 다원주의로 나아감," 「총회105회기 WEA 연구위원회 공청회 자료집」, 62.

[133] 문병호, "WEA 신복음주의 신학과 에큐메니칼 활동 비판: – WCC에 편승하여 로마 가톨릭과 신학적 일치를 추구하고 포용주의, 혼합주의, 다원주의로 나아감," 「총회105회기 WEA 연구위원회 공청회 자료집」, 62.

[134] "Evangelism: The Hallmark of Evangelical Faith." https://ecumenism.net/2013/01/evangelism-the-hallmark-of-evangelical-faith.htm <2021. 7. 18. 접속>.

및 복음을 전하는 자의 태도에 집중한다. 그렇다 보니 복음 자체보다 문화적이거나 종교적인 대화, 종교 탄압, 개종, 인권, 해방 등에 대한 문제를 의식하고 현실적 대처방안을 모색하는 데 우선권을 주게 되고, 결과적으로 복음의 절대성과 유일성이 상대화되거나 완화되어 세속화, 혼합화, 다원화의 길을 열어주는 우를 범하게 되었다."[135] 과연 WEA의 총체적 복음이 문 교수의 주장대로 그런 의미인지 판단하기 위해 원문을 직접 살펴볼 필요가 있다. 본래 원문의 논문제목은 "복음전도: 복음주의 신앙의 표증(Evangelism: The Hallmark of Evangelical Faith)"[136]이다. 그러나 어떤 이유에서인지 몰라도 문 교수는 이 논문을 "복음주의: 복음적 신앙의 특징"으로 변역(變譯)하고 있다. 의도적인지 단순 실수인지 몰라도 이렇게 변역(變譯)하는 것은 원문의 의미를 심각하게 훼손하는 것이다. 그것은 주 제목을 '복음전도'에서 '복음주의'로 변형하고 있기 때문이다. Evangelism(복음전도)과 evangelical(복음주의)은 분명 다른 용어이다.[137] 이보다 더 심각한 문제는 원문 전문을 살펴보면 문 교수의 주장이 얼마나 왜곡된 것인가를 쉽게 확인할 수 있다. 길지만 정확한 이해를 위해 여기 원문 전문을 소개한다.

복음전도: 복음주의 신앙의 표증
Evangelism: The Hallmark of Evangelical Faith

복음 전도는 예수 그리스도의 십자가와 부활을 통한 구원 사역에

---

[135] 문병호, "WEA 신복음주의 신학과 에큐메니칼 활동 비판: ─ WCC에 편승하여 로마가톨릭과 신학적 일치를 추구하고 포용주의, 혼합주의, 다원주의로 나아감," 「총회105회기 WEA 연구위원회 공청회 자료집」, 62-63.

[136] "Evangelism: The Hallmark of Evangelical Faith." https://ecumenism.net/2013/01/evangelism-the-hallmark-of-evangelical-faith.htm <2021. 7. 18. 접속>.

[137] 진보주의 신학자들이 종종 이 둘을 구분하지 못하는 경향이 있다. 대표적인 사례가 전병희가 번역한 Albert Outler, *Evangelism &Theology in the Wesleyan Spirit*이다. 전병희는 이 책의 제목을 웨슬리 영성 안의 복음주의와 신학이라고 번역했고, 책의 내용에 나오는 모든 Evangelism을 복음주의로 번역했다. Albert Outler, 웨슬리 영성 안의 **복음주의와 신학**, 전병희 역 (서울: 한국신학연구소, 2008), 11-13.

대하여 말, 행동 및 기독교적 성품으로 선포하는 것이다. 복음전도는 복음주의자 됨의 정체성의 핵심이다. 우리는 세계 복음화에 대한 근본적 헌신 (급진적 헌신) 없이는 진정한 복음주의자가 되는 것이 가능하지 않다는 사실을 확신한다. 사실 그러한 헌신은 기독교 정체성 그 자체에 내재되어 있다. 복음전도는 예수 그리스도가 유일한 인류의 구원자이시며 만물의 주이시고 그리고 성경이 모든 신앙과 행위의 문제에 있어서 궁극적인 권위라는 사실에 대한 이해에 기초한, 복음주의의 세 가지 중심 특징들 중 하나이다.

Evangelism is the proclamation in word, deed and Christian character of the saving work of Jesus Christ on the cross and through the resurrection. Evangelism lies at the core of the identity of being evangelical. We affirm that it is not possible to be truly evangelical without a radical commitment to world evangelisation; indeed, such a commitment is inherent to Christian identity itself. Evangelism is one of the three central characteristics of evangelicalism, based on the understanding that Jesus Christ is the unique Saviour of humanity and Lord of all creation and that the Scriptures are the ultimate authority in all matters of faith and conduct.

WEA는 전 세계의 모든 복음주의자들과 기독교인들이 총체적인 복음전도에 대한 헌신을 새롭게 할 것을 촉구한다. 우리는 예수 그리스도에 대한 좋은 소식을 말로 선포하고 그것을 우리의 행동으로 실천하는 것 둘 사이가 괴리될 수 없다는 사실을 강조한다: 둘은 다 복음의 완성을 위해 필요하다. 더 나아가 개인의 회심은 결과적으로 그리스도인의 성품과 복음증거의 성장으로 이어져야 한다.

The WEA calls on all evangelicals and Christians worldwide to renew their commitment to holistic evangelism. By this we emphasize the connection between proclaiming the good news of Jesus Christ in word and practicing it in our actions: both are necessary for the integrity of the gospel. Furthermore, personal conversion must result in the growth of Christian character and witness.

모든 기독교 전통과 마찬가지로 실수를 범했을 때가 있었으며, 복음주의자들이 복음의 선포를 정의와 평화의 실천적 행위와 연결시키기를 어려워하기도 했지만, 그래도 우리 역사에서 전도의 총체적인 본질을 보여주는 많은 강력한 목소리와 생애들이 있었다. 웨슬리(Wesley), 윌버포스(Wilberforce), 샵테스베리(Shaftesbury), 레스터(Lester), 베디아코(Bediako), 키타모리(Kitamori), 애데이모(Adeyemo), 스토트(Stott), 에스코바르(Escobar) 및 패딜라(Padilla)와 같은 사람들은 모두 사회적 행동과 개인의 변화에 대한 깊은 개인적 헌신을 보여주었다.

As with all Christian traditions, there have been times when mistakes have been made and evangelicals have struggled to link the proclamation of the gospel with acts of justice and peace. Yet in our history there have been many strong voices and lives that exemplify the holistic nature of evangelism. People such as Wesley, Wilberforce, Shaftesbury, Lester, Bediako, Kitamori, Adeyemo, Stott, Escobar and Padilla have all shown deep personal commitment to social action and individual transformation.

복음주의자들을 위한, 복음의 선포와 그것의 사회적 함의를 통합하는 정확한 신학적 용어를 위한 연구가 계속되었다. 마가복음 5장의 성경 이야기는 우리에게 복음선포와 행동 사이의 '도움이 되지 않은 양분법'(the unhelpful dichotomy)을 극복할 수 있는 하나의 렌즈, 우리에게 총체적 복음전도와 하나님의 말씀으로 돌아가도록 촉구하는 한 방식을 제공한다.

For evangelicals the search continues for precise theological terminology to unite the proclamation and the social implications of the Gospel. The biblical narratives in Mark 5 offer us a way forwards, a lens through which we can overcome the unhelpful dichotomy between proclamation and action, and a way to call us all back to holistic evangelism and to the word of God.

마가는 독자에게 예수님의 사역에 대한 세 가지 스냅 샷을 제공한다. 저자 마가는 서로 다른 이야기가 일어난 맥락, 즉 예수님이 행하신 일, 특별히 예수님의 영향과 예수님에 대한 사람들의 반응을 기록하기 위해 어느 정도 주의를 기울인다. 우리는 복음의 본질과 넓이에 대한 이 세 가지 이야기에서 몇 가지 추론을 도출할 수 있다. 첫 번째 스냅 샷에서 예수님은 거라사인 지방의 귀신 들린 사람을 만나 그를 이 고통에서 구출하여 주심으로 인해 그 사람이 "옷을 입고 제정신"(마가복음 5:15)으로 발견되었다. 이어 나오는 다음 두 이야기는 서로 얽혀 있다: 예수님은 한 지역 종교 지도자 야이로의 집으로 가는 도상에 오랜 병을 앓고 있는 한 여인을 만난다. 예수님께서 여인을 고치느라 바쁘신 동안에 야이로의 딸이 세상을 떠난다. 마지막 스냅 샷은 예수님이 그녀[야이로의 딸]를 다시 살리시는 것이다.

Mark presents the reader with three snapshots of Jesus' ministry. The author takes some care to record the context in which the different stories occur, what Jesus did and, in particular, the impact Jesus had and the people's reaction to him. We can draw some inferences from these three narratives about the nature and the breadth of the Gospel. In the first snapshot Jesus encounters a demon-possessed man in the region of Gerasene and delivers him from this affliction, resulting in the man being found "clothed and in his right mind" (Mark 5:15). The following two stories are intertwined: Jesus is on his way to the house of Jairus, a local religious leader, when he encounters a woman who had suffered from a long illness. While Jesus is busy healing the woman, Jairus' daughter dies. The final snap-shot is of Jesus restoring her back to life.

이 장에서는 (1) 예수님의 권위와 권세와 (2) 복음의 넓이라는 두 가지 주제가 등장한다. 첫째, 우리는 예수님이 악을 이기실 권능을 가지셨음을 본다; 그는 질환과 질병을 치료하는 권능을 가지셨으며 그리고 그는 죽음 자체를 이기실 권능을 가지고 계셨고, 자신의 다가올 부활을 암시하셨다. 최초의 기독교 신조에 보면 초대교회는 예수님의 능력과 권위를 인정하는 것의 중요성을 인식했다: 예수는 주이시다! 신조는 하나님의 아들, 예수 그리스도는 만물에 대한 궁극적인 권세와 권위를 가지고 계시다는 사실이 주장된다. 또한 모든 예수를 따르는 자들이 교리, 신학 및 실천의 기초가 되는 궁극적인 이야기로 복음서를 받아들일 것을 요청한다. 둘째, 이 본문은 복음이 모든 피조물로 확장된다는 것을 보여준다: 복음은 악에 사로잡힌 남성과 여성들, 질병과 질환으로 고통 받는 사람들, 그리고 자녀들과 부모들을 위한 것이다. 복음의 폭은 공동체에서 소외된 사람들 (귀신 들린 사람), 왕따를 당하는 이들 (여자), 그리고 권력과 영향력 있는 위치에 있는 사람들 (야이로)을 위한 것이다. 누구도 하나님의 자유롭고 구원받는 은혜의 필요에서 제외되지 않았다. 변화는 모든 사람을 위한 것이다.

Two themes emerge from this chapter: (1) the authority and the power of Jesus and (2) the breadth of the gospel. First we see that Jesus has power over evil; he has power over disease and illness, and he has power over death itself, hinting towards his own forthcoming resurrection. The early church recognised the importance of acknowledging Jesus' power and authority in the first Christian creed: Jesus is Lord! It is an assertion that Jesus Christ, the Son of God, holds ultimate power and authority over all things. It is also a call to all Jesus' followers to accept the Gospel as the ultimate narrative on which to base doctrine, theology and practise. Secondly, the text shows that the Gospel extends to all of creation: it is for men and women caught up in evil, for people who are suffering from illness and disease, and for children and their parents. The breadth of the gospel is for those excluded from the community (the demon-possessed man), for those within who are also outcasts (the woman), and also for those in positions of power and influence (Jairus). No one is exempt from the need of God's free and saving grace. Transformation is for all.

마가복음은 다른 복음서 저자들이 은연 중에 나타내는 경향이 있는 것을, 즉각성을 가지고 기록한다. 귀신들린 사람의 울부짖음, 쇠사슬의 덜컹거림, 2,000마리 돼지들의 울음소리, 한 죽은 아이에 대한 절규를 상상하는 것은 상대적으로 쉽다. 하지만 마가는 또한 예수님에 대한 백성들의 반응에 대한 세부 사항을 제공한다. 어떤 사람들은 두려워하고 다른 사람들은 화가 났고, 일부는 놀랐고, 다른 사람들은 예수님이 하신 일에 대한 이야기를 말하지 않을 수 없었으며, 일부는 비웃고 조소했다. 예수님이 마주친 모든 사람들에게 제기된 질문은 이것이다: 어떻게 당신이 응답할 것인가? 복음주의자들─그리고 그리스도의 이름을 주장하는 모든 이들─에게 제기된 질문은 이것이다. 전 세계적인 총체적인 복음전도라는 명분을 더욱 증진시키기 위해 당신이 개인적으로 협력적으로 무엇을 할 것인가? 복음전도적이지 않은 교회는 예수님에 대한 응답에 실패하고 있다.

Mark's writing has an immediacy about it that tends to be subtler in the other Gospel writers. It is relatively easy to imagine the cries of the demon possessed man, the rattle of chains, the squeals of 2000 pigs, and the mourning cries over a dead child. But Mark gives us also details about the response of the people to Jesus. Some are fearful, others angry, some are amazed, others cannot but help tell their stories of what Jesus has done, some laugh and mock. The question posed to all whom Jesus encounters is: how will you respond? The question for evangelicals – and all who claim the name of Christ – is: what will you do, personally and corporately, to further the cause of worldwide holistic evangelism? A church that is not evangelistic is failing in its response to Jesus.

성령(The Holy Spirit)은 선교의 영(a missionary Spirit)이시다. 따라서 복음전도는 성령으로 충만한 교회로부터 자발적으로 일어나야 한다. 선교적 교회가 아닌 교회는 그 자체가 모순이며, 성령을 소멸하는 것(quenching the Spirit)이다. 전 세계의 복음화는 성령께서 진리와 지혜, 믿음, 거룩함, 사랑과 권능 안에서 교회를 새롭게 하실 때만 실현 가능성이 있다. 그러므로 성령의 모든 열매가 그의 모든 백성들에게 나타나고 성령의 모든 은사들이 그리스도의 몸을 부유하게 하도록 모든 그리스도인들이 주권적인 성령의 임재를 위해 간절히 기도할 것을 요청한다. 오직 그럴 때만 전체 교회가 그분의 손에 맞는 적합한 도구가 될 것이고, 온 땅이 그의 목소리를 듣게 될 것이다. Lausanne Covenant, §14)

The Holy Spirit is a missionary Spirit; thus evangelism should arise spontaneously from a Spirit – filled church. A church that is not a missionary church is contradicting itself and quenching the Spirit. Worldwide evangelization will become a realistic possibility only when the Spirit renews the Church in truth and wisdom, faith, holiness, love and power. We therefore call upon all Christians to pray for such a visitation of the sovereign Spirit of God that all his fruit may appear in all his people and that all his gifts may enrich the body of Christ. Only then will the whole church become a fit instrument in his hands, that the whole earth may hear his voice. (The Lausanne Covenant, §14)

우리가 예수님 자신의 전도 모범을 축하하고 그것으로부터 교훈을 얻는 것처럼, 우리는 예수님을 따르는 자라고 주장하는 모든 사람들이 그의 권위-예수는 주시다!-와 그의 은혜와 범위의 넓이를 동시에 선포해야 한다는 사실을 다시 기억한다. 이것이 선교의 성취이고, 이것이 총체적인 복음화이며 그리고 우리는 예수님께서 그렇게 하셨던 것처럼 그것을 최우선 순위로 둬야 할 것이다. "순례자 교회"는 본질상 선교사이다. 왜냐하면 교회는 기원적으로 성부 하나님의 작성에 따라 성자 하나님의 선교와 성령 하나님의 선교에서 출발하기 때문이다.

As we celebrate the evangelistic example of Jesus himself and seek to learn from it, we remember again that all who claim to be followers of Jesus must proclaim both his authority - Jesus is Lord! - and the breadth of his grace and reach. This is the fullness of mission, this is holistic evangelisation and we must prioritise it as Jesus did. "The pilgrim Church is missionary by her very nature, since it is from the mission of the Son and the mission of the Holy Spirit that she draws her origin, in accordance with the decree of God the Father."

우리 복음주의자들은 예수님의 방식에서 어떻게 복음전도를 감당해야 하는지에 대한 방법에 대해 배운다. 또 우리는 구원이 우리 하나님께로부터 온다는 사실을 통해 어떻게 선포해야 할지와 사회 변혁을 위한 이 선포의 함축적 의미를 배우고 있다. 우리는 또한 진정한 성경적 복음전도가 기독교인들 사이의 분열을 극복할 것을 요구한다는 사실을 배우고 있다. 예수님께서 요한복음 17장의 그의 기도에서 말씀하신 것처럼, 만약 제자들이 마음과 생각이 하나가 되지 않는다면 제자들의 복음증거는 방해를 받는다. 로마 가톨릭, 세계 복음주의 연맹 및 세계 교회 협의회가 참여한 문서-'다 종교 세계에서의 기독교 증거: 행동을 위한 권고안-'은 복음전도의 중요성과 의무를 놀랍게 환기시켜준다. 그것은 '미션'이라는 단어로 시작하고 '미션'이라는 단어로 끝나는 매우 중요한 문서이다.

We evangelicals are learning how to do evangelism in the way of Jesus – how to proclaim that salvation comes from our God and the implications of this proclamation for the transformation of society. We are also learning that truly biblical evangelism demands that the divisions amongst Christians be overcome. As Jesus states in his prayer in John 17, the witness of the disciples is hindered if they are not one in heart and mind. The joint document of the Roman Catholic Church, the World Evangelical Alliance and the World Council of Churches, Christian Witness in a Multi—Religious World: Recommendations for Conduct, is a wonderful reminder of the importance and the mandate for evangelism. It is a deeply significant document that begins and ends with the word "mission."

우리가 남성, 여성, 어린이 및 모든 피조물을 돌보듯이, 야이로가 그랬던 것처럼, 우리가 예수님께 나와 그분께 도움을 간청하면 하나님께서는 기꺼이 그리고 자유롭게 그 간구에 응답하신다는 사실을 알고 있다. "기독교 복음증거"는 하나님의 통치의 가치의 경계선 내에서 성실과 사랑으로 그렇게 복음화를 실천할 것을 우리 모두에게 요청한다.

"Christian Witness" calls us all to ensure that we practice our evangelisation within the boundaries of the values of the reign of God, with integrity and love, as we care for men, women, children, and all creation, knowing that as we come to Jesus and plead with him for aid, as did Jairus, God willingly and freely gives it.

마가복음 5장에서 예수님이 보여주신 것처럼 우리는 소외된 자들, 여성들, 남성들, 어린이들, 병자와 궁핍한 자들, 종교 지도자들 모두에게 좋은 소식을 전하도록 부름 받았다. 우리는 부름을 받았을 뿐만 아니라 성부와 성자에 의해서 그리고 성령을 통해서 하나님의 복음 전도의 사명을 수행 할 수 있게 되었다. 복음주의자들의 핵심적인 특징은 반드시 항상 온 땅이 말, 행동, 그리고 성품을 통해서 총체적인 복음을 듣게 하는 것이다.

Jesus in chapter 5 of Mark's gospel, we are called to bring the good news to all: outcasts, women, men, children, the sick and needy, and the religious leaders. Not only are we called, but we are also enabled by the Father and the Son, through the Spirit, to carry out God's mission, such that a core characteristic of evangelicals is – and must always be – to let the whole earth hear the whole Gospel in word, deed and character.[138]

지금까지 살펴본 내용은 2013년 1월 <신학뉴스>에 실린 "복음전도: 복음주의 신앙의 표증(Evangelism: The Hallmark of Evangelical Faith)"의 전문이다. 이 문서의 핵심은 마가복음에 근거하여 예수님께서 보여주신 복음전도의 모범은 말, 행동, 그리고 성품(삶)을 통한 총체적인 복음전도였다는 것이 그 핵심이다. 여기에 토착화나 상황화나 종교다원주의나 복음의 본질을 희석하는 그 어떤 내용이나 규정도 찾을 수 없다. 복음전도를 어떻게 감당해야 할 것인지를 예수님의 모범에서 어렵지 않게 찾을 수 있다는 것이 핵심 내용이다. 그런데도 문교수는 다음과 같이 사실을 왜곡한다.

여기서 주장된 "총체적 복음화(holistic evangelisation)"는 복음의 내용보다는 복음을 전하는 방식 및 복음을 전하는 자의 태도에 집중한다. 그렇다 보니 복음 자체보다 문화적이거나 종교적인 대화, 종교 탄압, 개종, 인권, 해방 등에 대한 문제를 의식하고 현실적 대처방안

---

[138] "Evangelism: The Hallmark of Evangelical Faith."
https://ecumenism.net/2013/01/evangelism –the–hallmark–of–evangelical–faith.htm <2021. 7. 18. 접속>.

을 모색하는 데 우선권을 주게 되고, 결과적으로 복음의 절대성과 유일성이 상대화되거나 완화되어 세속화, 혼합화, 다원화의 길을 열어주는 우를 범하게 되었다. 이는 WEA가 WCC 및 로마 가톨릭과 동승하면서 예견된 필연적 결과였다.[139]

문 교수가 "복음전도: 복음주의 신앙의 표증(Evangelism: The Hallmark of Evangelical Faith)" 내용을 면밀히 검토했다면 위와 같은 주장은 하지 않을 것이다. "복음전도: 복음주의 신앙의 표증 (Evangelism: The Hallmark of Evangelical Faith)"은 총체적 복음전도가 필수적이라는 사실, 교회가 필연적으로 감당해야 한다는 사실을 전제하고 그 방법을 구체적으로 성경에서 도출하고 실천할 것을 촉구한 것이다. 여기서 말하는 총체적인 복음전도는 말, 행동, 성품을 통해서 전인적으로 복음을 전하는 것을 의미하는 것이다. 이것은 역사적 복음주의 전통의 학자들이 제기하는 복음전도 방식이다.[140] 많은 신학자들은 사도행전과 초대교회에서 보여주는 복음전도가 주님의 전도방식을 따라 단지 말로만의 복음전도가 아닌 주님이 행하신 총체적인 복음전도 방식, 곧 말과 행동과 성품의 변화를 통한 삶의 전도였다고 증언한다. 그래서 데이빗 웰스는 정통주의에서 정통실천으로 나가야 한다고 촉구했다.[141]

복음의 내용과 그것을 삶으로 살아내는 것은 기독교에서는 괴리될 수 없다. 예수님은 가르쳐 지키게 하라고 부탁하셨고, 누가는 예수님이 행하시고 가르치셨다고 증언한다. 2세기 저서 <디오그네투스에게

[139] 문병호, "WEA 신복음주의 신학과 에큐메니칼 활동 비판: - WCC에 편승하여 로마가톨릭과 신학적 일치를 추구하고 포용주의, 혼합주의, 다원주의로 나아감,"「총회105회기 WEA 연구위원회 공청회 자료집」, 62-63.

[140] David F. Wells, "American Evangelical Theology: The Painful Transition from Theoria to Praxis," George M. Marsden, ed. *Evangelicalism and Modern America* (Grand Rapids: Eerdmans, 1984), 83-93. 복음주의 신학은 총체적인 복음전도의 중요성, 정통주의에서 정통실천을 강조했지만 복음의 절대성과 유일성을 상대화시키지 않았다. 웰즈의 결론부분(93쪽)을 참고하라.

[141] David F. Wells, "American Evangelical Theology: The Painful Transition from Theoria to Praxis," 83-93.

보내는 서신>(*Epistle to Diognetus*)에서 저자가 기록한 것처럼 "그리스도인들은 자신이 속한 국가나 언어 또는 관습에서 다른 인류와 결코 분리될 수 없다."[142] 그리스도는 "이 세상에서 삶을 통해서 자신을 세상의 고난 당하는 자들과 동일시"[143]하셨고, 말과 행동과 삶으로 구주이시며 하나님의 아들이심을 선포하셨다. 예수님이 회당에서 가르치시고 천국 복음을 전파하시고 모든 병과 모든 약한 것을 치료하시며 보여주신 전도방식도 총체적인 전도였다. 마태복음은 예수님의 공생애 사역을 온 도시와 마을에서 가르치시고 천국복음을 전파하시고 모든 병과 모든 약한 것을 고치셨다는 세 가지 사실로 집약했다. 예수님은 총체적인 복음전파를 전인적으로 실천하신 것이다. 이것은 한국교회에서도 매우 소중하게 간직하고 실천해온 전통이다. 그런데도 문 교수는 "결과적으로 복음의 절대성과 유일성이 상대화되거나 완화되어 세속화, 혼합화, 다원화의 길을 열어주는 우를 범하게 되었다. 이는 WEA가 WCC 및 로마 가톨릭과 동승하면서 예견된 필연적 결과였다"고 주장한다. 어떻게 이것이 '복음의 절대성과 유일성을 상대화'하는 것이며, 세속화와 혼합화와 다원화의 길을 열어주는 것인가? 또 이것이 어떻게 WEA가 WCC와 로마 가톨릭과 동승하는 것인가?

XIII. 종합적인 평가: 역사적 개혁주의가 아닌 전형적인 신근본주의 분리주의적 신학

지금까지 살펴본 것처럼 문 교수의 WEA에 대한 비판은 상당히 주관적이고 의도적으로 왜곡되었고 사료의 선별과 해석과 전개에 있어서 너무도 편향되었다. 세계복음주의연맹(WEA)과 교류단절을 주장하는 문 교수의 서울 공청회 논문에 나타난 신학은 전형적인 신근본주의 분리주의 신학이다. 문 교수는 세대주의와 분리주의에 기초한 미국 ICCC 매킨타이어 신근본주의운동을 그대로 답습하고 있다. 그의 논문

---

[142] Robert E. Weber, 복음주의 회복 (서울: CLC, 2012), 300-301.

[143] Weber, 복음주의 회복, 303.

은 논문의 전제와 사료 동원과 해석에서 있어서 신근본주의 입장을 반영한다.

문 교수의 논문은 이미 설정된 자신의 프레임 곧 'WEA는 신복음주의이다,' 'WEA는 WCC와 로마 가톨릭과 같이 종교다원주의, 종교혼합주의로 에큐메니칼 교회 연합으로 나간다'는 것을 정당화시키기 위한 자의적이고 주관적이고 왜곡된 주장이다. 미국 복음주의운동과 WEA의 태동, 발전, 역사에 대한 안목을 가지고 그의 논문을 조금이라고 깊이 있게 읽어본 독자라면 그가 얼마나 심각한 왜곡과 비약을 반복하고 있는지 어렵지 않게 발견할 것이다.[144]

문 교수의 논문은 교단 분열을 조장하는 정치적으로 의도된 논문이라는 인상을 강하게 받는다.[145] 그렇지 않다면 그런 왜곡된 주장을 할 수 없을 것이다. 정상적인 학자라면 있지도 않고 하지도 않는 것을 끌어다 WEA를 비판하고 싸잡아 매도하는 그런 주장을 하지는 않았을 것이다. 그의 논문은 역사적 인과관계가 무시되고 역사적 사건과 사건

---

[144] 문병호, "WEA 신복음주의 신학과 에큐메니칼 활동 비판: − WCC에 편승하여 로마 가톨릭과 신학적 일치를 추구하고 포용주의, 혼합주의, 다원주의로 나아감,"「총회105회기 WEA 연구위원회 공청회 자료집」, 66−71. 문 교수는 왜곡된 논지를 반복한 후 자신의 논문에서 다음과 같이 결론을 내렸다: "제13장 결론 : WEA는 신학과 구성원과 활동에 심각한 문제가 있으므로 일절 교류, 협력, 가입을 금해야 함." 문 교수는 청원이라고 하지도 않고 마치 판사가 판결을 내리 듯이 결론을 맺었다. 문 교수의 논문을 읽은 사람이라면 마치 판사가 법정에서 판결을 내리고 있는 것 같은 인상을 강하게 받았을 것이다. 그 이유가 무엇인지 결론에서 다음과 같이 다섯 가지로 나열했다. "1. WEA는 로마 가톨릭 교리를 거부하기는커녕 합리화하는 데 주력함 … 2. WEA는 로마 가톨릭과 WCC와 함께 에큐메니칼 신학과 활동을 지향하며 종교개혁의 고유한 가치를 버림 … 3. WEA는 '복음'이 결여된 '복음화'를 꾀하며 '복음주의적 가톨릭주의'를 지향 …4. WEA 신복음주의의 포용성, 혼합성, 다원성은 '신자유주의'를 지향함 … 5. WEA의 비(非)성경적 반(反)교리적 중립주의와 절충주의 … WEA는 신학과 구성원과 활동에 심각한 문제가 있으므로 일절 교류, 협력, 가입을 금해야 한다."

[145] 문 교수의 논문은 배경을 잘 모르는 이들에게는 그럴듯하게 들릴지 모르지만 내용을 아는 사람들에게는 논문이라기보다 정치신학을 개진한 것 같은 인상을 강하게 받았다. 미국 복음주의운동과 WEA에 대한 안목을 가진 자라면 누구나 그의 논문을 읽으면 WEA와 교류단절을 추구하는 이들에게 신학적 뒷받침을 제시하기 위해 온갖 문헌들과 자료들을 동원했지만 출처와 문헌을 검토하면 상당히 자의적이고 문헌의 내용과 달리 사실을 매우 왜곡하고 있다는 사실을 어렵지 않게 발견할 것이다. 문 교수는 하지도 않은 주장, 관련도 없는 선언서를 동원하여 마치 WEA가 배도의 집단이고 WEA가 WCC나 로마 가톨릭보다 더 교활한 단체라고 진실을 왜곡하고 있다.

의 연결이 자의적이고 상당히 왜곡되었으며 WEA와 복음주의운동의 역사 전반을 부정한다. 이처럼 문 교수가 복음주의운동 역사 전반을 부정하고 전투적으로 WEA와 교류단절을 천명하자고 외치는 목적이 단순히 WEA와 교류 문제를 넘어 신복음주의를 이단으로 정죄하는 신근본주의 분리주의 방향으로 총회와 교단이 나가도록 하려는 목적을 가지고 있다는 강한 의구심을 지울 수 없다.

문 교수의 중요한 WEA 비판 자료들이 세대주의와 분리주의를 생명으로 삼는 신근본주의 분리주의 신학자들의 책과 자료에서 나왔다는 사실은 그의 신학적 입장이 역사적 개혁주의인지 상당한 의구심을 갖게 한다. 과연 세대주의와 분리주의를 생명으로 삼는 신근본주의적 장로교, 신근본주의적 개혁주의가 총신과 예장합동이 나갈 방향이란 말인가? 결코 아니다. '세대주의'와 '분리주의'를 근간으로 한 신근본주의는 신구약의 통일성, 언약신학, 웨스트민스터신앙고백과 배치되고, 문화 사회적 책임을 중시하는 역사적 개혁주의와 본질적으로 다르다. 하나님의 주권과 사회 문화적 책무를 중시하는 개혁주의는 세대주의와 분리주의에 근거한 반지성주의, 반문화주의, 반사회주의, 분리주의 노선의 신근본주의와 본질적으로 다르다. 신근본주의 분리주의는 예장합동이 나갈 방향은 결코 아니다. 그러므로 지금까지 문 교수의 서울 공청회 논문은 결론적으로 다음과 같이 정리할 수 있다.

첫째, 문 교수는 WEA를 신복음주의로 매도하기 위해 WEA와 복음주의운동 역사 발전과정에 대해 역사적 단절을 단행한다. WEA는 홈페이지에서도 분명하게 밝히고 있지만 WEA가 1951년 WEF(World Evangelical Fellowship)에서 시작된 것이 아니라 1846년 영국 런던에서 조직된 EA(Evangelical Alliance)에서 출발한다. 그런데도 문 교수는 'WEA는 곧 신복음주의이다'는 프레임을 정당화시키기 위해 기원이 1846년이라고 형식적인 언급만 하고 실제로는 전 논문의 논지와 출발을 WEA 기원과 발전 역사를 부정하고 1951년 WEF에서 시작된 신복음주의운동으로 해석한다. 인용한 학자들, 제시한 사건들, 문서들 모두가 이를 증명하고 있다.

둘째, 문 교수는 '복음주의는 신복음주의이다'는 프레임을 가지고 복음주의운동 역사 전반을 부정한다.[146] 이런 입장은 전형적인 미국 신근본주의 분리주의 신학자들이 이구동성으로 주장하는 신학적 입장이다. 문 교수가 논문을 시작하면서 제일 먼저 밝힌 것도 바로 그것이다.[147]

셋째, 문 교수는 성경의 완전무오와 완전영감을 분명하게 천명한 WEA의 성경관을 자유주의 성경관으로 매도한다. 미국의 어느 신학자도 WEA의 성경관이 성경의 오류를 인정하는 성경관이라고 주장하지 않는다. 로저스와 맥킴을 비롯한 일부 진보적인 복음주의자들이 성경은 불오하지만 무오하지 않다고 주장하는 것에 맞서 1978년 세계성경무오협회의 시카고 선언이 나왔고 로잔언약이나 1989년 복음주의 선언을 비롯한 모든 선언서에서 성경의 완전무오를 천명하고 있다. 불오와 무오는 차이가 없다는 것이 미국 복음주의 학자들의 공통적인 견해이다. 그런데도 문 교수는 WEA 신앙고백의 성경불오가 성경유오를 인정하는 것이라는 이상한 주장을 한다. 이것은 미국복음주의운동 안에 일어난 성경관 논쟁의 핵심을 파악하지 못한데서 비롯된 것이다.

넷째, 문 교수는 WEA가 WCC 에큐메니칼운동과 로마 카톨릭과 같이 가고 있는 종교다원주의, 종교혼합주의, 에큐메니칼교회연합운동을 지향하는 집단이라고 단죄하고 그것을 정당화시키기 위해 로잔언약과 '상황화,' WEA나 로잔대회와 '총체적복음'을 연결하고, 그 증거로

---

[146] WEA 를 신복음주의로 공격하고 비판하는 것은 전형적인 칼 매킨타이어 신근본주의 분리주의자들이다. WEA 는 문 교수가 주장하는 것처럼 1951년 WEF 에서 시작된 신복음주의 신앙운동이 아니며 1846년 영국 런던에서 창설된 EA 에 기원을 두고 있다. WEA 를 신복음주의운동과 동일시하고 매도하는 것은 역사적 배경을 전혀 알지 못하는 왜곡된 견해이다. 만약 알면서도 그런 주장을 펼친다면 신앙의 순결을 앞세우고 교단의 분열을 획책한 미국 칼 매킨타이어의 신근본주의 분리주의와 전혀 다를 것이 없다. 미국의 신근본주의 분리주의 신학자들도 WEA 를 WCC 와 로마 가톨릭과 나란히 에큐메니칼운동과 신학을 지향하는 종교다원주의, 종교혼합주의, 교회연합주의자들로 매도하지 않았다. 앞서 살펴본 대로 문 교수의 글은 학적으로도 문제가 심각하고 자료 인용과 해석에서도 객관성을 심각하게 상실하고 논지의 비약과 왜곡이 너무도 심하다. 따라서 문병호 교수는 이 논문을 통해 그의 신학이 개혁주의에서는 받아들일 수 없는 전형적인 신근본주의 분리주의 신학자라는 사실을 스스로 천명한 것이다.

[147] "본고에서 특별히 다른 언급 없이 '복음주의'라는 말을 사용할 때는 '신복음주의'를, '복음주의자'라는 말을 사용할 때는 '신복음주의자'를 칭한다. 왜냐하면 신복음주의자들은 자기들의 글이나 성명서 등에서 자기들을 '복음주의자'라고 부르고, 자기들의 입장을 '복음주의'라고 칭하기 때문이다."

ECT, 세계루터교연맹－로마 가톨릭의 칭의에 대한 공동합의서(Joint Declaration on the Doctrine of Justification, JDDJ, 1999), "선교에 대한 복음주의－로마 가톨릭 대화(ERCDOM)," '2011년 합의서'를 제시했다. 그러나 1974년 로잔언약에는 상황화라는 단어조차 등장하지도 않고 "복음주의자들과 가톨릭이 함께"(ECT, Evangelicals and Catholics Together: The Christian Mission in the Third Millennium), "선교에 대한 복음주의－로마 가톨릭 대화(ERCDOM)"는 WEA와 전혀 관계가 없다. 그런데도 문 교수는 WEA는 신복음주의운동이고 복음주의는 곧 신복음주의이고 신복음주의는 신정통주의와 신자유주의라는 프레임을 설정하고 이를 정당화시키기 위해 심각하게 역사를 왜곡하며 진실을 호도하고 있다.

다섯째, 문 교수는 핵심 논지를 전개함에 있어서 철저하게 신근본주의 분리주의 노선의 학자들의 글에 철저하게 의존하고 있다.[148] 그는 미국 신근본주의 분리주의 대표적 신학자 찰스 우드브리지(Charles Woodbridge), 애쉬브룩(William Ashbrook), 그리고 신앙의 순결을 내세우며 분리주의를 옹호하는 신근본주의 성향의 작품에 철저하게 의존하고 있다. 단순히 인용정도가 아니라 신근본주의자들의 핵심 논지

---

[148] 심지어 문 교수는 '분리주의'를 조장하고 있다. 서울 공청회에서 우리가 WEA 꼬리만 붙들고 나가지 말고 우리 교단이 중심이 되어 연합단체를 만들어야 한다는 취지의 발언을 했다. 이것은 문 교수가 얼마나 분리주의적 사고를 갖고 있는가를 여실히 보여준다. 조금만 입장이 달라도 신앙의 순결을 강조하며 분열을 조장했던 신근본주의 분리주의 전형의 모습을 그에게서 발견한다. 문 교수의 주장대로 WEA 가 WCC 와 로마 가톨릭과 같이 가는 단체라고 한다면 그 단체에 가입한 미국의 PCA 를 비롯한 교단들, 신학교, 선교단체 모두가 WEA 와 동류의 배도 집단인 셈이다. 그렇다면 WCC 도 제외하고 WEA 도 제외하고 누구를 대상으로 세계적인 연합기구를 만들 수 있다는 말인가? 문 교수가 신근본주의 분리주의 신학자라는 사실은 그가 동원한 대부분의 사료가 Charles Woodbridge, Ashbrook을 비롯한 신근본주의 분리주의 신학자들의 작품에서 나왔다는 사실에서도 확인할 수 있다. 문 교수는 신근본주의 분리주의 신학자들의 저술들을 그대로 인용하면서 로마 가톨릭을 이교로, WCC 를 종교다원주의로, 그리고 WEA 를 포용주의로 공격했던 미국의 신근본주의 분리주의자들의 주장을 반복하면서도 더 극단적인 자세를 취하고 있다. 미국의 신근본주의 분리주의자들은 NAE 와 WEA 를 공격하였지만 문 교수처럼 WEA 가 WCC 와 로마 가톨릭과 같이 에큐메니칼운동 교회 일치로 나가고 종교혼합주의와 종교다원주의로 흐르고 있다고 비판하지는 않는다. WEA 가 WCC 와 로마 가톨릭과 같이 세속화, 종교다원주의, 종교혼합주의로 나가는 단체라는 주장은 세계 어느 학자들도 주장하지 않는 문 교수만의 자의적이고 독선적인 주장이다.

를 그대로 따르고 받아들인다는 점에서 더욱 그렇다.[149] 학자가 어떤 사료에 근거하여 비평하는가 하는 것은 너무도 중요하다. 이것은 문 교수가 신근본주의 분리주의자라는 사실을 스스로 천명한 셈이다. 문 교수가 신근본주의 분리주의 신학자라는 사실은 그가 신근본주의 분리주의 신학자들의 글을 인용하여 자신의 입장과 동일시할 뿐만 아니라 ICCC 신근본주의자들처럼 WEA를 신복음주의로 매도하면서도 **한 번도 ICCC 신근본주의를 비판하지 않고 오히려 인용 옹호하는 것에서도 알 수 있다.** 신학적으로 건전한 WEA를 WCC와 로마 카톨릭과 같이 가는 집단이라고 비판하면서도 ICCC 칼 매킨타이어 신근본주의 분리주의 신학자들을 인용할 뿐만 아니라 ICCC 신근본주의 분리주의 신학적 입장과 상호 일치한다.[150] 복음주의운동과 복음주의 역사에 대한 역사적 단절과 편향되고 왜곡된 사료 인용과 해석을 고려할 때 문 교수는 전형적인 신근본주의 분리주의 신학자이다. 더 큰 문제는 문 교수가 논문의 내용과 논지 상당 부분을 신근본주의 작품에 의존하면서도 신근본주의자들보다 한층 더 극단적으로 역사를 왜곡하고 있다는 사실이다.

여섯째, 문 교수는 여러 문서나 합의서 내용을 변역(變譯)하거나

---

[149] 이안 머레이는 신복음주의운동에 대립되는 의미에서 "구복음주의운동"이라는 제목으로 책을 저술하였고, 로이드 존스와 자신의 입장을 변호하기 위해서 복음주의 분열이라는 책을 저술하였다. 이안 머레이, **오래된 복음주의**, 송용자 역 (서울: 부흥과 개혁사, 2007), 8-12. 그러나 분리주의 성향이 강한 심지어 이안 머레이도 칼빈주의와 알미니안주의를 이원론적으로 구분하고 칼빈주의 대적을 정죄하지 않았다. 그것은 그가 요한 웨슬리를 높이 평가하고 그를 오래된 복음주의에 포함시키고 있기 때문이다. 위 책 167-202을 참고하라.

[150] 문 교수는 이렇게 주장한다. "그들[WEA 과 신복음주의자들]은 WCC 와 ICCC 가 대립할 때 WCC 편을 들었다"(문병호, "WEA 신복음주의 신학과 에큐메니칼 활동 비판: - WCC 에 편승하여 로마 가톨릭과 신학적 일치를 추구하고 포용주의, 혼합주의, 다원주의로 나아감," 「총회105회기 WEA 연구위원회 공청회 자료집」, 66). WEA 가 왜 ICCC 편을 들지 않았느냐는 주장이다. WEA 가 WCC 편을 들었다는 것은 왜곡도 보통 왜곡이 아니다. 어떤 이유로 문 교수가 그런 주장을 하는지 모르지만 1946년 WCC 가 조직되기 전 이미 1942년 NAE 가 조직되었고 1951년 WEF 가 조직되었으며, 수많은 저술들을 통해 정통기독교 신앙을 변증하고 WCC 의 하나님의 선교에 맞서 전통적인 선교를 이 시대에 회복하는 일에 앞장선 것도 복음주의운동이다. 신근본주의 분리주의자 ICCC 칼 매킨타이어가 WCC 총회가 열리는 곳마다 피켓을 들고 시위할 때 왜 동참하지 않았느냐고 하는 차원에서 그런 질문을 했다면 이해가 가지면 그렇지 않다면 WEA 와 현대 복음주의운동은 20세기에 너무도 많은 역사적 신앙을 이 시대에 변증하며 하나님 나라 확장을 위해 쓰임 받았다.

WEA와 관련이 없는 사건과 합의서를 끌어다 WEA를 WCC와 로마 가톨릭과 동일한 종교다원주의, 종교혼합주의, 신정통주의, 심지어 자유주의 집단으로 매도한다. "복음주의자들과 가톨릭이 함께"(ECT)는 '세계루터교연맹−로마 가톨릭의 칭의에 대한 공동합의서'(JDDJ, 1999), "선교에 대한 복음주의−로마 가톨릭 대화(ERCDOM)"를 비롯한 많은 공동합의서와 모임은 WEA와 직접 연관성이 없는 것인데도 마치 이들 대화나 합의서가 WEA가 앞장서서 진행하거나 추진한 사건으로 곡해하고 있다. 이것은 처음부터 WEA가 WCC와 2차 바티칸회의 이후 로마 카톨릭과 나란히 종교다원주의, 종교혼합주의, 신정통주의, 신자유주의 노선의 길을 밟고 있는 집단이라는 프레임을 설정하고 논지를 이끌고 나가기 때문이다. WEA를 신복음주의라는 프레임을 씌우고 이를 정당화하기 위해 많은 문서들과 사건들을 그 증거로 제시하고 있지만 앞서 살펴본 대로 상당수의 인용이 허위이고 왜곡이다. 문 교수가 역사적 개혁주의 신학적 전통에 서 있는 사람인지 매우 의심스럽다. 그의 주장은 사회적 책임을 사회복음으로 단죄하고 신앙의 순결을 앞세우며 교단 분열을 정당화시키는 전형적인 한국판 ICCC/ACCC 칼 매킨타이어 신근본주의 분리주의 입장이기 때문이다. 역사적 개혁주의는 분리주의가 아니다. 우리 총신과 교단과 총회는 역사적 개혁주의이지 세대주의 신근본주의가 아니다.[151]

마지막으로 우리는 지금까지 총신의 수많은 교수들의 심도 있는 연구와 최근의 연구를 통해 다음과 같이 최종적인 결론을 내릴 수 있다. 세계복음주의연맹(WEA)은 1846년 결성된 복음주의연맹(EA)에 기원한 역사 깊은 건전한 복음적 국제기구이다. 문 교수가 주장하는 비판과 공격 대부분은 사실이 아니다.

뿐만 아니라 지난 수년간의 연구 결과와 논의 끝에 2019년 제 104회 총회에서 "WEA가 우리 총회가 지켜오고 추구하는 신학적 입장과 크게 다른 점을 찾을 수 없어 교류 단절은 바람직하지 않다"고 결정을

---

[151] Ian Murray, 분열된 복음주의, 173. "연합은 반드시 같은 신학적 동의 아래서 추진되어야 하고 일반교인보다는 지도자 간에 먼저 이루어져야 한다면 당연히 신학문제부터 다루어져야 했다"는 이안 머레이가 지적한 것처럼 2005년 구개혁측과 연합에도 적용되었어야 했다.

했고, 코로나(Covid-19) 팬데믹으로 인해 전 인류적-민족적 심각한 위기와 교회의 생존을 위협하는 위기에 직면한 상황에서 우리 총회는 더 이상의 소모전을 중단하고 좀 더 생산적인 일에 우리의 힘을 모아야 할 것이다.

예장합동 총회가 WEA에 가입한 적이 없고 총회 어느 누가 WEA에 가입할 것을 요청한 적도 없다. 또 WEA 지도자들이 우리 교단의 어느 누구에게 WEA에 가입하라고 요청하거나 서신을 보낸 적도 없다. 어떤 예장합동의 신학자나 지도자가 WEA에 우리 교단이 가입하고 싶다는 내용의 서한을 보내거나 그 같은 의사를 전달한 적도 없다. 그런데도 심지어 서창원 교수는 WEA가 우리 교단에게 가입하라고 요청하고 있고 그 이유가 돈 때문이라고 부산공청회에서 공개적으로 주장하였다. 이것은 전혀 사실이 아니다. 공청회에서 논문 발표를 하면서 전혀 있지도 않은 허위 사실을 주장하는 것은 WEA와 교류단절 여부를 떠나 WEA에 대한 심각한 명예훼손이 아닐 수 없다.

WEA와 교류단절을 반대하는 총신의 신학자들을 마치 개혁주의가 아닌 것처럼 매도하는 것은 전체 총신대학교 교수들에 대한 심각한 명예훼손이고 예장합동을 심각한 분열의 위기로 몰아넣는 행위가 아닐 수 없다. **문 교수의 공청회 논문 주장대로라면 소강석 총회장은 WCC 에큐메니칼운동에 참여하는 교단들도 포함된 한교총 대표회장직을 사임해야 하고 우리 교단도 한교총에서 당장 탈퇴해야 할 것이다.**

만약 2021년 9월 13일에 열리는 제 106회 총회가 WEA와 교류단절을 결정한다면 총회는 한국교회사에 너무도 부끄러운 오점을 역사에 남기는 것이다. 가입하지도 않은 상황에서 만약 총회가 일방적으로 WEA와 교류를 단절을 결정한다면 이는 곧 총회가 국내외적인 고립을 자초하는 것이고, 앞으로 총신과 예장합동이 극단적인 ICCC 신근본주의 분리주의로 나가겠다는 선언이나 마찬가지이다. 그리고 무엇보다도 2005년 어렵게 하나된 우리 교단이 WEA 교류 단절 주장으로 사분오열될 가능성이 너무도 높다.

우리는 2005년의 하나됨을 온전하게 이루어 한국교회 안에 건강한 연합운동의 좋은 모범이 되어야 할 것이다. 주류와 비주류로 분열된 1979년의 분열을 또 다시 반복하지 않기 위해서도 WEA 와 교류단절 결정은 절대 금해야 할 것이다. 적어도 교단의 평화와 한국교회는 물론 세계교회 안에 역사적 개혁주의 영향력을 확대하기 위해서라도 WEA 에 대한 교류단절을 삼가야 할 것이다.[152]

---

[152] WEA 의 문서들과 교리들을 검토한 결과 다음과 같이 분명하게 답할 수 있다: 1. 세계복음주의연맹(WEA)은 WCC 나 로마 카톨릭과 손잡고 종교다원주의, 종교혼합주의, 에큐메니칼 교회연합운동을 전개하는 신앙단체가 아니다. WCC 와 로마 가톨릭과 본질적으로 다르고 성경과 종교개혁의 전통을 계승하는 건강한 국제기구이다. 2. WEA 는 로마 가톨릭과 WCC 와 함께 다종교사회에서의 효과적인 선교를 위해 모임을 가졌지만 그것은 선교적인 차원에서의 진행된 것이고 WCC 에큐메니칼운동의 교회연합을 모색하거나 종교개혁의 고유한 가치를 결코 버리지 않았다. 3. WEA 는 '복음'이 결여된 '복음화'를 꾀하거나 '복음주의적 가톨릭주의'를 지향하지 않았고 기구 자체가 교단 가입을 전제로 하는 WCC 와 달라 교회연합으로 나갈 수 없다. 4. WEA 는 2세기에 가깝게 창립 후 지금까지 역사적 복음주의 전통에 굳게 서 있으며 종교포용주의, 종교혼합주의, 종교다원주의의 신 자유주의를 지향하지 않았다. 5. WEA 는 "비(非)성경적 반(反)교리적 중립주의와 절충주의"를 지향하지도 않고 추구하지도 않고 목적하지도 않는다.

제 4 장
세계복음주의연맹(WEA)을
어떻게 볼 것인가?

"이 글은 교단[예장합신] 목회자와 선교사의 사역적 필요를 돕기 위하여 세계복음주의연맹(WEA)과의 관계를 어떻게 하는 것이 옳은 지에 대해 신학적 판단을 마련하고자 진행한 합신 교수회 세미나에서 발제한 글을 정리한 것이다. 참고로 합신 교수회는 이 글의 논지에 대체로 동의하면서 현재로서는 WEA가 교류를 단절할만한 이단이나 이단성을 주장하는 국제기관이 아니며, 오히려 보편교회 안에서 서로 교제하며 협력해야 할 기관으로 인정된다고 의견을 모았음을 밝힌다." – 편집자 주

이승구 (합동신학대학원대학교 조직신학 교수)

근자에 우리나라에서 "세계복음주의연맹(WEA)을 어떻게 볼 것인가?"에 대한 질문이 제기되고 있다. 합동 측 일각에서 세계복음주의연맹(WEA, 이하 WEA)은 세계교회협의회(WCC, 이하 WCC)와 방향을 같이하는 단체이니 WCC와 함께 할 수 없다면 WEA와도 같이 할 수 없는 것이 아닌가 하는 논의가 제기된 것이다. 사실 이 문제를 세밀하게 검토하

는 수많은 논문들이 이미 제출되었다.[1] 그런데도 계속해서 질문이 나오는 것에 대해서 이런 태도는 이 모든 학문적 논의들을 무시하는 것이 아닌가 하는 의문이 들기도 한다. 그래서 한편으로는 매우 안타깝지만, 그래도 우리가 처한 상황에 대해서 계속해서 의심의 해석학을 적용하려는 이런 질문들의 제기는 어떤 의미에서 좋은 태도라고 할 수 있다. WEA 가 과연 WCC 와 진정 같이 하려고 한다면 참으로 성경적 입장을 추구하는 교회들은 WEA 와 함께 할 수 없을 것이다.[2] 그러므로 오늘날 논의의 핵심 문제는 과연 WEA 가 WCC 와 같은 방향으로 나아가는가 하는 것이다. WEA 가 복음주의적으로 시작되었다는 것, 그리고 어떤 면에서 WCC 에 대항해서 복음주의자들의 전세계적 모임으로 활동해 왔다는 것을 부인하는 사람들은 없는 듯하다. 그런데 지금은 WEA 가 과연 어떤 주장을 하고, 어떤 모습을 하고 있는가가 핵심 논제이다.

이 문제를 살피기 위해서 먼저 WEA 의 역사를 간단히 정리하고, WEA 의 신앙고백서부터 살펴보기로 하자.

---

[1] 다음 논문들을 보라. 장훈태, "WEA 와 선교," 선교신학 제26집 (2011): 151−179; 정흥호, "WEA 와 WCC 선교신학의 방향성 비판," ACTS 신학과 선교 제12권 (2011): 439−465; 방연상, "세계교회협의회(WCC)와 세계복음주의연맹(WEA) 그리고 한국교회," 기독교 사상 통권 제659호 (2013년 11월호): 36−42; 김영한, "WEA 복음주의 운동과 한국교회," 신학과 교회 제4호 (2015): 259−308; 박용규, "ICCC, WCC, 그리고 WEF/WEA(세계복음주의연맹)의 역사적 평가," 신학지남 제85권 1집 (2018): 191−275; 정승원, "'다종교 세계에 있어서 그리스도인의 증거: 실행을 위한 권고' 및 '로마 가톨릭과 세계복음주의연맹의 국제협의(2009−2016)' 보고서에 대한 평가," 신학지남 제86권 2집 (2019): 49−80; 김요섭, "세계복음주의연맹(WEA)의 역사와 활동," 신학지남 제86권 2집 (2019): 81−108; 정원래, "WEA 와 한국교회," 신학지남 제86권 2집 (2019): 109−137; 라영환, "세계복음주의연맹의 신학적 입장에 관한 연구," 신학지남 제86권 2집 (2019): 139−166; 성남용, "한국교회의 WEA 논쟁과 지향해야 할 과제들," 신학지남 제86권 3집 (2019): 129−166; 그리고 최근에 박용규, "세계복음주의연맹(WEA)의 설립 배경과 과정에 대한 역사·신학적 고찰," 한국장로교신학회 2021년 봄 학회 발제논문, (2021년 4월 24일, 총신대학교), 장로교회와 신학 제17권 (2021년 근간 예정).

[2] 이런 입장에서 논의한 문병호, "WEA 신복음주의 신학과 에큐메니컬 활동 비판", 제105회 총회 WEA 연구위원회(위원장 한기승 목사) WEA 1차 공청회, 2021년 6월 8일 합동측 총회회관, availlable at: http://www.reformedtoday.net/news/articleView.html?idxno=740: 서철원, "세계복음주의 연맹(World Evangelical Alliance)", WEA 2차 공청회, 2021년 6월 11일, 광주 중앙교회.

1. WEA와 그 간략한 역사

WEA 는 "복음주의 연맹"(Evangelical Alliance)라는 이름으로 출발해서 한동안 세계복음주의협의회(WEF, World Evangelical Fellowship)라 불렸다. 일반적으로 그 역사는 **1846년** 영국 런던에서 전 세계의 복음주의자들의 연대를 드러내는 조직을 하여 여러 사명을 같이 수행하자는 뜻에서 시작되었다. 일단 1846년 처음에는 영국의 복음주의 연대(Evangelical Alliance)로 시작되었다.[3] 이 때 그들은 "우리들은 그리스도 안에서 한 몸"(*Unum Corpus Sumus in Christo*)이라는 모토를 채용했다.[4] 그리고 1846–1955년까지 프랑스, 독일, 카나다, 미국, 스웨덴, 인디아, 터키, 스페인과 포르투갈 등지에 각 지역의 복음주의자들의 연대인 일종의 지부가 형성되었다. 이 당시의 공식적 기관지가 이반제리칼 크리스텐돔(*Evangelical Christendom*)이었다.[5] 유럽 각국과 미국에서 산발적

---

[3] 이하 역사의 내용은 특별한 언급이 없는 한 WEA 홈페이지에 있는 자신들의 역사를 따라 기록하였다. Cf. WEA 선교 위원회(Mission Commission)의 선임 자문위원이었던 William D. Taylor, "Our History," in *Global Dictionary of Theology*, eds., William A. Dyrness and Veli-Matti Kärkkäinen (Leicester, UK & Downers Grove, IL: InterVarsity Press, 2008). Available at: https://worldea.org/who-we-are/our-history/

[4] 일반적 사실이지만 이는 Ian Randall, "Evangelicals, Ecumenism and Unity: A Case Study of the Evangelical Alliance," *Evangel* 22/3 (Autumn 2004): 62에서 온 것임을 밝힌다.

[5] 그 한 예로 1888년의 이 잡지의 내용을 다음에서 확인하라:

https://books.google.co.kr/books?id=u30AAAAAMAAJ&printsec=frontcover&source=gbs_ge_summary_r&cad=0#v=onepage&q&f=false. 또한 1910년 에딘버러 선교 모임에 대해서 영국 모라비안 지도자였던 Eevlyn R. Haseé 감독의 "사전에 모든 절충이 이루어졌음을 미리 알았더라면 많은 사람들이 참여하지 않았을" 것이라는 평가로 E. R. Hassé, "The Problem of Unity," *Evangelical Christendom* (January–February 1911): 2, Randall, "Evangelicals, Ecumenism and Unity," 62, n. 12에서 재인용. 또한 WCC 가 교회들의 외적 연합을 추구하는 것에 반해서 세계 복음주의 연맹은 개개인 그리스도인들이 연대의 표현으로 보다 영적인 하나됨을 보려한다는 것을 강조하는 *Evangelical Christendom* (July–September 1947): 79, Randall, "Evangelicals, Ecumenism and Unity," 63, n. 17에서 재인용.

1946년까지의 역사에 대해서는 J. W. Ewing, *Goodly Fellowship: A Centenary Tribute to the Life and Work of the World Evangelical Alliance 1846–1946* (London: Marshall,

으로 지지하였지만 1951년까지는 주로 영국이 주도가 되어 이 운동을 이
끌었다. 그 사이에 미국에서는 1942년에 전국 복음주의 연합(the
National Association of Evangelicals: NAE)이 결성되었다. 그러나 20세
기 초에는 영국 안에서 복음주의자들이 여러 이유에서 위축되어 자신들
의 문제에만 집중하기 시작했다고 한다.[6]

　1951년에 화란에서 이전 복음주의자들의 전세계적인 연대를 다시 구
현하자는 의도로 21개국에서 92명이 모여서 의도로 복음주의자들의 국
제 모임(the International Convention of Evangelical)을 가졌다. 이 때에
중요한 역할을 한 사람들이 미국의 엘윈 라이트(J. Elwin Wright), 해롤
드 오켕가(Harold J. Ockenga), 클라이드 테일러(Clyde W. Taylor)와 영
국의 존 스토트(John R. W. Stott)와 잭 다인(A. Jack Dain)이었다. 복음
을 증진시키고(즉, 더 전파하고, the furtherance of the gospel), 복음을
변증하고 확언하며(the defense and confirmation of the gospel), 복음
의 교제(the fellowship in the gospel)를 나누는 것이 목적이었다.[7] 여러
사람들과 함께 특히 데이빗 하워드(David M. Howard)가 사무총장
(general secretary)으로 그리고 후에는 국제 소장(International
Director)으로 애를 썼고, 1987년에는 WEF의 본부가 미국에서 싱가포
르로 옮겨졌다.[8] 그리고 1992에는 필리핀 사람인 준 벤서(Agustin "Jun"

Morgan and Scott, Ltd., 1946)과 David M. Howard, *The Dream that Would Not Die: The Birth
and Growth of the World Evangelical Fellowship 1846-1985* (Exeter, UK: The Paternoster
Press, 1986) 초반부; 그리고 Ian Randall & David Hilborn, *One Body in Christ: The History
and Significance of the Evangelical Alliance* (Carlisle: Paternoster Press, 2001)를 보라.

　[6] 이 점을 말하면서 이 과정을 잘 드러내는 D. W. Bebbington, *Evangelicalism in Modern
Britain: A History from the 1730s to the 1980s* (London: Unwin Hyman, 1989), 181-228;
그리고 Randall & Hilborn, *One Body in Christ*, 183-207을 보라. 교회가 이런 저런 의미에서
위축될 때 늘 자신의 문제에만 관심을 가지고 전 세계적인 문제에 관심을 가지지 못하고, 복음주의
연합에도 무관심하게 되는 대표적인 예를 잘 나타내는 것이다. 자만한 교회는 연합에 관심을 갖지
않으며 자신의 문제에로 위축되는 예를 여기서도 보는 것이다.

　[7] Howard, *The Dream that Would Not Die*, 28-34.

　[8] 1985년까지는 Howard, *The Dream that Would Not Die*의 뒷부분과 1995년까지는 W.
H. Fuller, *People of the Mandate: The Story of the World Evangelical Fellowship* (Grand
Rapids: Baker Book House, 1996)을 보라.

Vencer)가 국제 소장(International Director)이 되어 2001년까지 9년 동안 봉사하였고, 싱가포르와 마닐라와 미국 세 곳에 본부가 설치되었다.

박응규 교수가 잘 정리하였듯이, "WEF는 **2001년 5월, 말레이시아 쿠알라룸푸르에서 제11차 총회를 갖고, 새로운 이름인 세계복음주의연맹 (World Evangelical Alliance, WEA)으로 변경하였다.**"[9] 그 이후로 계속해서 경제적 어려움을 겪고 있는 WEA는 일단 싱가포르 본부 건물을 매각하고 경제적 지지를 약속하는 대로 한때는 게리 에드몬즈(Gary Edmonds, 2002-2004)의 인도 하에 미국에서, 또 한 때는 카나다의 제프 턴니클리프(Geoff Tunnicliffe, 2005-215)의 인도 하에 카나다 밴쿠버 근처에 리더십 본부를 두고, 여러 곳 샌프란시스코(Information Technology), 워싱톤, D.C.(Global Press), 그리고 제네바(United Nations)에 본부를 두는 정책을 펴기도 했다. 지금은 미국 시카고 근처의 트리니티대학교(Trinity International University) 안에 본부를 두고 있다.[10] 트리니티대학교와 트리니티신학교(Trinity Evangelical Divinity School)가 경제적 어려움에 빠진 WEA를 적극적으로 자원하고 보호하고 있는 듯하다.

2. WEA의 기본적 신앙고백

세계복음주의연맹(WEA)은 쿠알라룸프르 총회를 한 후에 WEA 7개조 신앙고백서를 최종 수정(2001년 6월 27일)하여 공포하였다."[11] "우리는 믿습니다"로 시작하는 WEA의 신앙고백(Statement of Faith)은 다음과 같이 매우 단순하다.[12]

---

[9] 박응규, "세계복음주의연맹(WEA)의 설립 배경과 과정에 대한 역사·신학적 고찰," 19.
[10] 주소에서 이것이 확인된다. POST OFFICE BOX 7099, DEERFIELD, IL 60015
[11] Cf. 박응규, "세계복음주의연맹(WEA)의 설립 배경과 과정에 대한 역사·신학적 고찰", 19.
[12] 이 신앙고백서의 내용은 WEA 홈페이지에 전문이 명시되어 있다(available at: https://worldea.org/who-we-are/statement-of-faith/).

(1) 우리는 신적으로 영감되었고, 오류가 없으며, 전적으로 신뢰할 만하고, 신앙과 삶의 모든 문제에 있어서 최고의 권위를 가지는 본래 하나님께로 주신 성경을 믿습니다(the Holy Scriptures as originally given by God, divinely inspired, infallible, entirely trustworthy; and the supreme authority in all matters of faith and conduct).

(2) 우리는 성부, 성자, 성령의 삼위로 영원히 존재하시는 한 분 하나님을 믿습니다.
(One God, eternally existent in three persons, Father, Son, and Holy Spirit)

(3) 우리는 성육신하신 하나님이신 우리 주 예수 그리스도를 믿습니다. 우리는 그의 동정녀 탄생과 죄 없으신 인간의 삶을 사셨음과 그의 신적인 기적과, 대리 속죄(代理贖罪, 즉 代贖)적 죽으심과 그의 몸의 부활과, 그의 승천과 그의 중보적 사역과 권능과 영광중에 오실 그의 인격적 재림을 믿습니다. (Our Lord Jesus Christ, God manifest in the flesh, His virgin birth, His sinless human life, His divine miracles, His vicarious and atoning death, His bodily resurrection, His ascension, His mediatorial work, and His Personal return in power and glory).

(4) 우리는 우리의 행위를 통해서가 아니라 주 예수 그리스도의 쏟아 부어진 보혈을 믿음으로써, 그리고 성령으로 거듭남을 통해 이루어지는 상실되고 죄인된 인간의 구원을 믿습니다.(The Salvation of lost and sinful man through the shed blood of the Lord Jesus Christ by faith apart from works, and regeneration by the Holy Spirit)

(5) 우리는 (성령님의) 내주하심으로 말미암아 믿는 자가 거룩한 삶

을 살게 되고, 주 예수 그리스도를 위하여 증언하며 그를 위해 일하
게 하시는 성령님을 믿습니다.

(The Holy Spirit, by whose indwelling the believer is enabled to
live a holy life, to witness and work for the Lord Jesus Christ).

(6) 우리는 모든 참된 신자들의 영의 통일성, 그리스도의 몸인 교회
를 믿습니다.

(The Unity of the Spirit of all true believers, the Church, the
Body of Christ).

(7) 우리는 모든 사람의 부활을 믿습니다. 구원 받은 사람들은 영생
의 부활로, 종국적으로 상실된 자들은 정죄의 부활로 부활할 것임을
믿습니다.

(The Resurrection of both the saved and the lost; they that are
saved unto the resurrection of life, they that are lost unto the
resurrection of damnation)

   WEA 를 비판적으로 보는 사람들도 이 신앙고백에 반대를 하거나 이것
이 복음주의적 신앙고백이 아니라고 하는 분들은 없는 듯하다. WEA 의
신앙고백은 성경의 영감과 성경의 무오성을 명확히 하고,[13] 그리스도의 동

---

[13] 이 점에서 비슷한 성격의 영국 모임인 (1966년 논쟁 이전에 로이드 존스와 존 스토트가
함께 속해 있던, 그리고 결국 WEA 의 모태라고도 할 수 있는) Evangelical Alliance 의 성경에
신앙고백보다 더 강하게 표현하고 있다고 할 수 있다. 영국 복음주의 연맹의 신앙고백과 비교해
보라. Cf. https://www.eauk.org/about-us/how-we-work/basis-of-faith. 이들의 성경에 대한
고백은 다음과 같다. 우리들은 기록된 하나님의 말씀인 신구약 성경의 신적 영감과 최고 권위를
믿습니다. 성경은 믿는 도리와 삶에 대해서 전적으로 신뢰할만한 것입니다"(The divine
inspiration and supreme authority of the Old and New Testament Scriptures, which are the
written Word of God - fully trustworthy for faith and conduct).
   그래서 WEA 는 천주교회와 대화할 때에 "무오류에 대한 좀 더 분명한 입장을 파악하고,
무오류에 대한 현대 역사적-비평적 방법의 도전과 현재 가톨릭교회 내에 많은 해석학자들이 동조
하는 것에 대하여 분명히 파악하기를 원한다."고 질문하고 있을 정도이다. ('Scripture and
Tradition' and 'the Church in Salvation'. Catholics and Evangelicals Explore Challenges and Opportunities, 27,
http://www.christianunity.va/content/unitacristiani/en/dialoghi/sezione-occidentale/evangelici/dialogo/docume

정녀 탄생과 기적들과 그의 부활과 승천을 다 믿으며, 이신칭의를 명백히 선언하고, 믿는 자들과 상실된 사람들 모두가 다 부활하되 믿는 자들은 생명의 부활로, 종국적으로 상실된 자들은 정죄의 부활로 부활할 것임을 선언한다. 이 신앙고백은 성경의 무오에 대해서 말하기 어려워하는 신복음주의나 이신칭의를 교묘하게 회피하면서 새로운 반-펠라기우스 주의(neo semi-Pelagianism)를 말하는 사람들이나, 믿지 않는 사람들이 결국은 멸절할 것이라고 하면서 그들이 '정죄의 부활', 즉 정죄 받고 영원한 형벌을 받기 위해서 부활한다는 것을 부인하는 사람들보다 훨씬 나은 복음주의적 신앙을 고백하고 있다. 그러므로 WEA에 대해서는 이런 역사적 신앙고백에 충실한 고백에 스스로 참으로 충실하라고 하면서, 혹시 그들이 이에 충실하지 않을 때에는 왜 자신들이 고백한다고 하는 신앙고백에 충실하지 않느냐고 지적해야 할 것이다. 이 신앙고백이 복음주의적 신앙고백이라는 것은 아주 분명하다.

이 신앙고백서와 일치하게 WEA는 "복음주의자"에 대한 정의를 하면서 리들리 칼리지(Ridley College)의 학장이었고, 호주 빅토리아 주의 복음주의 연맹(Evangelical Alliance) 창설자들 중 한 명이었고 회장도 역임했던 레온 모리스(1914-2006)가[14] 쓴 글을 길게 인용하여서[15] 모리스와 같은 그리고 모리스가 규정하는 대로의 성경적 복음을 따른 사람이 복음주의자라고 제시하고 있다.

3. WEA의 근자의 행보들과 그 의미

2021년 3월부터 사무총장(Secretary General)으로 섬기고 있는 토마

---

nti-di-dialogo/testo-in-inglese.html).

[14] 레온 모리스에 대해서는 Leon Morris, *The Cross of Jesus*, 그리스도의 십자가, 개정역 (서울: 바이블리더스, 2007)의 역자 후기를 보라.

[15] Leon Morris, "Who Are Evangelicals?", Working Together, the magazine of the Australian Evangelical Alliance 4 (1998), cited in https://worldea.org/who-we-are/who-are-evangelicals/

스 쉬르마커(Bp. Dr. Thomas Schirrmacher, 1960-)의 독특한 관심과 사역 때문에 WEA에 대한 많은 질문이 일어나는 것 같다. 토마스 쉬르마커는 바젤에서 신학을 공부하고(1978-1982), 1983년부터는 본대학교(Bonn State University)에서 문화 인류학과 비교 종교학을 공부하고, 1983년에 화란의 깜뻰신학교(Theological University, Kampen)에서 선교학과 에큐메닉스 전공의 독토란더스(Drs.)를 하고, 1985년에 역시 깜뻰에 있는 요하네스 칼빈 재단(Johannes Calvin Foundation, Kampen)에서 신학 박사(Dr. theol.) 학위를 하고, 1989년에는 미국 LA에 있는 퍼스픽웨스턴대학교(Pacific Western University, 현 California Miramar University)에서 문화인류학으로 철학 박사 학위를 하고, 1996년에는 프로리다 주 레이크랜드(Lakeland, FL)에 있는 화이트필드신학교(Whitefield Theological Seminary)에서 윤리학으로 신학 박사(a Th.D.)를 하였고, 다시 2007년에 본대학교에서 비교종교학과 종교 사회학으로 철학 박사(a Dr. phil. in Comparative Religions/Sociology of Religion)를 했다.[16] 그는 현재 WEA 사무총장을 하면서 루마니아 티미소아라(Timisoara, Romania)에 있는 University of the West 의 종교사회학 객원 교수(extraordinary professor로 있으면서 옥스퍼드의 리전트팍칼리지에서도 가르치며, 세계 곳곳(Berlin, Bielefeld, Bonn, Chemnitz, Hamburg, Innsbruck, Istanbul, Izmir, Linz, Munich, Pforzheim, Prague, Sao Paulo, Tirana, Zurich)에 작은 터전을 두고 있는 마틴 부쳐 세미너리(Martin Bucer European Theological Seminary and Research Institutes)의 창설자의 한 사람이기도 하다. 그는 인권과 종교적 자유의 증진을 위해 전 세계적인 증언 활동과 사회적 행동을 하여 왔다.

WEA와 관련한 가장 큰 논란은 WEA가 WCC, 그리고 천주교회와 함께 5년 동안의 대화의 과정을 거쳐서 2011년에 선언한 세계 선교와 인권에 대한 공동 성명(PCID, "다종교 세계에 있어서 그리스도인의 증거: 실

---

[16] Cf. https://worldea.org/leader/thomas-schirrmacher/

행을 위한 권고")[17] 때문에 일어났다. 이 문서의 작성에 마지막 단계에서 참여한 것에 대해서는 정승원 교수도 참여하지 않는 것이 더 나았을 것이라는 의견을 표한 바 있다.[18] 그러나 엄밀하게 보면, 이는 인권과 정의 문제에 대해서 같은 입장을 선언한 것일 뿐 그 분들과 같은 신학적 입장을 가진다고 선언하는 것이 아니다. 또한 WEA가 천주교회와 2009년부터 2016년까지 6년 동안 같이 대화한 결과로 나온 공동 성명서인 "로마 가톨릭과 세계복음주의연맹의 국제 협의(2009-2016)"를[19] 과연 어떻게 이해할 것인가가 문제의 핵심이다. (정승원 교수가 2019년에 이 문서를 잘 번역 소개하고 잘 논의했기에 여기서 그것을 반복할 필요는 없어 보인다.) 누구라도 그 문서의 내용을 객관적으로 살필 때 건전한 판단을 하는 사람들은 WEA가 복음주의 신앙고백을 유보하면서 WCC나 천주교회와 같이 하려고 한다고 결론내리기는 어려울 것으로 판단된다.

4. WEA와 관련된 단체들

또한 WEA와의 관계를 생각하기 위해서는 이 문제를 논하기 위해서 현재 WEA 자체와 관련된 단체들이 과연 어떤 것이 있는 지를 생각해 보는 것이 도움이 될 것이다.

WEA는 기본적으로 세계 9개 지역의 지역 복음주의 연맹이 있고, 그 안에 속해 있는 각 나라의 연맹이나 단체가 있다. 예를 들어, 아프리카에

---

[17] 이 문서는 다음에서 전문을 확인할 수 있다. Available at: https://www.oikoumene.org/sites/default/files/Document/ChristianWitness_ recommendations.pdf. 우리나라에서 이 문제에 대한 가장 심각한 논의는 정승원, "'다종교 세계에 있어서 그리스도인의 증거: 실행을 위한 권고' 및 '로마 가톨릭과 세계복음주의연맹의 국제협의(2009-2016)' 보고서에 대한 평가," 신학지남 제86권 2호 (2019): 49-80이다. 이 논문에 친절히 번역되어 있다.

[18] 정승원, "'다종교 세계에 있어서 그리스도인의 증거: 실행을 위한 권고' 및 '로마 가톨릭과 세계복음주의연맹의 국제협의(2009-2016)' 보고서에 대한 평가," 59.

[19] 이 문서는 다음에서 전문을 확인할 수 있다. Available at: http://www.christianunity.va/content/ unitacristiani/en/dialoghi/sezione-occidentale/evangelical/ dialogo/documenti -di-dialogo/testo-in-inglese.html. 정승원 교수의 논문에 친절히 번역되어 있다.

는 39개국의 복음주의 연맹이나 그에 준하는 단체, 아시아에는 15개국의 복음주의 연맹이나 그에 준하는 단체, 카리브 해 지역에는 11개국의 복음주의 연맹이나 그에 준하는 단체, 중앙아시아에는 4개국의 복음주의 연맹이나 그에 준하는 단체, 유럽에는 36개국의 복음주의 연맹이나 그에 준하는 단체, 남미에는 20개국의 복음주의 연맹이나 그에 준하는 단체, 중동과 북 아프리카에는 9개국 복음주의 연맹이나 그에 준하는 단체, 북미에는 카나다 복음주의 협의회(Evangelical Fellowship of Canada, EFC)와 미국복음주의협회(National Association of Evangelicals, NAE), 남태평양에는 호주의 복음주의 연맹 재단(EA Foundation), 뉴질랜드의 뉴질랜드 크리스챤 네트워크(New Zealand Christian Network), 파푸아 뉴기니에 파푸아 뉴기니 복음주의 연맹 (Evangelical Alliance Papua New Guinea, EAPNG)이 속해 있고, 5개국 국가 협력 네트워크로 Esperanza, Evangeliska Frikyrkan (Sweden), 한국복음주의협의회(Korea Evangelical Fellowship), Talitha Koumi Evangelical Churches (Bangladesh), Tibetan Evangelical Network 가 있다.[20]

또한 아시아 신학 연맹, 국제 컴패션, 국제 구호 기관인 Food for the Hungry, 국제 인터설브(Interserve International), 국제월드비전(World Vision International)을 비롯한 86개의 다양한 신학 교육기관들의 연맹과 선교 단체들이 협력 회원들(Affiliate members)로 되어 있다.[21] 그리고 2개국 이상의 나라 구성원들로 되어 있는 교회기관들로 International Missions, Pentecostal Assemblies of Canada (PAOC), 세계 개혁주의 협의회(World Reformed Fellowship)과[22] 미국장로교회(PCA)의 선교국이라고 할 수 있는 해외선교부(Mission to the World), 그리고 구세군 등 다양한 교단과 교단 관련 기관이 WEA 와 네트워크로 연관되어 있다고 한다. 개별 국가 교회 네트워크로는 Christian and Missionary

---

[20] Cf. https://worldea.org/our-family/regional-national-alliances/
[21] Cf. https://worldea.org/our-family/affiliates/
[22] Cf. https://wrf.global/

Alliance in Canada, Evangelical Assembly of Presbyterian Churches in America, Evangelical Presbyterian Church 가 교회 네트워크 회원으로 되어 있다.[23] 그러므로 9개 지역 복음주의 연맹들과[24] 129개의 각국 교회들의 연맹들과 150개 이상의 교회 관련 단체들이 그 회원인 복음주의자들의 네트워크라고 할 수 있다.

가깝게는 아시아신학연맹(the Asia Theological Association: ATA)과 여기서 운영하는 아시아신학대학원(AGST, the Asia Graduate School of Theology)이 WEA 와 매우 가깝게 활동하는 기관들이다. 예를 들자면, WEA 의 신학 분과를 담당하는 세계신학소장(Director of Global theology)은 필리핀의 테레사 루아(Theresa Lua) 박사인데, 그녀는 2016년부터 아시아 등 33개국 360 회원기관으로 구성된 아시아 신학연맹(ATA)의 총무(General Secretary)로 섬기고 있다. 그전에 그녀는 AGST 의 교무처장을 하면서(2006-2016), 산하 신학교 인준위원회의 위원으로 활동하기도 하였다. 선교와 복음 전도국 소장(Director of Mission and Evangelism)인 뉴질랜드 원주민(Maori)인 제이 마텡가 박사(Jay Matenga)는 영국 열방 대학교(All Nations Christian College)에서 석사 학위를 하고, 미국 풀러신학교에서 문화간 연구(Intercultural studies)를 한 학자로 1995년부터 국제웩선교회(WEC International)와 관련하여 일하다가 2020년부터 WEA 의 선교위원회 소장(the Executive Director of the MC)을 하고 있다.

5. WEA와 같이 하지 않는다는 것의 의미?

위에서 살펴 본 바와 같이, 한국에서는 한국복음주의협의회가 WEA 의

---

[23] https://worldea.org/our-family/church-networks/

[24] https://en.wikipedia.org/wiki/World_Evangelical_Alliance 에서 7개 지역이라고 한 것은 최신 자료에 부합하게 고쳐져야 할 것이다.

협력 회원(affiliate member)으로 되어 있다.[25] 그러나 그 어떤 교단, 예를 들어서 합동측이 WEA 에 회원으로 가입한 적도 없고 공식적으로 대표자를 파견한 일도 없고, 공식적 관계를 가진 일은 없다. 그러므로 WEA 에서 탈퇴해야 한다는 것은 있지도 않은 것을 주장하는 것이 된다. 합동측 교단이 WEA 에 가입한 일이 없기 때문이다.

그러므로 남은 문제는 개인들이나 선교 단체 등이 WEA 와 관계하는 것을 어떻게 판단할 것인가 하는 문제이다. 이것을 위해서 WEA 와 관련된 단체들이 과연 어떤 것이 있는 지를 생각해 보는 것이 도움이 된다. 한국에서 WEA 의 협력단체(affiliate member)로 되어 있는 한국복음주의협회를 가지고 예를 들어 보자. 한국복음주의협회의 최근 모임에서 중요한 역할을 하신 분들, 예를 들어서, 2021년 6월 11일에 조찬 기도회와 발표를 하도록 장소를 제공한 성락성결교회(담임목사 지형은), 기도회 사회를 했던 한정국 선교사(한복협 선교위원장, 전세계한인선교기구연대), 한국교회를 위해 기도했던 김태구 목사(한복협 중앙위원, CMI 대표), 북한교회를 위하여 기도했던 안만길 목사(한복협 중앙위원, 염광교회 담임), 2부 발표회 사회를 했던 유관지 목사(한복협 감사, 북녘교회연구원장), 북한교회의 역사에 대해 발표했던 김흥수 교수(목원대학교 명예교수), 북한교회의 회복을 위한 한국교회의 역할 에 대해서 발표했던 캐나다의 임현수 목사(토론토 큰빛교회), 축도하였던 김명혁 목사(한복협 명예회장, 강변교회 원로) 등을, 그리고 과거 회장들과 현재의 임원들을 모두 다 잘못된 일을 하는 사람들로 선언할 것인가?

우리들은 과연 앞으로 WEA 와 관련한 기관들과 관련을 전혀 가지지 않을 것인가? 그러면 세계개혁주의협의회(World Reformed Fellowship)의 회원 학교로 있는 총신대학교 신학대학원과 세계개혁주의협의회(WRF) 이사로 중요한 역할을 하시는 김인환 목사님(전 총신대 총장)과 임종구 목사님과 이승희 목사님은 어떻게 되는가? 앞으로 아시아신학 연

---

25 https://worldea.org/our-family/regional-national-alliances/

맹과 모든 관계를 단절하고, 우리나라에서도 여러분들이 깊이 관여하고 있는 AGST와도 우리가 전혀 관계하지 말아야 하는가?

또한 현재 WEA를 적극적으로 지원하고 있는 미국 트리니티신학교와는 과연 어떤 관계를 할 것인가? WEA와 관계를 단절한다고 할 때는 이모든 문제들에 대해서 깊이 생각하면서 말해야 할 것이다.

6. 우리는 과연 어떻게 할 것인가?

여기서 교단과 이런 연합 기구를 잘 구별해 보아야 한다. 우리가 항상 강조해 온 바와 같이, 장로교회는 모든 면에서 개혁과 신학에 철저해야 한다. 장로교 교단들은 참으로 영감된 무오한 성경의 가르침에 철저해야 하고, 그 성경의 가르침 전체로부터 하나님의 경륜 전체를 체계적으로 이끌어 내어 호방한 개혁과 신학 체계와 개혁과 사상을 형성하고 그에 충실하면서 날마다 하나님께 더 가까이하며, 더 성경적으로 철저하게 자신들의 생각과 삶을 고쳐가야 한다. 그래서 참된 장로교회는 날마다 성경에 충실한 결과로 개혁신학에 충실한 모습을 향해 나아가게 된다. 우리 장로교 교단들이 힘써야 할 일이 바로 그런 것이다. (여기서 지금 우리가 과연 그렇게 하고 있는 지를 심각하게 반성해야 할 것이다).

그런데 이 세상의 모든 교단들이 다 장로교회의 교단은 아니다. 장로교회가 아니어도 (1) 참으로 성경을 정확무오한 하나님의 말씀으로 믿고, (2) 이신칭의를 참으로 믿으며, (3) 사도신경을 참으로 "성경적으로 바르게 해석해서 믿는"[26] 그리스도인들과 교회들이 있다. 예를 들어서, 보수적인 루터파에 속한 신실한 교회와 교우들을 생각해 보라. 영국 성공회에 속한 신실한 목사님들과 성도들을 생각해 보라. 침례교회에 속한 신실한 그리스도인들을 생각해 보라. 그들은 어떤 것에 대해서는 우리 장로교인

---

[26] 이런 말의 의미에 대해서 이승구, "사도신경의 개신교적인 의미," 장로교회와 신학 제15권 (2019): 110-132를 참조하여 보라. 천주교회도 사도신경을 믿고 고백한다고 하지만 그 내용을 성경적으로 믿고 고백하지 않으면 아주 심각한 문제가 있다는 함의를 가진 말이다.

들이 믿는 것과는 다르게 믿는다. 그래도 우리는 그들을 그리스도 안에서 형제와 자매로 여기며 영적으로는 지금도 그렇지만 예수님께서 재림하시면 이렇게 참으로 믿는 사람들 모두가 물리적으로도 다 같이 하나의 교회에 속해 있을 것임을 고백한다. 이런 복음주의자들과 우리들은 이 땅에서 여러 가지 일, 특히 선교와 구제의 일을 같이 하면서 그 과정에서 서로 영향을 주고 서로 좀 더 성경적으로 나아가기를 바라는 것이다.

세계복음주의연맹(WEA)은 그런 복음주의자들의 연맹의 하나다. 마치 로잔 운동과 우리들의 관계와 유사하다. 로잔 운동은 개혁파 운동은 아니다. 그러나 세상의 많은 복음주의자들과 함께 복음화와 선교 사역에서 협력하는 것이다. 그러므로, 우리가 이 짧은 글에서 살펴 본 바와 같이 세계복음주의연맹(WEA)은 세계교회협의회(WCC)와 같이 종교 다원주의적 방향이나 포용주의적 구원관을 천명하거나 추구하지 않는다. 오히려 오직 예수 그리스도 안에서만 구원의 길이 있음을 잘 드러내고 있다. 또한 WEA가 천주교회와 대화하면서도 개혁자들이 지적한 모든 문제점들을 잘 지적하면서 대화하고 있다. 그러므로 우리는 천주교회와 대화한다고 해서 이분들을 정죄할 것이 아니라, 무엇보다 더 중요한 것은 먼저 그들의 모든 활동이 자신들이 고백한 복음주의적 신앙고백에 충실한지를 살펴보고, 계속해서 그렇게 하기를 요청하는 것이다. 그리고 그렇게 하려면 먼저 우리 스스로가 그리하면서 참으로 진리와 사랑의 사람들임을 드러내야 한다. 이번에 이 문제와 다른 여러 문제를 일으켜서 한국 교회 안의 여러 사람들의 마음을 아프게 하고 상처를 주고, 쓸데없는 논쟁을 일으킨 것이 얼마나 무서운 일인지를 직시했으면 한다. 우리가 참으로 진리와 사랑의 공동체임을 잘 드러내야 이렇게 복음주의적 방향을 서 있는 사람들이 참으로 개혁파적인 입장에로 이끌려 올 수 있지 않겠는가? 이것이 우리가 이런 연합 운동을 하는 목적의 하나이기도 하다.

그러므로 세계복음주의연맹(WEA)과 같이 국제적인 복음주의 단체에 대한 우리의 관계는 그 단체가 복음주의적 신앙고백에 충실하면 우리들은 그런 단체와 관계를 단절할 것이 아니라, 오히려 그들과 여러 활동을 같이 하면서 그들이 참으로 이런 복음주의적 신앙고백에 충실한 신학과 실천을 할 수 있도록 다양한 방면에서 영향을 주어야 할 것이다. 그 과정 가운데서 그들에게 더 큰 영향을 미쳐서 가장 정순한 복음주의인 개혁파적 입장에로 올 수 있도록 하는 것이 우리가 해야 할 일이라고 판단된다. 그래서 우리는 우리나라에서 한국복음주의협의회와 한국복음주의신학회(KETS) 등에서 성실하게 개혁파가 아닌 분들과 같이 활동도 하고, 국제적인 복음주의 단체인 세계복음주의연맹(WEA)에서 활동도 하고, 미국복음주의신학회(ETS)와 관계도 가지면서 우리들의 성경적인 개혁신학과 개혁파적 비전이 우리들 안에서 만이 아니라 더 넓은 영향력을 내도록 하는 일에 충실해야 한다.

제 5 장
신근본주의 분리주의에 대한 총신과
예장합동의 입장

오늘날 세계복음주의연맹(WEA)의 신학을 문제 삼고 교류를 단절하자고 하는 전 세계 유일한 조직은 세대주의와 분리주의를 정체성으로 삼는 ICCC 칼 매킨타이어 신근본주의이다. 신근본주의운동은 세대주의 종말론에 근거하여 분리주의를 정체성으로 삼는 칼 매킨타이어, 페이스신학교, 성경장로교회, 밥존스대학교를 축으로 한 분리주의운동이다.[1] 심지어 신근본주의는 분리를 성경의 가장 중요한 가르침으로 받아들이고 그것을 실천한다. 신근본주의자들은 분리주의와 자신들을 동일시한다.[2] 그 중심기관은 1941년 결성된 미국기독교협의회(ACCC)와 1948년 조직된 국제기독교협의회(ICCC)이다. ACCC는 소속 교단들에게 연방교회협의회(FCC)에 속한 교단들로부터 성경적 분리를 실천할 것을 요구하였다.[3]

신근본주의 분리주의는 ICCC/ACCC 회원 교단들끼리의 연맹을 제외한 가시적인 연합운동도 에큐메니칼운동으로 평가하고 WCC 에큐메니칼운동과 마찬가지로 단일교회를 지향할 수밖에 없다고 판단한다. 때문에 신

---

[1] 박아론, 보수신학은 어디로 가고 있는가? (서울: 총신대학출판부, 1985), 28-29.

[2] John E. Ashbrook, 신중립주의, 김효성 역. (서울: CLC, 1994), 47. "근본주의란 기독교의 기본교리들에 대한 전투적 신앙과 선포 및 그 결과 그것들을 거부하는 자들로부터의 성경적 분리이다."

[3] Ashbrook, 신중립주의, 45.

근본주의는 WCC 에큐메니칼운동은 물론 복음주의연합운동도 에큐메니칼운동과 동일시하고 어떤 형태의 연합운동도 부정한다.[4] 현대 신근본주의운동의 선구자 존 애쉬브룩(John E. Ashbrook)에 따르면 "사단은 결합자이다. 불신앙에 관한 하나님의 명령은 분리이다. 사단의 명령은 협동이다. 사단은 언제나 신앙과 불신앙의 혼합물(amalgam)을 찾고 있다."[5]

또한 ICCC/ACCC 신근본주의는 세대주의 신학에 근거한 은사중지론의 입장을 갖고 있기 때문에 오순절운동을 이단으로 정죄하고 ACCC 회원으로 받지 않고 오순절 교단과 교류를 금지하는 것은 물론 방언을 사탄의 언어로 규정하고 일체의 오순절운동과 은사주의운동을 거부한다. 뿐만 아니라 ICCC 신근본주의는 로마 가톨릭교회를 이단과 이교로 정죄하고 어떤 형태의 대화도 반대하였다. ICCC/ACCC 는 NAE 가 오순절교단을 받아준 것을 강하게 비판하고 WEA 가 다종교사회에서의 선교 문제를 놓고 로마 가톨릭과 대화를 하는 것 자체를 신학적 타협과 일치로 가는 것이라고 판단하고 반대한다.[6]

놀랍게도 최근 WEA 와 교류단절을 주장하는 이들은 전형적인 ICCC 신근본주의 분리주의의 길을 답습하고 있다. 우리가 경계해야 할 이유가 거기에 있다. 신근본주의 분리주의자들은 분열을 성경적인 교훈을 따르는 것이라 생각하기 때문에 교단의 분열을 두려워하지 않고 잘못으로 느끼지도 않는다. ICCC 가 들어가는 곳마다 교단이 분열되고 결국 파국을 맞고 말았다. 이런 이유 때문에 예장합동총회와 총신대학교 교수들은 하나같이 신근본주의 분리주의에 대해 매우 비판적인 입장을 취했다.

---

[4] Ashbrook, 신중립주의, 41. "사단의 궁극적 전략은 말세에 단일교회를 창출해내는 것이라는 점을 명심하라."

[5] Ashbrook, 신중립주의, 41.

[6] Ashbrook, 신중립주의, 48-49.

1. 대한예수교장로회 총회(예장합동)의 ICCC 칼 매킨타이어의 신근본주의 분리주의와 교류단절

WCC 에큐메니칼 문제로 1959년 통합과 분리된 후 북장로교선교회, 남장로교선교회, 호주장로교선교회 모두 예장통합에 합류한 후 예장합동은 선교사들의 도움 없이 재정적으로 자립해야 했다. 이런 상황에 ICCC 칼 매킨타이어가 용산에 총회신학교 교사(校舍)를 마련해주자 박형룡 박사와 일부 총회 지도자들은 ICCC 에 가입하려고 하였다. 그러나 명신홍 박사를 비롯한 상당수의 교단의 지도자들은 ICCC 신근본주의의 분리주의 성향을 잘 알고 있어 ICCC 에 가입하는 것을 반대하였다. 1960년 '본 총회는 ICCC 에 가입하지 않고 우호적 관계만 가지기로' 결정했다가[7] 그 이듬해 1961년 46회 총회에서는 아예 ICCC 와 교류를 단절하기로 결정했다.[8] 1961년 예장합동총회는 ICCC 와 교류단절을 결정한 후 개별적인 ICCC 참여도 금지시켰다.[9] ICCC 는 WCC 를 반대하는 총회신학교에 신학교 건물을 마련해주면서 예장합동 총회가 ICCC 에 가입하여 신근본주의 분리주의운동을 함께 전개하기를 기대했다.[10] 그러나 그런 기대와 달리 예

---

[7] 대한예수교장로회(합동) 제 45회 총회회의록, 1960, 5, 11, 29. 1966년 제 51회 총회에서 웨스트민스터 게요서를 번역·출간하기로 결정 했다. 대한예수교장로회(합동) 제 51회 총회회의록, 1966, 67. 또한 보라. "통합측과의 결별 고려파와 합동 문제를 안은채 우선정회," 크리스챤신문 1960년 10월 11일.

[8] 대한예수교장로회(합동) 제 46회 총회회의록, 1961, 8-9.

[9] 대한예수교장로회(합동) 제 46회 총회회의록, 8-9.

[10] A. Warnaar, Jr. Letter to Dr. H. N. Park, 1 February 1961. "물론 박사님의 총회가 지난 9월 ICCC 에 가입하는 결정을 내리지 못한 것에 대해서는 유감스럽게 생각합니다. 물론 박사님의 상황은 이해하며, 또한 신학적으로 우리와 거의 비슷함에도 불구하고 미국기독개혁파교회 (CRC, Christian Reformed Churches of America)와 정통장로교회(OPC, Orthodox Presbyterian Church)가 한국교회로 하여금 ICCC 로부터 멀리하게 하려고 노력하는 상황에 대해 매우 유감스럽게 생각합니다. 이러한 점에 대해 이해할 수 없으며 한국교회가 이런 반대를 극복할 수 있기를 바랍니다. ...선교하는 한국교회가 그러한 어려움 속에서 살면서 여러모로 많은 극심한 고통을 당하는 동안 WCC 를 탈퇴하고 또한 믿음을 지키기 위해 조직된 ICCC 에 가입한다면 매우 큰 일이 될 것입니다. 형제여 전투는 계속 진행되고 있습니다."

장합동이 ICCC에 가입하지 않고 아예 ICCC와 교류를 단절하기로 결정하자 칼 매킨타이어는 1963년 1월 9일 총신대학교에 편지를 보내 총신대학교 용산 교사를 ICCC 측에 돌려달라고 요구하였다. 재단이사장 노진현 목사는 ICCC에 정중하게 거절하는 서한을 보냈다.[11]

2. 명신홍 박사의 ICCC 신근본주의 분리주의 비판

대한예수교장로회 총회만 ICCC 교류 단절을 결정한 것이 아니라 총신의 교수들도 ICCC 가입을 반대하였다. 1959년 분열 된 후 총신대학교 재건에 백남조 장로님과 더불어 가장 큰 공헌을 명신홍 박사는 ICCC 칼 매킨타이어에 대하여 너무도 잘 알고 있었다. ICCC 가입문제가 총회 안에 중요한 현안으로 제기되었을 때 1960년 명신홍 박사는 다음과 같이 신학지남에서 밝혔다.

> ICCC는 복음적이며 신앙이 우리와 같음을 널리 인정함이 사
> 실이다. 진리보수에 강하며 에큐메니칼운동에 대하야 힘 있게

---

[11] "Chin Hyun Lo, Letter to Dr. Carl McIntire, February 25, 1963," 총신대학교 100년사 2권 (서울: 총신대학교 출판부, 2003), 661-663. 이에 1963년 2월 25일 노진현 이사장은 ICCC 회장 칼 매킨타이어에게 다음과 같이 회신했다. "친애하는 매킨타이어 박사님께. 저희 한국장로교회가 WCC로부터 탈퇴하면서 어려움을 겪게 된 때에 박사님께서 영적 물적 지원을 주신 것에 대해 우리는 늘 감사합니다. ...박사님께서 쓰신 1월 9일자 편지를 잘 받았습니다. 우리는 박사님께서 의미하시는 바를 잘 이해했습니다. 그러나 우리가 이해한 바, 박사님과 박사님의 동료들은 우리가 ICCC에 가입하는 조건을 걸고 우리를 도운 것이 아닙니다. 박사님께서 기부를 하신 이유는 우리 측 교회가 WCC를 탈퇴하고 에큐메니칼운동에 반대하기 때문입니다. ICCC가 돈으로 한국교회를 사고 있다고 WCC 측 선교사들이 비방했을 때, 방송과 크리스천 베이컨지를 통해 박사님께서 반복해서 선언하신바 박사님께서는 어떤 조건을 걸고서 한국교회를 돈주고 사는 것이 아니며 1959년 크리스마스 기부는 단지 한국교회가 WCC를 탈퇴하고 에큐메니칼 운동을 반대하였기 때문이라고 하셨습니다. 우리는 왜 박사님께서 신학교 건물을 우리 총회로부터 탈퇴한 단체에 주라고 요청하시는지 이해할 수 없습니다. 이는 국제적 윤리에도 어긋날 뿐만 아니라, 복음주의 신앙(evangelical faith)을 가진 우리로서는 도저히 할 수 없는 일입니다."

싸훔도 사실이다. WCC가 세계의 모든 신교를 대표한 기관으로 행세할 때 그것이 사실이 아니라는 것을 역증하는데 공헌이 있음은 인정할만 하다. 이와 같이 **적극적인 만큼 과격하다. 싸홈을 만히[많이] 한다는 평을 밧는 것도 사실이다.** 그러나 우리나라에서 ICCC를 가라쳐 악평을 한 것은 대개 에큐메니칼 측에서 널리 악선전한 결과이며 내지(乃至) 악마의 자식이라고까지 불렀으니 그대로 받아드릴 것도 아니다. 그러나 **우리는 쉽게 ICCC에 가입하려함도 불가능한 일뿐 아니라 가벼운 일이다.**[12]

명신홍은 ICCC 신근본주의 분리주의가 에큐메니칼운동에 맞서 '힘 있게' 싸우는 것은 인정하지만 '적극적인 만큼' 매우 과격하고 투쟁적이라고 판단하고 예장합동이 ICCC 회원교단으로 가입하는 것을 반대했다. 그는 ICCC 칼 매킨타이어가 미국과 전세계에서 분리주의를 자신들의 정체성으로 내걸고 교단 분열에 앞장 선 사실을 너무도 잘 알고 있었다. 명신홍만 아니라 총신의 대부분의 교수들도 ICCC에 대해 비판적이었다.

3. 박윤선 교수의 근본주의에 대한 비판

박형룡, 명신홍 박사에 이어 총신대학교 재건에 결정적인 역할을 한 박윤선 목사님은 근본주의운동의 문제점이 무엇인지를 정확히 알고 있었다. 박윤선 목사님은 하나님의 주권과 하나님의 영광을 강조하는 역사적 개혁주의와 달리 신근본주의는 개인 구원을 강조하고, 성경에 없는 생활표준을 세워 '법식주의, 심지어 율법주의로 떨어지는 일'이 많으며, 세대주의 시각을 가지고 구원에 대한 신구약의 연속성을 부정하는 경향이 아주 강하다고 판단했다. 박윤선은 게다가 일반은총과 문화적 책임을 강조하는 개혁주의와 달리 근본주의가 폐쇄적인 사회관과 문화관을 가지고 있

---

12 명신홍, "제 45회 총회에 대한 진언," 신학지남 27권 제 1호 (1960년): 10.

다는 사실도 정확히 간파하고 있었다.

개혁주의는 영원적인 것만을 고조하지 않고 시간적인 것도 하나님께서 창조하셨다는 의미에서 그것을 적당하게 존중시하여 불신자보다 더욱 과학적이어야 될 것을 역설한다. ··· 근본주의는 하나님의 보통은혜를 깊이 인식하지 못하는 경향이 있다. 그렇기에 근본주의는 기독자로서 진출할 활동분야를 많이 제한시킨다. 이것이 납득하기 어려운 주장이다. 신자는 그 어디서든지 적극성 있게 일하며 정복해 나아가야 되지 않겠는가? 인류의 모든 생활분야는 하나님의 지으신 것이 아닌가? 우리는 죄악 이외에는 모든 것을 하나님의 은혜로 알고 그것들을 성화시키는데 적극 참여해야 한다. 이것이 개혁주의 사상이다. 개혁주의는 하나님의 사랑을 특수 은총에서(그리스도의 구원)만 발견하지 않고 보통은혜(자연계)에서도 발견한다.[13]

박윤선 목사가 볼 때 ICCC 칼 매킨타이어로 대변되는 1930년대 이후 신근본주의운동은 1920년대 메이첸의 근본주의보다 더욱 더 폐쇄적인 사회관과 문화관을 갖고 있어 문화적 책임과 사회적 책임을 중시하며 영역주권을 강조하는 개혁주의와 본질적으로 세계관이 다르다. 박윤선은 오랫동안 고려신학교 교장으로 재직하는 동안 ICCC 칼 매킨타이어와의 교류를 통해서 신근본주의 분리주의 문제점을 깊이 절감했다.

4. 1979. 8. '총신의 신학적 입장'의 신근본주의 비판성명서

신근본주의는 분리주의를 정체성으로 삼고 세대주의 종말론에 근거하기 때문에 사회적 책임을 사회복음과 동일시하고, 일체의 사회—정치—문화 참여를 부정하기 때문에 적극적인 문화관과 사회적 책임을 강조하는 개혁주의와 본질적으로 다르다. 당시 신근본주의자들은 자신들을 진정한

---

[13] 박윤선, "근본주의 소고," 신학지남, 46권 3호 (1979년 가을): 23.

개혁주의자들로 자임하고 총신의 신학과 교단의 신학을 신복음주의라고 심하게 공격했다. 이것은 주류와 비주류의 대립 때부터 정규오 목사를 중심으로 한 비주류 측이 취해온 태도였다. 1979년 정규오 목사를 중심으로 한 비주류 측이 총신대학교가 신복음주의 신학으로 좌경화되었다며 공격할 때 1979년 8월 24일 총신대학교 교수 일동은 **신학지남**을 통해 '총신의 신학적 입장'을 발표하였다. 이 성명서에서 총신 교수들은 신근본주의 분리주의를 강하게 비판하였다.

하나님의 주권과 영광이 개인의 심성이나 종교적 활동의 영역에만 실현된다고 주장하여 사회와 문화에 대해 부정적 입장을 취하는 **근본주의, 경건주의 및 신비주의를 배격하고** 우리는 생의 모든 영역에 하나님의 주권과 영광이 실현되기 힘쓰는 개혁주의적 생활관을 강조한다. 우리는 또한 하나님 나라가 가난하고 억눌린 자에게 사회적 해방을 가져오게 하는 계급투쟁 및 혁명운동을 통하여 실현된다고 주장하는 현대의 사회주의적 해방신학을 배격하고 하나님의 통치와 왕국의 영적 특성을 강조한다. 그리고 역사 가운데서 실현되고 있는 하나님의 통치와 왕국의 궁극적 완성은 우리 주 예수 그리스도의 재림으로 이루어질 것을 믿는다. 그러므로 우리는 영혼구원의 과업을 강조하는 동시에 사회봉사의 과업도 중시한다. 이웃에 대한 사회봉사의 과업을 무시하고 하나님과 나와의 수직적 관계의 회복, 즉 구원의 사건만이 신학 내용의 전체인 것처럼 주장하는 **극단적이고 편협한 근본주의 사상에 반하여,** 우리는 양자의 불가분리성을 인정한다. 하나님과 나와의 수직적 혹은 종적 관계의 회복, 즉 구원의 사건은 나와 이웃과의 수평적 혹은 횡적 관계의 회복 즉 사회봉사의 영역에 동시적이고 계속적으로 그 영향력을 침투시킨다고 믿으며, 이웃에 대한 사랑과 봉사를 실천하는 삶은 또한 계속적으로 나와 하나님과의 관계를 온전하게 만든다고 믿는다(약 2: 22, 요일 4:20-21).[14]

---

[14] "총신의 신학적 입장," 신학지남, 46권 3호 (1979년 가을): 6-12. 신학적 입장이 실린 신학지남 해당 호에는 권두언이 없다. 권두언 대신 총신의 신학적 입장을 실었다는 것은 매우 중요한 의미를 지닌다.

1979년 8월 24일 총신대학교 교수 일동은 '총신의 신학적 입장'을 통해 사회적 책임과 문화적 책임을 부정하는 ICCC 신근본주의운동을 배격한다는 분명한 입장을 밝힌 것이다. 여기서 언급된 근본주의는 신근본주의 분리주의를 지칭하는 것이다. 그러면서 총신대학교와 예장합동이 사회적 책임과 문화적 책임에 대해 어떤 입장을 취해야 하는지에 대해서도 분명하게 밝혔다.[15] 이것으로 총신대학교 교수 일동은 ICCC 칼 매킨타이어의 신근본주의 분리주의 노선의 정규오의 비주류의 신학에 동의할 수 없다는 사실을 분명히 천명한 것이다.

5. 간하배 교수의 ICCC 신근본주의 분리주의 비판

미국 칼빈대학교와 미국 웨스트민스터신학교를 졸업하고 오랫동안 총신에서 교수 사역을 감당한 개혁주의 선교신학자, 간하배 선교사는 총신대학교 교수로 재직하는 동안 신근본주의 문제점을 피부로 경험하고 깊이 연구한 후 그 문제점이 무엇인지를 정확하게 지적하였다. 1973년 간행한 **현대신학해설** 제 18장 "신근본주의(Neo-Fundamentalism)는 그런 연구의 결실 중 하나였다.[16] 그는 메이첸의 근본주의운동과 ICCC 칼 매킨타이어의 근본주의 분리주의를 구분하고 전자를 근본주의로 후자는 신근본주의로 불렀다.

간하배는 1920년대까지 근본주의운동이 진리를 변호하기 위해 '매우 다양한   요소들로   구성된   연합운동'이었던   것과   달리   1930년대

---

[15] "총신의 신학적 입장," 신학지남, 46권 3호 (1979년 가을): 6-12. <u>그러므로 우리는 영혼구원의 과업을 강조하는 동시에 사회봉사의 과업도 중시한다.</u> 하나님과 나와의 수직적 혹은 종적 관계의 회복, 즉 구원의 사건은 나와 이웃과의 수평적 혹은 횡적 관계의 회복 즉 사회봉사의 영역에 동시적이고 계속적으로 그 영향력을 <u>침투시킨다</u>고 믿으며, 이웃에 대한 사랑과 봉사를 실천하는 삶은 또한 계속적으로 나와 하나님과의 관계를 온전하게 만든다고 믿는다(약 2: 22, 요일 4:20-21)."

[16] 간하배, 현대신학해설 (부산: 개혁주의신행협회, [1973초판], 2001), 188-196.

194 WEA와의 교류단절은 신근본주의 분리주의 길

ACCC/ICCC 신근본주의는 분리주의적이고 세대주의적이며 투쟁적이고 배타적이고 '상호간 마찰'을 야기하는 '보수신학 내에 [발생한] 새로운 경향'이라고 평가했다.[17] 메이첸의 근본주의가 역사적 전천년설과 무천년설의 종말론을 견지한 것과 달리 ICCC 칼 매킨타이어로 대변되는 신근본주의는 세대주의 전천년설이 성경적인 종말론이라고 주장하고 신앙의 순결을 강조하면서 분리주의를 자신들의 정체성으로 삼았다. 간하배 교수에 따르면 심지어 신근본주의자들은 신근본주의자의 비전에 동참치 않는 자들로부터 분리할 것을 요구하였다.

> "분리하라는 경고는 불신에서 분리하라는 것뿐 아니고, 신근본주의자의 비전에 동참치 않는 자들로부터 분리하라는 요구가 되었다. 이 요구는 흔히 '이차' 혹은 '삼차분리' 혹은 단순히 '분리'라 불리웠다. 이 모든 요소들로부터 "신근본주의의 축소'라 부르며 적절한 새로운 기운, 새로운 기질이 형성되었다. 그것은 미국만의 운동이거나 서양만의 현상이 아니다. 그 특성들은 여러 지역, 여러 교회에서 볼 수 있다. 극단의 세대주의, 과도한 정서주의(emotionalism), 사회에서의 도피, 은둔, 복음에 대한 문화적인 도전 앞에 가지는 공포, 윤리적 문제에 대한 소홀함, 호전적인 신학논쟁, 경건주의적인 개인주의 등등 신근본주의는 다양하게 나타난다."[18]

신근본주의운동에 대한 간하배 선교사의 평가는 매우 공정하고 정확하다. 그는 "신근본주의의 특징: 현저한 위험신호"가 무엇인지를 일곱 가지로 지적하였다.

1. 적극적, 긍정적 자세에서 소극적, 부정적 자세로
2. 교리적 상이점 연구의 기피
3. 기독교의 사회적, 문화적 사명 무시

---

17 간하배, 현대신학해설, 188.
18 간하배, 현대신학해설, 190-191.

4. 과학에 따른 불신과 반진화론적 태도
5. 분파적 단합 태도와 그 부작용
6. 교회의 불가시적(무형적) 통일성에만 치중
7. 윤리문제에 대한 소극적 자세[19]

ICCC/ACCC 신근본주의 분리주의는 "복음을 전파하고 옹호하기를 도모"하지만 "옹호하려는 면이 점점 더 전파하려는 면보다 우세하다."[20] 분리주의가 기독교인의 정체성이라고 앞세우며 분열주의를 정당화시키기 때문에 "적극적—부정적 자세에서 과도히 부정적인 자세로, 당당한 싸움에서 사사로운 다툼으로, 은혜로움과 예의에서 질책의 언어로, 운동에서 인물로 그 대체적인 기운이 돌아간다."[21] "신근본주의는 개인적인 종교경험을 강조하는 경건주의적 경향을 보이면서도 기독교의 사회적, 문화적 명령은 무시한다."[22] 신근본주의는 반진화론적 태도를 취하고 "진화론에 대한 정당한 불신은 때로 과학 일반에 대한 불신으로 변한다."[23]

간하배에 따르면 신근본주의 분리주의는 극단적인 분리주의 입장을 취하기 때문에 "반 교파주의나 또는 양심적으로 그들의 기관에 가담할 수 없다고 느끼는 근본주의 교파들에까지도 질책하는 신랄한 비판에 빠진다."[24] 칼 매킨타이어의 미국기독교협의회(ACCC)와 국제기독교협의회(ICCC)는 그런 정신상을 전형적으로 대변한다.[25] 신근본주의 분리주의는 "교회의 순결성과 복음의 근본적 신조 내에서의 영적 통일성을 강조"하고 "교회의 불가시적(무형적) 통일성에만 치중"한 나머지 가시적 통일성은 경시한다.[26] ICCC 신근본주의 분리주의는 "개인적 및 사회적 윤리 문제는

19 간하배, 현대신학해설, 191–196.
20 간하배, 현대신학해설, 191.
21 간하배, 현대신학해설, 191.
22 간하배, 현대신학해설, 191.
23 간하배, 현대신학해설, 193.
24 간하배, 현대신학해설, 194.
25 간하배, 현대신학해설, 194.
26 간하배, 현대신학해설, 194–195.

궁극적으로 성령의 역사를 통해서 개개인이 초자연적 중생을 경험함으로 만(요 3:3, 5) 해결된다"고 보기 때문에 사회적 책임에 대해 매우 부정적이고 윤리적 책임에 대해서도 매우 소극적인 자세를 취한다.[27] 결론적으로 세대주의의 이원론적 세계관에 기초한 신근본주의는 분리주의를 생명으로 여기며 반지성주의, 반문화주의, 반사회주의 특징을 지닌다.

6. 박아론 교수의 신근본주의 비판

박형룡 박사의 아들 박아론 박사는 부친의 신학을 그대로 계승했다. 부친 박형룡 박사에 이어 총신에서 30년이 넘게 교수사역을 감당한 박아론 교수는 매우 보수적인 조직신학자이다. 그는 총신에서 변증학과 조직신학을 교수하는 동안 신근본주의 문제점을 정확하게 간파하고 신근본주의 '분리주의' 문제점을 매우 강도 높게 비판했다. 박아론은 한 때 방배동신학교 학장으로 재직하면서 당시 비주류의 극단적인 신근본주의 분리주의의 문제점을 너무도 잘 경험하였다. 그가 불과 1년 후 다시 총신대학교로 돌아온 이유도 그런 배경과도 무관하지 않다고 여겨진다. 박아론 박사는 몇 년 후 1985년 <보수신학은 어디로 가고 있는가?>를 저술했다. 박아론은 1930년대 이후 진행된 매킨타이어의 신근본주의운동에 대해 이렇게 비판했다.

> 이와 같은 '이탈과 분리'가 그 후의 미국 근본주의 운동의 특징처럼 되어 버렸다. 투쟁하기보다는 자유주의화해 가고 있는 신학교들과 교회들로부터 이탈하여 그들의 신학교들과 교회들을 별도로 세우는 것이 그들의 대 자유주의 전략의 패턴이 되어 버렸다. 이와 같은 대 자유주의 전략을 채택함으로써 대교단들과 신학교들을 자유주의자들의 손에 넘겨주는 결과를 가져왔다. 매우 애석한 일이다.[28]

---

27 간하배, 현대신학해설, 195.
28 박아론, 보수신학은 어디로 가고 있는가?(서울: 총신대학출판부, 1985), 22.

칼 매킨타이어 ICCC가 보여주듯 신근본주의 분리주의자들은 신앙의 순결을 앞세우고 분열의 분열을 수없이 반복하면서도 전혀 죄의식을 느끼지 못했다. 그것은 자신들의 분열을 '성경적 분리의 원리를 좇아 불가피하게 행한 분리'[29]라고 정당화시키기 때문이다. 박아론의 지적대로 신근본주의는 "(1) 분리주의적 사고의 심화(深化), (2) 신학연구와 문화적 관심의 쇠퇴, (3) 주제의식이 불분명한 인물 본위의 운동, (4) 독고적[극단적] 근본주의자들로 둔갑"[30]하였다. 박아론은 "오늘날의 신근본주의운동은 주제보다는 인물을 중시한 결과 신학적 노선보다는 밥 존스나 칼 매킨타이어와 같은 특출한 인격[인물]에 그 닻을 내리고 있다"고 평가했다. 박아론 박사는 ICCC 신근본주의를 메이첸의 고전적인 근본주의와 달리 "종파적"(cultic) 근본주의라고 부르면서[31] 신근본주의자들이야 말로 극단주의자들이라고 비판했다.

7. 김의환 교수의 신근본주의 비판

김의환은 신근본주의에 대해 매우 비판적이었다. 그는 간하배를 인용하여 1930년 이후 진행된 ICCC 칼 매킨타이어의 신근본주의 분리주의에 대해 "'싸움과 분리'가 1930년대 이후의 근본주의 운동의 패턴이나 특징처럼 되어 버렸다"고 혹평하였다.[32] 김의환 박사는 간하배와 마찬가지로 1920년대 메이첸의 근본주의와 1930년대 이후 매킨타이어의 근본주의를 구분하고 후자를 신근본주의로 불렀다: "그들은 완전 분리주의를 주장하여 WCC 계에 속하여 있는 목사들이 관계한 어떠한 회의나 프로그램에 동참하는 것은 그들의 완전 분리 원칙에 위배되므로 빌리 그래함 전도집회에 참여하는 것을 반대하였다. 그 뿐만 아니라 빌리 그래함의 모교인

---

[29] 김효성, 복음주의 비평 (서울: 옛신앙, 2014), 178.
[30] 박아론, 보수신학은 어디로 가고 있는가?, 29-30.
[31] 박아론, 보수신학은 어디로 가고 있는가? 33.
[32] 김의환, 현대신학개설 (서울: 개혁주의신행협회, 1995), 196.

휘튼대학이나 그래함을 지원하는 풀러 신학교 및 **크리스챤니티 투데이** (*Christianity Today*) 등의 모든 기관을 정죄하였다.··· 초기의 근본주의 운동과 이렇게 달라진 근본주의운동을 하비 칸(Harvie Conn)은 '신근본주의운동'이라 불러 Machen의 [고전적 근본주의]운동과 구별하고 있다."[33]

부정적 사고 방식

김의환은 신근본주의운동의 문제점을 세 가지로 집약하였다. 신근본주의 분리주의의 첫 번째 문제점은 '부정적 사고방식'이다.

"(1) 부정적 사고 방식

자유주의 신학에 대항하여 오랫동안 싸워오면서 부정습성(否定習性)이 체질화(體質化)되어 부정적 사고 방식(Mentality)에 사로잡히고 말았다. 그러한 부정주의가 밖으로보다 안으로 적용될 때 많은 불행한 결과를 초래하게 됐다. 교리 문제가 아닌 지엽적인 문제 혹은 시행 방법의 차이 때문에 불필요한 분쟁이 생기고 끝내는 교파가 갈리고 단체가 분열되는 현상을 빚게 됐다. 이 사실은 오늘날 신근본주의운동에 가담한 교회들의 사분오열(四分五裂)된 현상이 잘 설명하여 준다.

정통장로교회(O.P.C.)가 1936년 북장로교회에서 분리하여 나온 뒤에 Buswell과 McIntire에 의하여 다시 수년 후에 전천년설과 '기독교인의 자유'에 관한 이견(異見) 때문에 갈라져 나와 세운 성경장로교회(B.P.C.)와 신앙신학교(Faith Theological Seminary)가 계속적으로 자체 분열을 거듭하여 분열의 악순환을 거듭하기에 이르렀다. 이러한 분열상에서 신근본주의 분파주의적 병폐가 다름아닌 부정적 사고방식의 발현(發顯)에 있음을 알게 된다. 오늘날 ICCC 운동이 현기증이 나리만큼 자체 분열을 거듭하는 현실에서 신근본주의의

---

[33] 김의환, 현대신학개설, 196-197.

파선(破船) 현장을 보게 된다.[34]

김의환은 예리하게 신근본주의 문제점을 지적한다. "자신들의 비유에 거슬리면 모조리 이단시(異端視)하는 편협성, 성경 번역판에 있어서 King James 번역이 아니면 일괄적으로 좌경 번역으로 판단하는 부정습성, 자신들이 제시한 방법대로 자유주의 교회와 싸우지 아니하면 신복음주의자로 정죄하여 버리는 독선성(獨善性)은 칼 헨리(C. Henry)가 지적한 대로 그들은 '신학적인 깡패, 연합운동의 방해자, 문화의 낙후자, 반과학, 반지식주의자'로서의 이미지를 지을 수가 없게 된다."[35]

김의환의 신근본주의 평가는 너무도 정확하고 예리하다. 김의환의 지적대로 신근본주의 분리주의운동의 부정적 사고방식은 단순히 사고방식의 문제를 넘어 독선적 태도, 문화의 낙후자, 사회와 지성의 경시로 이어져 세상의 소금과 빛의 사명을 감당해야 할 기독교 안에 반사회주의와 반문화주의와 반지성주의를 태동시키고 말았다.

자기반성의 결핍

김의환이 지적한 두 번째 신근본주의 분리주의운동의 문제점은 "자기반성의 결핍"이다.

(2) 자기반성의 결핍

항상 성경을 자기편에 두고 상대방을 비성경적인 이유로 비판한 비판 습성이 어느덧 체질화되어 자신의 비성경성을 돌아보는 자기반석의 결핍을 가져오게 하였다. 자기 방어의 습성이 자기비판의 눈

---

[34] 김의환, 현대신학개설, 199-200.

[35] 김의환, 현대신학개설, 199-200. "그래서 근본주의는 보는 사람 따라 '극단적 세대주의, 강단 위주의 선풍주의, 과격한 감정주의, 사회적 은둔주의, 열광적 찬송주의' 등으로 동일시되어질 수도 있다. 지역적인 문제를 극대화시켜 그것을 교회 정치의 쟁점으로 삼아 다른 견해를 갖는 형제를 정죄하고 교회의 평화를 해치는 결과를 초래하기를 사양치 않는다. 약대는 삼키고 하루살이는 걸러먹는 바리새주의의 범람을 우리는 신근본주의 운동에서 쉽게 간과할 수 있다."

을 가리워버리는 불행을 가져온 것이다. 자기편에 속하지 않는 자는 반드시 수정과 개혁의 대상이 되지만 자기편에 속하면 그것으로 벌써 자기 수정의 필요성을 상실하여 버린 것이다. 바리새주의 병의 특성이 자기반성의 결핍증이 아니었던가?[36]

신근본주의자들은 독선과 아집, 자신들만 유일한 신앙순결의 집단 인식, 성경과 종교개혁의 전통적 정통신학을 변증하고 사수하는 근본주의 신앙의 변증 투사라는 자의식이 습관화되어 다른 사람들을 정죄하고 비판하는 것을 일종의 소명으로 여긴다. 그러면서도 다른 사람들에 대한 정죄와 비판을 성경적 분리 원칙에 따른 것이라고 합리화시키고 그런 그들의 공격과 비판에 합류하지 않으면 신중립주의자니 중도주의자이니 포용주의자니 낙인을 찍어 버린다. 자신들의 신학만 성경적이라고 판단하고 현대의 신학적 발전을 거부하고 모든 신학조류를 자유주의 신학의 흐름으로 단죄하기 때문에 신학발전이 없다.

신학발전의 기피

신근본주의 분리주의운동의 세 번째 문제점은 "신학발전의 기피"이다.

(3) 신학발전의 기피
… 근본주의운동은 30년대 후반부터 점차 반지식주의적인 경향으로 기우어지면서 신학 발전의 기피 현상을 빚게 되었다. 자유주의신학 자체를 신학발전의 결과로 보고 신학연구를 멀리하거나 아예 신학교육을 포기한 채 성경학교(Bible Institute)를 많이 세워 전도자 양성에만 더 주력하기에 이르렀다. 미국의 근본주의는 오대 교리를 안고 성경학교로만 돌아가 단순한 전도자 양성에만 힘쓰는 동안 오늘의 신학적 판도에서 보수 신학을 위해 신학적으로 변증하고 보다 폭넓은 신학연구를 통하여 전(全) 신학계에 공헌할 수 있는 실력 있

---

[36] 김의환, 현대신학개설, 200-201.

는 학자들을 기르지 못하고 말았다.[37]

　1920년대 근본주의가 현대주의에 맞서 기독교 신앙을 변증하기 위해 깊은 연구를 병행하면서 교파와 교단을 초월하여 연합전선을 구축하여 맞섰던 것과 달리 1930년대 이후 신근본주의는 비 본질적인 문제를 가지고도 성경적 분리를 내세우며 분열의 분열을 거듭해 신학교와 교단이 사분오열되어 분리주의와 반문화주의와 반사회주의 그리고 반지성주의가 체질화되었고 보수주의운동이 계속된 분열로 인해 소수의 모반자로 전락하고 말았다. 하나님의 문화적 소명과 사회적 책임을 중시하는 역사적 칼빈주의와 개혁주의는 분리주의를 생명으로 하는 ICCC 칼 매킨타이어의 신근본주와 분명히 다르다. 우리가 역사적 개혁주의와 '개혁주의로 포장한 WEA 와 교류단절을 주장하는 신근본주의 분리주의운동'을 분별해야 할 이유가 거기 있다.

---

[37] 김의환, 현대신학개설 , 201–202. "마치 20세기 후반기의 싸움터에서 제1차 대전의 무기만을 가지고 싸우려는 자기 어리석음에 비유할 만하다. 싸움에서 승리하려면 적이 누구인지를 아는 것도 중요하나 적이 쓰는 무기가 무엇진지를 알아야 한다. 오늘의 하비 콕스(Harvey Cox)의 세속도시(The Secular City)를 대항하여 그 신학적 근거를 파헤치고 더 훌륭한 신학적 대안을 제시하기 위하여 개혁주의적 문화관의 정립이 필요한 것이다. 학문에 대한 기피, 과학에 대한 혐오, 세속에 대한 무관심 등에서 보이는 근본주의운동의 경향은 필경 학적 세계에서 경원(敬遠)되고 신학운동의 주류에서 배제되고야 말 것이다. 실로 오늘의 근본주의가 신근본주의로 변질된 가장 큰 원인은 신학적 빈혈증 때문이 아닐 수 없다."

제 6 장
개혁주의와 복음주의의 상관성

복음주의자들은 사도신경을 고백하고 성경의 절대권위, 믿음으로 말미암는 의, 만인제사장을 비롯한 종교개혁의 신앙전통에 견고하게 서 있는 그리스도인들을 지칭한다. 복음주의는 칼빈주의, 루터주의, 알미니안주의, 웨슬리안주의를 포괄하는 넓은 의미의 용어이지만 성경과 종교개혁의 신앙과 전통에 충실한다는 면에서 통일성을 지닌다. 따라서 역사적 칼빈주의와 역사적 복음주의가 상호 대립적이거나 상호 배타적인 개념이 아니다.

WEA와 교류단절을 주장하는 이들은 개혁주의와 복음주의를 이분화시키고 서로 공존할 수 없는 신앙운동이라고 단정하고 둘 중의 하나를 택일할 것을 강요한다. 복음주의를 진정한 복음주의(근본주의)와 현대복음주의로 이분화시킨 후에 현대복음주의를 신복음주의로 단죄하고 신복음주의를 타협하는 자, 이단사상을 용납하는 자, 성경의 가르침에서 벗어난 자, 더 나아가 반개혁주의 신학자나 목회자로 매도한다. 자기편에 서지 않으면 싸잡아 신복음주의로 매도하는 전형적인 칼 매킨타이어의 신근본주의 분리주의의 모습이다. 이런 현상은 개혁주의, 복음주의 역사와 복음주의운동에 대한 역사적 몰이해에서 출발한 것이다.

복음주의는 개혁주의와 대립되는 신학체계가 아니다. 복음주의와 개혁주의는 둘 중 하나를 택하는 택일 사항이 아니다. 복음주의와 개혁주의가 양자 택일사항이 아니라는 사실은 구프린스턴신학교 교수들을 비롯한 칼빈주의 개혁주의 신학자들을 통해서 이미 오래전부터 밝혀졌다.

1. 구 프린스톤 교수 워필드 (Benjamin B. Warfield)

1909년 5월 4일 프린스턴신학교에서 열린 칼빈 탄생 400주년 기념식 때 워필드는 "칼빈주의는 참으로 순수한 일신론과 종교, 복음주의"[1]라고 밝혔다. 칼빈주의야 말로 참으로 순수한 복음주의적 신앙이라고 변호한 것이다.

> "생각하건대 칼빈주의를 일신론적 사상, 종교적 체험, 복음주의적 신앙의 특수한 변증이 아니라 바로 이런 것들의 완전한 발로라고 강력히 주장하는 것은 중요한 일입니다. 칼빈주의와 다른 형태들의 일신론, 종교, 복음주의의 차이는 종류의 차이가 아니라 정도의 차이입니다.… 진정한 일신론과 종교, 복음주의는 한 가지 종류만 있을 뿐입니다."[2]

여기서 말하는 복음주의는 복음의 본질에 충실하고 종교개혁의 전통을 계승한 것으로 자유주의와 대립되는 정통개신교 신앙을 의미한다.

2. 구 프린스톤 교수 위스타 하지 박사의 메이첸 변호

1925년 프린스턴신학교에서 메이첸이 진보적인 노선의 교수들과 행정당국으로 부당한 압력을 받고 있을 때 위스타 하지 박사는 메이첸을 강하게 변호했다. 하지는 메이첸을 변호하면서 칼빈주의, 프린스톤신학, 그리

---

[1] N. B. Stonehous, 메이첸의 생애와 사상 (서울: 그리심, 2003), 237.
[2] Stonehous, 메이첸의 생애와 사상, 237.

고 복음주의 관계를 매우 선명하게 밝혔다.

> "때때로 잘못 생각해 온 것은 '프린스턴신학'이 있다는 것입니다. [아치발드] 알렉산더 박사와 [찰스] 하지 박사는 항상 이런 생각을 거부합니다. 프린스턴신학교는 항상 웨스트민스터 신앙고백의 신학 ─전능하신 하나님의 존엄성과 주권, 타락한 인간은 절대로 스스로 구원할 수 없음, 그리고 구원은 전부 하나님의 권능과 은혜 덕분으로 돌려야 함─을 가르치고 옹호해왔습니다. 이것이야 말로 순수하고 일관성 있는 형태의 **복음주의**입니다. 이러한 **복음주의**는 바울이 말하는 대로 '너희는 그 은혜를 인하여 믿음으로 말미암아 구원을 얻었나니 이것이 너희에게서 난 것이 아니요 하나님의 선물이라'(엡 2:8)입니다.
>
> 이러한 속성의 칼빈주의를 계약신학이라는 구체적인 형태에 의거하여 프린스턴신학교에서 가르쳐 왔습니다. 계약신학은 웨스트민스터 신앙고백에 매우 풍부하게 전개되어 있으며 '나는 너희 하나님이 되겠고 너희는 내 백성이 되리라'는 성경의 진술에 의거합니다.
>
> 이러한 순수하고 일관성 있는 형태의 기독교 초자연론과 **복음주의**만이 기독교계의 모든 교회들을 압도할 것 같은 자연론의 쇄도를 막는 난공불락의 방법으로 서 있습니다. '오직 은혜로'(Soli deo gloria)를 프린스턴신학교의 표어라고 하는 것도 당연한데 그것이 모든 참된 신학이며 종교이기 때문입니다."[3]

구프린스턴은 "개혁신앙의 순수한 복음주의"[4]를 강조하고 가르쳤다. 구프린스턴신학은 개혁주의와 복음주의를 전혀 대립되는 것으로 받아들이지 않았다. 핫지의 증언대로 프린스턴신학교는 초대 조직신학교수 알렉산더와 그의 뒤를 이은 찰스 핫지 모두 언약신학의 토대 위에 이 순수한 복음주의 신앙을 가르치고 전수한 것이다. 개혁주의와 칼빈주의가 복음

---

[3] Stonehous, 메이첸의 생애와 사상, 550.
[4] Stonehous, 메이첸의 생애와 사상, 550.

주의와 대립되는 것이 아니라는 사실을 여기서 일관되게 확인할 수 있다.

3. 그레샴 메이첸(J. Gresham Machen)

이 같은 구프린스턴신학교의 전통은 메이첸에게서 더욱 분명하게 발견할 수 있다. 메이첸은 B. B. 워필드에게 깊은 영향을 받은 개혁주의 변증학자이자 신약학자인 그레샴 메이첸은 '복음주의'라는 단어를 즐겨 사용하고 좋아했다. 이것은 그가 한창 자유주의에 맞서 싸우던 1923년에 저술한 명저 <기독교와 자유주의>(*Christianity and Liberalism*)를 통해 확인할 수 있다.[5] 특히 이 책 7장 "교회" 전체 내용은 프린스톤신학교의 교수로 당시 복음주의교회를 변호하는 변증의 내용이다. 그는 자유주의 기독교에 맞서 복음주의 기독교를 변호했고, 자유주의 교회에 대항하여 복음주의 교회로 나가야 한다고 천명했다.[6] 그는 자신이 속한 미국북장로교회 교단이 복음주의 교단이라는 사실, 그리고 특별히 성경의 권위가 중시된다는 복음주의 교단이라는 점을 분명히 했다. 그는 복음주의라는 말을 수 없이 반복하며 이 땅의 그리스도의 교회가 성경에 기초한 정통교리를 준수하고 실천하는 복음주의 교회로 세워져야 한다고 강조했다. 그리고 그 자신을 포함하여 성경적 신앙을 지켜가는 인물을 '복음주의 그리스도인'이라고 기술했다.

> "만약 자유주의 세력이 실제로 교회의 회의[조직]들을 완전히 장악한다면 복음주의 그리스도인들은 교회의 사역을 계속해서 지원할 수 없다.… 그러므로 자유주의 세력이 교회를 실제로 장악한다면 복음주의 그리스도인들은 어떤 대가를 지불하더라도 분리해 나올 준비를 해야 할 것이다."[7]

---

[5] J. Gresham Machen, *Christianity and Liberalism* (Grand Rapids: Eerdmans, 1990), 166.

[6] Machen, *Christianity and Liberalism*, 164-165.

철저한 칼빈주의 정통신학자 메이첸은 "복음주의 교회들"이라는 말을 반복적으로 사용하면서 복음주의 신앙을 변호했다. 메이첸은 자유주의와 대립되는 말로 복음주의라는 용어를, 자유주의에 맞서는 그리스도인들을 복음주의 그리스도인들이라고 불렀다. 메이첸에게 정통주의는 곧 복음주의 그리스도인, 복음주의 교회, 복음주의 전통을 의미하였다. 메이첸은 "복음주의 그리스도인,"[8] "복음주의교회들,"[9] "복음주의 회중,"[10] "복음주의 신앙"[11]을 반복적으로 사용하며 복음주의 기독교를 변호하였다.

후대인들이 그레샴 메이첸을 전형적인 근본주의로 분류하지만 메이첸은 근본주의라는 말을 좋아하지 않았다. 그가 선호한 용어는 정통주의와 복음주의였다. 정통주의와 함께 복음주의라는 용어처럼 메이첸이 소중하게 여기고 귀하게 사용한 용어는 없다. 그에게 복음주의와 정통주의는 동의어였다. 메이첸은 구프린스턴 신학자들과 마찬가지로 역사적 개혁주의는 복음주의 전통 속에 서 있다고 보았다. 훗날 박형룡 박사는 메이첸의 영향을 받아 복음주의와 정통주의라는 말을 같은 의미의 동의어로 즐겨 사용한 것도 그런 맥락이다. 결론적으로 복음주의는 개혁주의와 대립되는 신학체계가 아니며 더더욱 둘 중 택일 사항이 결코 아니다.

4. 존 프레임(John M. Frame)

개혁주의와 복음주의가 상호 모순되는 것이 아니라는 사실은 미국 웨스트민스터신학교에서 35년 이상을 교수해온 코넬리우스 반틸의 수제자 존 프레임이 2014년 "개혁주의 신앙 입문"(Introduction to the Reformed Faith)에서 아주 선명하게 밝혔다. 최고의 개혁주의 조직신학자로 평가

---

[7] Machen, *Christianity and Liberalism*, 166.
[8] Machen, *Christianity and Liberalism*, 166.
[9] Machen, *Christianity and Liberalism*, 166.
[10] Machen, *Christianity and Liberalism*, 167.
[11] Machen, *Christianity and Liberalism*, 167.

받는 존 프레임은 웨스트민스터 신학을 가장 잘 대변하는 영향력 있는 학자이다. 존 프레임은 개혁주의가 무엇인가를 세 가지로 집약했다. (1) 개혁주의 신앙은 복음주의이다, (2) 개혁주의 신앙은 예정론이다, (3) 개혁주의 신앙은 그리스도의 주되심에 토대를 두고 있다. 역사적 개혁주의는 복음주의운동의 한 부분이라는 것이다. 개혁주의는 복음주의요, 예정론이요, 그리스도의 주되심을 중심으로 삼는다는 것이다. 그는 개혁주의와 복음주의를 양자택일 사항으로 이해하지 않았다. 존 프레임은 개혁주의 신앙과 복음주의의 상관성에 대해 이렇게 정확하게 제시하였다.

> "개혁주의 신앙은 복음주의다.… 나는 모든 성경을 믿는 개신교 그리스도인들을 설명하는 최고의 용어는 복음주의'라는 단어라고 생각한다.… 복음주의라는 단어가 역사적으로 칼빈주의를 포함하여 왔기 때문이다. 더 중요하게는 우리가 성경을 믿는 개신교인들을 묶을 수 있는 어떤 용어가 필요한데 그 목적에 가장 적합한 유일한 이름(유일한 명칭, the only label)은 내게는 "복음주의"이다. 나의 관점에서 개혁주의와 복음주의는 많은 중요한 교리적 입장, 거의 틀림없이 가장 중요한 교리적 입장들에 있어서 연합되었다. 그래서 나는 '개혁주의 신앙은 복음주의다'라는 입장을 유지한다."[12]

복음주의는 칼빈주의를 포함하고 성경의 권위와 성경의 근본진리에 토대를 둔다는 점에서도 개혁주의와 모순되는 것이 아니다. 복음주의 신앙, 복음주의 기독교를 옹호한 것은 존 프레임이 처음은 아니다. 앞서 언급한 것처럼 구프린스톤 신학자들과 그레샴 메이첸이 이미 **기독교와 자유주의**에서 동일한 입장을 분명하게 밝혔다. 복음주의 신앙을 변호한 것은 칼빈주의야말로 역사적 복음주의 전통의 중요한 흐름을 형성하기 때문이다. 개혁주의와 복음주의는 마치 상호 대립되는 둘 중 택일 사항의 신앙운동이 아니다.

---

[12] John M. Frame, "Introduction to the Reformed Faith," https://frame-poythress.org/introduction-to-the-reformed-faith/ <2021. 7. 10. 접속>.

5. 스프라울(R. C. Sproul)

스프라울은 현대 미국에서 가장 영향력 있는 개혁주의 신학자 중 한 사람이다. 그는 "개혁주의란 무엇인가?"에 대한 저술을 많이 남겼고 이 주제로 강의를 실시해왔으며 많은 영향을 미치고 있다. 현대 대표적인 개혁주의 조직신학자 스프라울은 "개혁주의란 무엇인가?"에서 '개혁주의 신학은 복음주의다'라고 매우 분명히 밝혔다.

"V. 개혁주의 신학은 복음주의다.… b. 마찬가지로 모든 개혁주의 그리스도인들이 복음주의자이지만 모든 복음주의자들이 개혁주의인 것은 아니다. c. 개혁주의신학은 개신교 형제들과 공통 복음주의 유산을 공유한다. d. 종교개혁자들은 오직 믿음으로 말미암는 칭의론의 선포를 통해 그들이 복음을 재발견하고 있다고 믿었다. e. 개신교도들은 그들이 마틴 루터의 오직 믿음의 견해를 받아들인다는 사실을 말할 때 복음주의라는 용어를 사용했다."[13]

V. Reformed Theology is Evangelical a. All who are evangelical are catholic, but not all who are catholic are evangelical. b. Similarly, all Reformed Christians are evangelical, but not all evangelicals are Reformed. c. Reformed theology shares a common evangelical heritage with its Protestant brothers. d. The Reformers believed that with the proclamation of justification by faith alone they were recovering the evangel. e. Protestants used the word evangelical to say that they embraced Martin Luther's view of sola fide.

"모든 개혁주의 그리스도인들은 복음주의자이다"는 스프라울의 설명은

---

[13] R. C. Sproul, "What is the Reformed Theology?" http://gallery.myff. org/gallery/ 1281301/ What+Is+Reformed+Theology+Study+Guide+ Sproul. pdf <2021. 7. 12. 접속>.

개혁주의와 복음주의가 택일 사항이 아니라는 사실을 너무도 분명하게 증거해 준다. 이것은 존 프레임이나 J. 그레샴 메이첸과 구프린스톤신학자들의 견해와 정확하게 일치하는 것이다. 미국 개혁주의 신학자들은 개혁주의와 복음주의를 반립적인 의미로 받아들이지 않고 더더욱 둘 중의 하나를 택해야 하는 것으로 이해하지 않았다. 개혁주의자이면서 동시에 복음주의자가 되는 것이 얼마든지 가능한 것이다. 복음주의는 칼빈주의와 웨슬리안을 포괄하는 의미이기 때문에 복음주의는 개혁주의보다 더 포괄적인 의미이지만 복음주의와 개혁주의는 택일 사항이 아니다. 코넬리우스 반틸은 개혁주의와 복음주의 둘을 반립적으로 이해했지만 앞서 살펴본 대로 구프린스턴신학자들을 포함하여 절대 다수의 학자들은 그렇게 이해하지 않았다.

6. 조지 말스던(George M. Marsden) & 데이빗 웰즈 (David F. Wells), *Reformed Theology in America*

존 우드브리지, 조지 말스던, 데이빗 웰즈, 마크 놀, 나단 해치는 미국 복음주의 역사신학계를 대변하는 최고의 개혁주의 역사신학자들이다. 이들은 하나 같이 칼빈주의 시각에서 미국 복음주의 역사를 연구하였다. 조지 말스던은 "개혁주의와 미국"이라는 글에서 미국에서 개혁주의는 세 개의 흐름이 존재한다고 지적한 후 개혁주의 특징을 세 가지로 집약하였다.[14] 첫째, 교리주의를 강조하는 개혁주의 공동체이다. 그는 정통장로교회 공동체와 웨스트민스터신학교를 대표적인 사례로 들었다. 이곳에서 개혁주의는 곧 웨스트민스터 신앙고백과 대소요리문답을 그대로 받아들이고 절대적으로 찬성하는 이들만을 개혁주의자로 이해한다. 둘째, 문화

---

[14] George M. Marsden, "개혁주의와 미국," David Wells 편, 개혁주의신학 (서울: 한국기독교사연구소, 2017), 25-40.

주의를 강조하는 개혁주의 공동체이다. CRC와 칼빈신학교가 대표적인 사례이다. 여기서는 기독교와 문화와의 관계로 이해하며, 개혁주의 세계관을 가진 이들을 개혁주의의 중요한 특징으로 이해한다. 셋째, 영적각성과 복음주의 전통의 경건을 중시하는 개혁주의 공동체이다. 미국 트리니티복음주의신학교, 고든콘웰신학교, 풀러신학교를 대표적인 사례로 들었다. 여기서는 개혁주의를 복음주의 골격에서 이해하고 해석한다. 이곳에서 지배적인 신학적 특징은 개혁주의이며, 여기서 개혁주의가 된다는 것은 "개혁주의 신학에서 가장 성경적이고 건강한 복음주의적 경건을 발견하는 것을 의미한다."[15]

말스던은 개혁주의는 교리주의, 문화주의, 경건주의 세 가지 특징을 가지고 있으며 이 셋은 상호 유기적인 관계를 갖는다. 이 셋의 균형을 가장 이상적으로 조화시킨 신앙공동체가 청교도공동체이다.[16] 그는 다음과 같이 결론적으로 제안한다.

> "오늘날의 개혁주의 공동체는 아직도 교리주의, 경건주의, 그리고 문화주의 등 전통적인 세 가지 특성으로 사실상 대변할 수 있다. 물론 이들 셋은 병립할 수 없는 것이 아니다. 개혁주의 기독교인의 통일성이 훨씬 더 증진되기 위하여는 이 양립성이 인정되고 강조되어야 한다.… 그러나 너무도 자주 개혁주의자들은 전통이 약간 상이한 동료 개혁주의 기독교인들을 받아들이거나 그들과 사역할 수 없다고 전제하여 버리는 그들 자신의 영적 통찰력을 너무도 과신하여 왔다. 오늘날의 미국 개혁주의 가운데 존재하고 있는 풍요로운 신학적 견해의 다양성을 살펴본다면 다른 전통을 관용하고 균형을 찾는데 도움이 될 것이다."[17]

청교도들은 교리주의, 문화주의, 경건주의의 완벽한 균형을 이루었다.

---

[15] Marsden, "개혁주의와 미국," 28.
[16] Marsden, "개혁주의와 미국," 29-31.
[17] Marsden, "개혁주의와 미국," 39-40.

그들은 분명한 신앙고백의 토대 위에 문화적 사회적 책임을 구현했으며 성령의 권능을 의지하는 가운데 "신앙을 삶의 현장에서 실천함으로 경건한 사회를 만들어 나아갔다."[18] 말스던의 논지의 핵심은 오늘날 교리주의, 문화주의, 경건주의의 세 가지 강조점을 가진 개혁주의의 특징을 고려하지 않고 자신이 서 있는 위치에서 다른 쪽을 향해 비개혁주의라고 공격하는 것은 지양되어야 한다는 것이다. 지금까지 살펴본 것처럼 개혁주의와 복음주의는 서로 반립적인 택일 사항이 아니다.

---

[18] 오덕교, 청교도의 사회개혁적 이상 언덕위의 도시 (수원: 합동신학대학원 출판부, 2004), 57.

맺는 말

세계복음주의연맹(WEA)에 대한 지금까지의 연구를 통해 다음과 같은 이유에서 우리 총회가 WEA 와 교류단절을 결정하는 것이 결코 바람직하지 않다고 결론을 내릴 수 있다.

첫째, WEA 는 1846년 영국 런던에서 결성된 복음주의연맹에 뿌리를 둔 175년의 역사를 지닌 건전한 복음적 국제기구이다. WEA 는 분리주의를 정체성으로 삼는 국제기독교연합회(ICCC)와 달리 복음전도와 사회적 책임의 중요성을 강하게 인식하고 실천적 기독교를 강조하며, 종교다원주의와 종교혼합주의 성향을 띤 WCC 와 달리 역사적 복음주의 신앙을 분명하게 견지한다. WEA 와 관련된 NAE, ETS, 로잔대회는 성경의 영감과 권위, 성경의 무오성, 동정녀탄생, 대속의 죽음, 육체적 부활, 기적의 역사성, 역사적 재림을 비롯한 기독교 근본 진리를 그대로 믿고 따른다. WEA 신앙고백에서 종교다원주의, 종교혼합주의의 여지를 원천적으로 배제한다.

둘째, 미국의 우리의 형제 교단인 미국장로교회(PCA, Presbyterian Church in America)와 세계개혁주의협의회(WRF)가 WEA 의 핵심 회원이다. 성경의 완전영감과 완전무오를 천명하는 학자들로 구성된 미국복음주의신학회(ETS)에는 미국의 웨스트민스트신학교, 리폼드신학교, 커버넌트신학교, 미국 칼빈신학교, 트리니티신학교를 비롯한 대부분의 복음주의 보수적 신학교의 교수들이 참여하고 활동하고 있다. 총신대학교 교수들은 물론 한국의 많은 보수적인 신학교 교수들이 미국 ETS 에 가서 논문을 발표하거나 활동에 참여하고 있다. 아세아신학협의회(ATA), 아세아복음주의협의회, 한국의 복음주의협의회(KEF), 한국복음주의신학회(KETS)가 세계복음주의연맹(WEA), 미국 복음주의신학회와 직간접으로 연대를 하거나 협력하고 있다.

셋째, WEA와 교류단절은 우리 교단의 세계선교운동에 심각한 손실을 초래하게 만들 것이다. 예장합동을 비롯한 한국의 보수적인 교단 소속의 많은 해외선교사들이 WEA 관련 EFMA나 IFMA에 소속되거나 협력하면서 전세계 복음주의선교사들과 함께 사역하고 있다. 우리 교단은 중단하지 말고 세계선교의 사명을 지속적으로 감당해야 할 것이다. 이 같은 현실에서 WEA와 교류 단절을 결정한다면 해외선교에 심각한 지장을 초래할 것이다. 심지어 그동안 세계복음화와 세계선교를 위해 한국교회가 적극적으로 참여해온 로잔위원회와도 관계를 단절하는 결과를 초래할 것이다.

넷째, 세계개신교가 WCC, WEA, ICCC로 재편된 오늘의 세계 교계 현실에서 세계복음주의연맹(WEA)과의 관계 단절은 ICCC 신근본주의 분리주의로 나가는 것을 의미한다. 따라서 만약 예장합동이나 보수적인 장로교나 기타 보수적인 교단들이 WEA와 교류를 단절하거나 금지한다는 것은 극단적인 ICCC 신근본주의 분리주의로 나가고 세계 복음주의 형제 교회들과의 단절을 의미한다.

다섯째, 1979년 주류와 비주류의 분열을 극복하고 2005년 어렵게 연합을 이룬 예장합동 총회 안에 WEA 교류단절 문제로 인한 논쟁이 계속된다면 진정한 하나됨은 심각한 위협을 받을 것이 너무도 분명하다. 더 이상 1979년 주류와 비주류의 분열 같은 아픔이 일어나지 않아야 할 것이다.

마지막으로 지금 한국사회는 물론 한국교회마저 사분오열되어 사회로부터 철저하게 외면을 당하고 있고 그 결과 하나님과 교회의 영광이 땅에 실추되었고, 실망한 수많은 사람들이 교회를 떠나고 있다. 반목과 질시와 대립과 갈등이 만연된 오늘의 현실에서 교회는 세상의 희망이 되어야 할 것이다.

그러므로 175년의 역사를 지닌 유서 깊은 건전한 복음적 국제기구인 WEA 와의 교류 단절 결정은 결코 바람직하지 않다. 오히려 WEA 의 핵심 멤버인 미국의 형제교단인 PCA 와 우리가 참여하고 있는 세계개혁주의 협의회(WRF)를 통해 WEA 가 표방하는 신앙고백 그대로 역사적 복음주의 전통을 그대로 견지할 수 있도록 영향력을 확대해 나가야 할 것이다. WEA 가 역사적 기독교 신앙을 결코 포기하거나 빗나가지 않도록 예장합동은 "WEA 가 1846년 본래 처음 조직할 때부터 가졌던 성경적 신앙전통을 변함없이 계승하고 WCC 나 로마 가톨릭과의 대화를 명분으로 향후 역사적 복음주의 신학을 훼손하는 우를 범해서는 안될 것이다."라는 분명한 우리의 입장을 WEA 에 전달할 필요가 있다.

이제 예장합동은 WEA 문제로 인한 소모전을 중단하고, 역사적 개혁주의 정체성을 분명히 하면서도 건강한 연합운동의 모범이 되고 통일의 그날을 앞당기고 민족복음화와 아시아. 세계선교의 사명을 온전히 감당하기 위해서 전세계 복음주의 형제교단들과 건강한 연합운동과 교류를 증진시켜 나가야 할 것이다.

부록: 성경무오에 대한 시카고 선언

성경의 권위는 이 시대의 교회는 물론 다른 모든 시대의 교회의 핵심 문제이다.[1] 예수 그리스도를 주(主)와 구세주로 고백하는 사람들은 기록된 하나님의 말씀에 겸손하고 신실하게 복종함으로 그리스도의 제자됨을 보여 주어야한다. 우리의 신앙이나 행위에 있어서 성경으로부터 일탈되는 것은 우리 주님에 대한 불충이다. 성경의 전적인 진실성과 신빙성에 대한 인식은 성경의 권위를 올바로 이해하고 고백하기 위한 필수적 사항이다.

아래의 선언문은 성경 무오성에 관한 우리의 이해와 그 부인에 관한 경고를 명백히 함으로 무오성의 교리를 다시 한 번 주장하고 있다. 무오성의 교리를 부인하는 것은 예수 그리스도와 성령의 증거를 무시하는 것이요, 참된 그리스도인의 신앙을 특징짓는 기록된 하나님의 말씀에 대한 순종을 거부하는 것임을 우리는 확신한다. 현재 동료 그리스도인들 사이에 일어나고 있는 무오성의 진리에서의 일탈과 오늘날 이 교리에 대한 오해에 비추어 볼 때, 이러한 선언문 발표는 시의적절한 우리의 의무라고 생각한다.

---

[1] "성경무오에 대한 시카고 선언"(The Chicago Statement on Biblical Inerrancy)은 1978년 10월 26일부터 28일까지 세계 복음주의 지도자들로 구성된 국제성경무오협회(ICBI, The International Council on Biblical Inerrancy)가 시카고에서 회합을 갖고 작성한 선언서이다. 이 선언은 WEA와 로잔대회의 신학적 방향성에 중요한 역할을 했다. 본 한국어 번역문은 장두만, 성경의 무오성과 권위 (서울: 요단출판사, 1989)에 실린 번역문을 토대로 일부 수정한 것으로 박용규, 한국교회를 깨운 복음주의운동 (서울: 두란노, 1998), 384-399와 김의환, 복음주의 신학과 한국교회의 신앙 (서울: 총신대학교, 2000)에 수록되었다.

본 선언문은 세 부분으로 구성되어 있다: 간추린 선언문, 주장과 부인, 그리고 해설문이 바로 그것이다, 이 선언문은 시카고에서 3일간의 회합 끝에 작성되었다. 간추린 선언문 및 주장과 부인에 서명한 사람들은 성경 무오성에 관한 그들의 신념을 주장하고, 모든 그리스도인들이 이 교리에 관해 점증적 이해를 갖도록 권면하고 도전하기를 원하고 있다. 우리는 본 문서가 짧은 기간동안의 회합에서 작성되었기 때문에 한계가 있음을 인정하고, 본 선언문이 신조와 같은 비중을 차지해야 한다고 제안하지는 않는다. 그럼에도 불구하고 우리는 토론을 통해 우리의 확신을 더 깊이 했음을 기쁘게 여기며, 우리는 우리가 서명한 본 선언문이 그 신앙이나 생활이나 사명에 있어서 교회의 개혁을 유도함으로 하나님의 영광을 위해 사용되기를 기도한다.

우리는 본 선언문을 논쟁의 정신으로가 아니라 겸손과 사랑의 정신으로 제시하며 우리는 또한 미래의 대화에 있어서도 동일한 정신을 견지하기를 원한다. 우리는 무오성의 교리를 부인하는 사람들 가운데 많은 사람들이 여타의 신념이나 행동에 있어서 반드시 본 선언문에서 부인하는 바와 같은 결과를 노정(露呈) 시키지는 않는다는 것을 기꺼이 인정하며, 본 교리를 고백하는 우리들조차도 때때로 우리의 생각이나 행동, 전통이나 습관을 하나님의 말씀에 온전히 굴복시키지 못함으로 우리가 주장하는 바를 우리 생활로 부인할 때도 있다는 것도 잘 인식하고 있다.

우리는 성경 자체에 비추어서 성경에 관한 우리의 주장을 수행해야 된다는 이유를 제시하는 사람들로부터의 반응을 환영한다. 왜냐하면 우리는 무오-성경의 권위 아래서 말해야 하기 때문이다. 우리는 우리의 증언에 대한 개인적 무오를 주장하는 것은 아니며, 하나님의 말씀에 대한 우리의 증언을 강화시킬 수 있는 도움에 대해서는 심심한 사의를 표명한다.

간추린 선언문

1. 그 자체가 진리이시며 항상 진리만을 말씀하시는 하나님은 창조의

주이시며, 구속자시며 심판자이신 예수 그리스도를 통하여 잃어버린 인류에게 당신 자신을 계시하시기 위해 영감으로 성경이 기록되게 하셨다. 성경은 하나님에 대한 하나님 자신의 증언이다.

2. 하나님 자신의 말씀인 성경은 성령에 의해 준비되고 지도된 사람들에 의해 기록되었으며, 성경이 취급하고 있는 모든 문제에 관해 무오한 하나님의 권위를 행사한다. 즉, 성경이[진리라고] 주장하는 모든 것은 하나님의 가르침으로 믿어야 하며, 성경이 요구하는 모든 것은 하나님의 명령으로 순종해야 하며, 성경이 약속하는 모슨 약속은 하나님의 약속으로 받아들여야 한다.

3. 성경의 신적 저자인 성령은 그의 내증으로 성경을 우리에게 확증하실 뿐만 아니라, 그 의미를 이해하도록 우리의 마음을 여신다.

4. 성경은 그 전체가 다 축자적으로(verbally)영감되었기 때문에 그 모든 가르침에 있어서─창조에 있어서의 하나님의 행하심이나, 세계사적인 사건이나. 그 스스로의 문학적 기원이나, 개인 생활에 있어서의 하나님의 구원의 은혜에 대한 증거에 있어서─ 아무런 오류가 없다.

5. 만일 성경의 전적인 신적 무오성이 제한되거나 무시되거나 성경의 자체의 가르침과 역행하여 상대적인 진리관을 주장하면, 성경의 권위는 돌이킬 수 없으리 만큼 손상을 받게 된다. 그리고 그러한 일탈은 개인이나 교회에 엄청난 손실을 초래하게 된다.

주장과 부인

제1조

우리는 성경이 권위 있는 하나님의 말씀으로 받아들여져야 한다는 것을 주장한다. 우리는 성경이 교회나 전통이나 그 밖의 다른 인간적 원천으로부터 그 권위를 부여받는다는 주장을 부인한다.

제2조

우리는 성경이 성문화된 최고의 규범으로 이로써 하나님이 우리의 양심을 속박한다는 것, 그리고 교회의 권위는 성경의 권위에 대해 종속적이라는 것을 주장한다. 우리는 교회의 신조나 회의나 선언이 성경의 권위와 동등 또는 그 이상의 권위를 갖는다는 주장을 부인한다.

제3조

우리는 기록된 말씀은 그 전체가 하나님에 의해 주어진 계시임을 주장한다. 우리는 성경이 단순히 계시에 대한 증인에 불과하다든지, 조우를 통해서 계시로 변할 뿐이라든지, 그 타당성을 사람의 반응에 의존한다든지 하는 주장을 부인한다.

제4조

우리는 인간을 그의 형상대로 창조하신 하나님께서 계시의 수단으로서의 언어를 사용하셨다는 것을 주장한다. 우리는 인간의 언어가 그 피조성 때문에 너무 제한되어서 하나님의 계시를 위한 도구로서 부적합하다는 주장을 부인한다. 우리는 또한 죄로 인한 인간의 문화와 언어의 타락은 하나님의 영감 사역을 좌절시킨다는 주장을 부인한다.

제5조

우리는 성경에 나타난 하나님의 계시는 점진적임을 주장한다. 우리는 나중에 주어진 계시가 이전의 계시를 성취할 수는 있지만 그것을 수정하거나 그것과 상치된다는 주장은 부인한다. 우리는 또한 신약의 기록들이 완성된 후에도 어떠한 규범적 계시가 주어진다는 주장을 부인한다.

제6조

우리는 성경이 그 전체나 부분에 있어서 원문의 단어 자체에 이르기까지 하나님의 영감으로 주어졌음을 주장한다. 우리는 성경의 영감이 전체에는 미치나 부분에는 미치지 않는다 든지, 또는 부분에는 미치나 전체에는 미치지 않는다는 주장을 부인한다.

제7조

우리는 영감은 성령 하나님께서 인간 저자를 통하여 당신의 말씀을 주시는 행위라고 주장한다. 성경의 기원은 하나님이시며, 영감의 형태는 대체로 우리에게 신비로 남아 있다. 우리는 영감을 인간의 통찰력이나, 모종의 고조된 의식 상태로 돌릴 수 있다는 주장을 부인한다.

제 8조

우리는 하나님께서 당신의 영감 사역에서 당신께서 선택하시고 준비하신 저자들의 독특한 개성이나 문학적 문체를 사용하셨음을 주장한다. 우리는 하나님께서 선택하신 단어를 저자들로 하여금 사용하게 하심에 있어서 하나님께서 그들의 개성을 무시하셨다는 주장을 부인한다.

제 9조

우리는 영감이 성경 저자들에게 전지성을 부여하지는 않지만 그들이 말하고 기록하도록 감동 받은 모든 문제를 진실하고 신빙할만하게 전하도록 보장하셨음을 주장한다. 우리는 이들 저자들의 유한성이나 타락으로 인해 [사실의] 왜곡이나 거짓이 불가피하게 하나님의 말씀에 잠입하게 되었다는 주장을 부인한다.

제 10조

우리는 영감이란 엄밀히 말하면 성경의 원본에만 적용되는데, 원본은 하나님의 섭리에 의해 현존하는 사본들로부터 정확하게 확인될 수 있음을 주장한다. 우리는 또한 성경의 사본이나 번역판은 원문을 충실하게 반영하는 한 하나임의 말씀이라는 것을 주장한다. 우리는 기독교 신앙의 핵심적 요소가 원본의 부재로 인해 영향받는다는 주장을 부인한다. 우리는 또한 원본의 부재가 성경 무오성에 대한 주장을 무가치하거나 부적절하게 만든다는 주장을 부인한다.

제11조
우리는 성경이 하나님이 영감으로 주어졌기 때문에 무오하며, 따라서 우리를 오도하기는 커녕 그것이 취급하는 모든 문제에 있어서 진실하고 신빙할만하다는 것을 주장한다. 우리는 성경이 주장하는 바가 불오(infallible)하면서 동시에 유오(errant)할 수 있다는 주장을 부인한다. 불오(infallibility)와 무오(inerrancy)는 구별되기는 하나, 분리될 수 없다.

제12조
우리는 성경은 그 전체가 허위, 사기, 기만 등이 없이 무오하다는 것을 주장한다.

우리는 성경의 불오와 무오성이 영적, 종교적, 구속적 주제에만 국한되며, 역사적, 과학적 분야에는 해당이 안된다는 주장을 부인한다. 우리는 또한 지구의 역사에 관한 과학의 가설이 창조와 대홍수에 관한 성경의 가르침을 전복시키기 위해 사용될 수 있다는 주장을 부인한다.

제13조
우리는 성경의 전적인 진실성과 관련된 신학 용어로서의 무오성이란 단어의 사용의 적합성을 주장한다. 우리는 성경 그 자체의 용법이나 목적과는 전혀 이질적인 진위의 기준에 따라 성경을 평가하는 것이 타당하다는 주장을 부인한다. 우리는 또한 현대적인 과학적 정확성의 결여, 문법이나 철자의 불규칙성, 관찰적인(즉, 현상적 언어를 사용함) 자연 모사, 거짓에 대한 보고, 과장법이나 개략적 숫자의 사용, 자료의 주제별 배열, 유사 귀절에 있어서의 상이한 자료의 선택, 자유로운 인용 등의 성경적 현상이 무오성을 무효화한다는 주장을 부인한다.

제14조

우리는 성경의 통일성과 내적 일관성을 주장한다. 우리는 현재까지 해결되지 못한 성경의 난문제가 성경의 진리 주장을 무효화한다는 주장을 부인한다.

제15조

우리는 무오성의 교리가 성경 자체의 영감에 관한 가르침에 근거해 있다는 것을 주장한다.

우리는 성경에 관한 예수님의 가르침을 조정(accommodation)에 호소하거나 예수님의 인성에 수반되는 제약성에 호소함으로 거부하려는 주장을 부인한다.

제16조

우리는 무오성의 교리가 전역사를 통하여 교회의 신앙을 위한 필수 불가결의 요소임을 주장한다. 우리는 무오성이 스콜라주의 개신교(Scholastic Protestantism)에 의해 창출되었다든지, 부정적인 고등비평학에 대한 반동으로서 제기 되었다는 주장을 부인한다.

제17조

우리는 성령이 성경에 대해 증거하여 신자들로 하여금 기록된 하나님의 말씀의 진실성을 확신하게 한다는 것을 주장한다. 우리는 성령의 증거가 성경과 괴리되게, 또는 성경과 상반되게 역사한다는 주장을 부인한다.

제18조

우리는 성경의 본문은 그 문학적 형태와 의장(意匠)을 고려하여 문법적—역사적 석의에 의해 해석되어야 하며, 또 성경으로 성경을 해석해야 한다고 주장한다. 우리는 성경 본문의 가르침을 상대화한다든지, 비역사화한다든지, 도외시한다든지, 또는 저자에 관한 본문 자체의 주장을 거부한다든지 하는 결론에 이르도록 본문을 취급하거나 본문 이면에 있는 어떤 자료(sources)를 탐구하려는 노력의 적법성을 부인한다.

제19조

우리는 성경의 전적 권위, 불오, 무오에 대한 고백이 기독교 신앙 전체의 건전한 이해를 위해 필수 불가결함을 주장한다. 우리는 또한 그러한 고백은 그리스도의 형상을 더 닮게하는 데로 나아가야 한다고 주장한다. 우리는 그러한 고백이 구원의 필수적 요건이라는 주장을 부인한다. 그러나, 우리는 또한 무오성의 부정이 개인이나 교회에 아무런 영향을 미치지 않는다는 주장도 부인한다.

해 설

무오성의 교리에 대한 우리의 이해는 보다 광범위한 성경 자체의 가르침에 비추어 이루어져야 한다. 본 해설은 간추린 선언문 및 주장과 부인의 근거가 되는 교리 개관에 관한 설명이다.

창조, 계시, 영감

만물을 말씀으로 창조하시고, 만물을 그의 작정의 말씀으로 다스리시는 삼위일체 하나님은 하나님과 교제하는 삶을 살게 하기 위해 인간을 당신의 형상대로 지으셨는데, 이는 삼위일체 하나님 상호간에 교통하는 영원한 교제를 모델로 삼아 하신 것이다. 하나님의 형상의 소유자로서의 인간은 하나님의 말씀을 듣고 기꺼이 순종함으로 응답해야 한다. 창조 질서와 그 내부의 사건의 연속을 통한 하나님의 계시 이외에, 인간은 아담 이후로, 성경에 언급된 대로 직접적으로, 또는 성경의 일부나 전체를 통해 간접적으로, 하나님의 구두 메시지를 계속 받았다.

아담이 타락했을 때, 창조주는 인간을 최후 심판에로까지 내버리지 아니하시고 오히려 구원을 약속하셨으며, 구속자로서의 하나님 자신을 계시하기 시작하셨는데, 이는 아브라함의 가족을 중심으로 한 여러 역사적 사건 가운데 전개되다가 예수 그리스도의 삶과 죽음, 부활, 현재의 천국에서의 사역, 약속된 재림 등을 통해 그 절정에 달하게 되었다. 이러한 구조 내에서 하나님은 때때로 죄인들에게 특별한 심판과 자비 및 약속과 명령의 말씀을 주셔서 사람들을 이끌어 상호 위탁의 계약관계에 들어가게 하시고, 이로 인해 하나님은 그들을 은혜의 은사로 축복하시고 사람들은 경배로써 하나님께 축복을 드리게 하였다. 출애굽시에 하나님의 말씀을 전달하는 중보자로 쓰임받은 모세를 필두로 해서 많은 선지자들이 나왔으며, 그들의 입과 기록을 통해 하나님께서 당신의 말씀을 이스라엘에게 전달하셨다. 이러한 메시지의 연속을 통해 나타난 하나님의 목적은 사람들로 하여금 그의 이름 [즉, 그의 성품]과 현재 및 미래에 있어서의 그의 명령과 목적을 알게 함으로 계약관계를 계속 유지하는 것이었다. 하나님께서 온 선지자들의 계열은 그 자신이 성육신하신 하나님의 말씀이시며 선지자이신—사실상 선지자 이상이신—예수 그리스도와 사도들 및 초대교회의 선지자들에게 이르러 그 절정에 달했다. 하나님의 최종적이고 절정적인 말씀—세상에게 주는 예수 그리스도에 관한 말씀—은 사도들과 그의 측근들에 의해 선포되고 명백하게 되었으며, 그로써 계시의 연속은 끝나고 말았다. 그 이후로 교회는 이미 주어진 말씀—이 말씀은 모든 시대를 위한 것이다—에 따라서 살고, 그 말씀에 의해 하나님을 알게 된다.

　시내산에서 하나님은 계약의 조건을 돌판 위에 기록하셨는데, 이는 영속적인 증거이며 또한 언제나 접근할 수 있는 바이다. 선지자와 사도를 통해 계시하시던 시대에 하나님은 그들을 통해 당신의 메시지는 물론, 당신께서 그의 백성을 다루신데 대한 기록, 계약 생활에 관한 도덕적 명상 및 계약에서의 자비에 대한 찬양과 기도 등도 다 기록하게 하셨다. 성문서를 제작하는 영감의 신학적 실체는 구두 예언의 그것과 일치한다. 즉, 인간 저자의 개성이 그의 기록에 표현되긴 하지만, 그 말씀은 하나님에 의해 제정되었다는 사실이다. 따라서 성경이 말하는 것은 바로 하나님께서 말씀하시는 것이며, 성경의 권위는 하나님의 권위이다. 왜냐하면 하나님이 성경의 궁극적 저자이시며, 그가 사람들을 택하시고 준비 시키셔서 그들의 마음과 말을 통해 자유로운 가운데서, 그러나 충실하게 성령의 감동을 입어 하나님께로부터 받아 말하게 하신 것이다(벧후 1:21). 성경은 그 신적기원으로 인해 하나님의 말씀으로 인정되어야만 한다.

권위: 그리스도와 성경

예수 그리스도는 말씀이 육신이 되신 하나님의 아들이시며, 우리의 선지자시요, 제사장이시요, 왕이시며, 하나님과 인간을 교통케 하는 궁극적 중보자시요, 하나님의 선물 가운데 최대의 선물이시다. 그가 주신 계시는 언어 이상의 것이다. 그는 자신의 임재와 행위를 통해서도 아버지를 나타내셨다. 그럼에도 불구하고 그의 말씀이야말로 참으로 중요하다. 왜냐 하면 그는 하나님이시요, 아버지께로부터 받은 것을 말씀하셨고, 마지막 날에 그의 말씀이 모든 사람들을 심판하실 것이기 때문이다.

예언된 메시아로서의 예수 그리스도는 성경의 중심 주제이시다. 구약은 오실 예수를 미리 보았고, 신약은 그의 초림을 되돌아보면서 그의 재림을 기대하고 있다. 성경은 하나님에 의해 영감되었으며, 따라서 그리스도에 대한 규범적 증인이다. 그러기 때문에 역사적 그리스도를 도외시하는 해석은 용납될 수 없다. 성경은 그 본질—성육신하신 아들에 대한 아버지의 증거—대로 취급되어야만 한다.

구약의 정경은 예수님 시대에 이르러서는 이미 확정되었던것 같다. 역사적 그리스도에 대한 새로운 사도들의 증언이 없기 때문에 신약의 정경도 이미 완성되었다. 새로운 계시—이것은 이미 존재하는 계시에 대한 성령을 통한 이해와는 구별되어야 한다—는 그리스도께서 재림하실 때까지 더 이상 주어지지 않을 것이다. 정경은 원리상으로 볼 때에는 영감에 의해서 창조되었다고 할 수 있다. 교회가 한 역할은 하나님께서 창조하신 정경을 분별해 내는 것이었지, 독자적인 정경을 고안해 내는게 아니었다.

"정경"이란 단어는 규칙 또는 기준(표준)이라는 뜻으로 권위—무엇인가를 다스리고 통제하는 권리—를 가리킨다. 기독교에 있어서의 권위는 계시 가운데 나타나신 하나님께 속하는데, 이는 한편으로는 살아 있는 말씀이신 예수 그리스도께 다른 한편으로는 기록된 말씀인 성경에 속한다는 뜻이다. 그러나 그리스도의 권위와 성경의 권위는 하나이다. 우리의 선지자로서의 그리스도는 성경은 폐할 수 없다고 증거하셨다. 우리의 제사장과 왕으로서의 그리스도는 그의 지상에서의 생애를 율법과 선지자의 성취를 위해 보내셨으며, 메시아적 예언의 말씀에 죽기까지 순종하셨다. 그리하여 예수님은 성경이 당신 자신과 당신의 권위를 증거하는 것으로 보셨듯이, 성경에 순종하심으로 성경의 권위를 증거하셨다. 예수께서 성경—우리의 구약에 해당함—에 나타난 아버지의 명령에 순종하셨듯이, 예수님도 그의 제자들이 성경에 순종한 것을 요구하신다. 그러나 그 순종은 당신께서 친히 성령의 은사로 영감하신 자신에 대한 사도들의 증거와 괴리되어서가 아니라 그와 관련되어서 이루어져야 한다. 그래서 그리스도인들은 성경을 구성하고 있는 선지자들과 사도들의 저작에 나타난 하나님의 명령에 순종함으로 충성된 주의 종임을 보이게 된다.

서로의 권위를 증거함으로 그리스도와 성경은 단일한 하나의 권위의 원천이다. 성서적으로 해석된 그리스도와 그리스도 중심으로 그리스도를 선포하는 성경은 이런 관점에서 볼 때 하나이다. 영감의 사실로부터도 성경이 말하는 바는 바로 하나님이 말씀하시는 바라는 것을 도출해 낼 수 있듯이, 예수 그리스도와 성경과의 관계로 부터도 동일한 결론을 추출해 낼 수 있다.

불오, 무오, 해석

영감된 하나님의 말씀으로 예수 그리스도에 관해 권위있게 증거하는 성경은 불오하고(infallible) 그리고 무오하다(inerrant). 이러한 부정적 용어는 특별한 가치를 갖고 있는데, 왜냐하면 이들이 중요한 긍정적 진리를 잘 변호해 주기 때문이다.

"불오"라는 것은 오도하거나 오도될 수 없는 성질을 나타내는 용어인데, 이는 성경이 모든 문제에 있어서 확실하고, 안전하고, 믿을만한 규칙이며 안내자라는 사실을 정언적 언사로 변호해 준다.

마찬 가지로, "무오"라는 것은 허위나 실수가 없는 상태를 가리키는 용어인데, 이는 성경이 그 모든 주장에 있어서 진실되고 믿을만하다는 사실을 변호해 준다.

우리는 성경은 항상 그것이 불오하고 무오하다는 근거 위에서 해석되어야 된다고 주장한다. 그러나 하나님께 가르침 받은 저자가 각 절에서 주장하고 있는 바가 무엇인가를 결정할 때에는 인간의 소산물로서의 주장과 성격에 세심한 주의를 기울여야 된다. 영감시 하나님은 인간 저자의 문화와 인습을 사용하셨는데, 그 환경은 하나님께서 그의 주권적 섭리 아래 통제 하셨지, 이를 달리 상상한다는 것은 오해이다.

그러기 때문에 역사는 역사로 취급되어야 하고, 시는 시로, 과장법이나 은유법은 과장법이나 은유법으로, 일반화와 개략화는 일반화와 개략화로 취급되어야 한다. 성경 기록 당시의 문학적 관습과 우리의 문학적 관습과의 차이에도 주목해야 한다. 예를 들면 연대순대로 되지 않은 서사문이나 부정확한 인용 따위도 그 당시에는 용납되었고, 어느 누구의 기대에도 어긋나지 않는 바였기 때문에, 이러한 것들을 성경의 저자에게서 발견할 경우 오류라고 간주해서는 안된다. 모종의 완벽한 정확성을 기대하지도 않고 목표로 삼지도 않는 경우에 그것을 성취하지 못했다고 해도 오류라고 할 수는 없는 것이다. 성경은 현대의 기준에서 절대적으로 정확하다는 의미에서가 아니라, 저자가 목표한 진리를 달성하고 그 주장을 유효하게 한다는 의미에서 무오하다(Scripture is inerrant, not in the sense of being absolutely precise by modern standards, but in the sense of making good its claims and achieving that measure of focused truth at which its authors aimed).

성경의 진실성은 불규칙적인 문법이나 철자법, 자연에 관한 현상적 묘사, 거짓말의 보고(예: 사탄의 거짓말), 한 구절과 다른 구절 사이의 부조화 등으로 인해 무효화되지는 않는다. 현상에 관한 성경 자체의 가르침에 반해서 소위 성경의 "현상"의 범위를 정한다는 것은 옳지 않은 일이다.

일견 모순같이 보이는 부분을 무시해서는 안된다. 그러한 문제들이 설득력 있게 해결될 경우 우리의 신앙은 격려를 받게 될 것이고, 현재로서는 설득력 있는 해결책이 없을 경우에는 그러한 문제점들에도 불구하고 하나님의 말씀은 진실되다는 하나님의 보증을 신뢰하면서, 또 언젠가는 그러한 문제들이 망상에 불과하게 되리라는 자신감을 가지면서 하나님께 영광을 돌려야 할 것이다.

모든 성경은 단일한 하나님의 뜻으로 나온 것이므로 해석은 성경의 유비(analogy)의 범위 내에서 행해져야 한다. 다시 말하면, 점진적 계시라는 이름으로든지 영감된 저자의 마음이 불완전하게 조명되었다는 이유로든지 한 구절을 다른 구절로 수정해야 한다는 가정은 피해야 한다는 뜻이다.

비록 성경이 보편성을 결여하고 있다는 의미에서는 문화적 속박을 전혀 받지 않고 있지만, 어느 특정한 시기의 관습이나 인습적 견해에 의해 제약되는 경우가 있으므로, 오늘날 그 원리를 적용시킬 경우에는 다른 종류의 조처를 필요로 한다.

회의론과 비평학

르네상스 이후, 특히 계몽시대 이후, 기독교의 기본 신조에 대해 회의적인 세계관이 형성되기 시작했다. 그러한 세계관 가운데는 하나님을 알 수 있다는 것을 부인하는 불가지론, 하나님이 이해의 대상임을 부인하는 이성론, 하나님의 초월성을 부인하는 관념론, 하나님과 인간과의 관계에 있어서의 합리성을 부인하는 실존주의 등이 있다. 이러한 비성서적이고 반성서적인 원리들이 전제의 단계에서, 오늘날 흔히 그러하듯이, 인간의 신학내에 침투해 들어올 때, 충실한 성경 해석은 불가능하게 된다.

본문의 전승과 번역

하나님께서 성경의 전승이 무오하리라고 어디에도 약속하신 적이 없으시기 때문에, 오직 최초의 원본만이 영감된 것이며 또 전승 과정에서 본문에 혹 우발적으로 잠입한 것을 발견해내기 위한 수단으로 본문 비평학이 필요하다는 것을 주장할 필요가 있다. 그러나 본문 비평학이 내리는 평결은 히브리어와 헬라어 본문은 경이로울 정도로 잘 보존되어 왔다는 사실이다. 그렇기 때문에 우리는 웨스트민스터 신앙 고백이 주장하는 바와 같이, 단일한 하나님의 섭리가 이 문제에 작용해 왔다고 주장하며, 또 성경의 권위는 우리가 소유하고 있는 사본이 완전히 무오하지 않다는 사실 때문에 위협받지 않는다고 주장한다.

마찬 가지로 번역판은 완전하지도 않고 또 완전할 수도 없다. 뿐만 아니라 모든 번역판은 원본으로부터 한 단계 더 떨어져 있다. 그러나 언어학이 내리는 평결에 의하면 최소한 영어를 사용하는 그리스도인들은 오늘날 많은 훌륭한 번역판들로 인해 그 필요가 잘 공급되고 있으며, 따라서 그들이 진정한 하나님의 말씀을 가지고 있다는 결론을 내리는데 주저할 아무런 이유가 없다는 것이다. 사실 성경의 중요한 문제들은 자주 반복되고 또 성령께서 말씀에 대해서 그리고 말씀을 통해서 끊임없이 증거하시기 때문에 신실한 번역판은 독자들이 "그리스도 예수 안에 있는 믿음으로 말미암아 구원에 이르는 지혜"(딤후 3:15)를 갖는 것을 불가능하게 할 정도로 성경의 의미를 망쳐 놓지는 않는다.

무오성과 권위

성경의 권위는 성경의 전적인 진실성을 포함한다는 주장을 함에 있어서, 우리는 의식적으로 그리스도와 그의 사도들과 입장을 같이 하며, 사실상 성경은 물론 첫날부터 오늘날까지의 교회사의 주류와도 입장을 같이한다. 우리는 오늘날 많은 사람들이 이렇게 중대한 교리를 아무 생각 없이, 되는대로 포기해 버리는 사실에 대해 우려를 표명한다.

우리는 성경의 권위를 인정한다고 공언하는 사람들이 성경의 전적인 진실성을 부인함으로 인해 극도의 혼란이 야기된다는 것을 잘 의식하고 있다. 이러한 행동의 결과 하나님께서 주신 성경은 그 권위를 상실하게 되고, 그 대신 권위를 갖게 되는 것은 인간의 비판적 사고의 요구에 부응해 이 내용이 축소되어 버린 성경이다. 뿐만 아니라 이러한 과정이 일단 시작되고 나면 원리상으로 볼 때 성경은 계속 축소될 수 있는 것이다. 이것은 그 밑바탕에서는 성경의 가르침에 반하는 독립된 이성이 권위를 갖게 된다는 것을 의미한다. 만일 이러한 것을 보지도 못한 채 당분간일지라도 기본적인 복음주의 교리를 여전히 신봉한다면, 성경의 전적인 진실성을 부인하는 사람들은 복음주의자라고 주장을 할 수 있을지 모르겠지만, 방법론적으로 볼 때에는 이미 복음주의적 지식의 원리로부터 불안정한 주관주의로 옮겨가버린 사람들이고, 따라서 더 멀리 떠나지 않기가 어려워질 것이다.

우리는 성경이 말하는 바는 바로 하나님께서 말씀하시는 바라고 주장한다. 하나님께 영광을 돌릴지어다. 아멘, 아멘.

참고문헌

영문 단행본

Ashbrook, John E. *Evangelicalism : the new neutralism*. Columbus: Wm. E. Ashbrook, 1971; 김효성 역. 신중립주의. 서울: CLC, 1994.

Bebbington, D. W. *Evangelicalism in Modern Britain: A History from the 1730s to the 1980s*. London: Unwin Hyman, 1989.

Blomberg, Craig L. *Can We Still Believe The Bible?*. Grand Rapids: Brazos Press, 2014 ; 안상희 역. 복음주의 성경론. 서울: CLC, 2017.

Boyd Gregory A. & Eddy, Paul R. *Across the Spectrum: Understanding issues in Evangelical Theology*. Grand Rapids: Baker Academic, 2002; 박찬호 역. 복음주의 신학 논쟁. 서울: CLC, 2014.

Clowney, E. *The Church*. Downers Grove: IVP, 1995; 황영철 역. 교회. 서울: IVP, 1998.

Ewing, J. W. *Goodly Fellowship: A Centenary Tribute to the Life and Work of the World Evangelical Alliance 1846-1946*. London: Marshall, Morgan and Scott, Ltd., 1946.

Feinberg Charles L. ed., *The Fundamentals for Today*. Grand Rapids: Kregel, 1958.

Fuller, W. H. *People of the Mandate: The Story of the World Evangelical Fellowship*. Grand Rapids: Baker Book House, 1996.

Hesselgrave, David & Rommen, Edward. *Contextualization*. Grand Rapids: Baker, 1989.

Hoekendijk, Johannes C. *The Church Inside Out*. Philadelphia: Westminster, 1966.

Howard, David M. *The Dream that Would Not Die: The Birth and Growth of the World Evangelical Fellowship 1846-1985*. Exeter, UK: The Paternoster Press, 1986.

Johnston, A. P. *The Battle for World Evangelism*. Sheaton: Tyndale House, 1978.

Kantzer, Kenneth. 현대 신학의 동향 상. 서울: 도서출판 햇불, 1997.

Longfield, Bradley J. *Presbyterians and American Culture: A History*. Louisville, Kentucky: Westminster John Knox Press, 2013.

Machen, J. Gresham. *Christianity and Liberalism*. Grand Rapids: Eerdmans, 1990.

Marsden, George M. ed. *Evangelicalism and Modern America*. Grand Rapids: Eerdmans,

1984.

_____. *The Shaping of Twentieth-Century Evangelicalism : 1870-1925*. New York and Oxford: Oxford University Press, 1980; 박용규 역. 근본주의와 미국문화. 서울: 생명의말씀사, 1997.

McGrath, Alister. *Evangelicalism & the Future of Christianity*. Downers Grove: IVP, 1995; 정성욱 역. 복음주의와 기독교 미래. 서울: IVP, 2018.

Murray, Ian. *Evangelicalism divided : a record of crucial change in the years 1950 to 2000*. Edinburgh : Banner of Truth Trust, 2000; 김석원 역. 분열된 복음주의. 서울: 부흥과 개혁사, 2009.

_____. *The Old evangelicalism*. Edinburgh: Banner of Truth Trust, 2005; 송용자 역. 오래된 복음주의. 서울: 부흥과 개혁사, 2007.

Outler, Albert C. *Evangelism &theology in the Wesleyan spirit*. Nashville: Discipleship Resources, 2003; 전병희 역. 웨슬리 영성 안의 복음주의와 신학. 서울: 한국신학연구소, 2008.

Parker, David. *Discerning the Obedience of Faith, World Theology Series 3*. Wipf and Stock, 2018.

Packer James I. & Oden, Thomas C. *One faith : the evangelical consensus*. Downer`s Grove: IVP, 2004; 정모세 역. 복음주의 신앙선언. 서울: IVP, 2014.

Randall, Ian & Hilborn, David. *One Body in Christ: The History and Significance of the Evangelical Alliance*. Carlisle: Paternoster Press, 2001.

Schaeffer, Francis A. *The Great Evangelical Disaster*. Crossway, 1984.

Schirrmacher, Thomas. *Fundamentalism: When Religion Becomes Dangerous*. Bonn: Culture and Science, 2013.

_____. *Human Trafficking: The Return to Slavery*. Bonn: Culture and Science, 2013.

_____. *Indulgences: A History of Theology and Reality of Indulgences and Purgatory*. Bonn: Culture and Science, 2012.

_____. *Missio Dei: God's Missional Nature*. Bonn: Culture and Science, 2017.

_____. *Racism: with an Essay on Caste in India by Richard Howell*. Bonn: Culture and Science, 2012.

Stanley, Brain. *The Global diffusion of evangelicalism : the age of Billy Graham and John Stott*. Downers Grove: IVP Academic, 2013; 이재근 역. 복음주의 세계확산. 서울: CLC, 2014.

Stonehous, N. B. J. *Gresham Machen : A biographical memoir*. Edinburgh : Banner of Truth Trust, 1987; 홍치모 역. 메이첸의 생애와 사상. 서울: 그리심, 2003.

Stott, John. *Making Christ Known: Historic Mission Documents From the Lausanne Movement, 1974-1989*. Grand Rapids, Michigan: Eerdmans, 1997.

_____. *The Contemporary Christian: Applying God's Word to Today's World*. Leicester: IVP, 1992; 한화룡, 정옥배 역. 현대를 사는 그리스도인. 서울: IVP, 1993.

The Fundamentals: A Testimony to the Truth Vol. 1. Chicago: Testimony Publishing Co, 1910.

The Members of the Faculty of Westminster Theological Seminary. *The Infallible Word: A Symposium*. Philadelphia: The Presbyterian Guardian Publishing Corporation, 1946.

Theological Education Fund. *Ministry in Context: The Third Mandate Programme of the Theological Education Fund (1970-1977)*. Bromley: TEF, 1972.

Van Beek, Huibert and Miller, Larry eds., *Global Christian Forum: Discrimination, Persecution, Martyrdom, Following Christ Together*. Bonn: Culture and Science, 2015.

Van Til, Cornelius. *The New Modernism*. Philadelphia: The Presbyterian and Reformed Publishing Company, 1947.

WCC New Delli Report. *The Third Assembly of the World Council of Churches, 1961.* London: S.C.M., 1962.

WEA. *Global Declarations on Freedom of Religion or Belief and Human Rights*. Bonn: Culture and Science, 2017.

Weber, Robert E. *Ancient-future faith : rethinking evangelicalism for a postmodern world*. Grand Rapids: Baker Books, 1999; 이승진 역. 복음주의 회복. 서울: CLC, 2012.

Webber, Robert E. *The Younger Evangelicals: Facing Challenges of the New World*. Grand Rapids: Baker Books, 2002; 이윤복 역. 젊은 복음주의자를 말하다. 서울: 조이선 교회, 2010.

Wells, David F. & Woodbridge, John D. eds. *The Evangelicals: What They Believe, Who They Are, Where They Are Changing*. Nashville: Abingdon Press, 1975.

Woodbridge, John D. *Biblical Authority: A Critique of the Rogers/McKim Proposal*. Grand Rapids: Zondervan, 1981.

한글 단행본

간하배. 현대신학해설. 부산: 개혁주의신행협회, 2001.

기독교연감. 1957년.

김광열, 그리스도 안에 있는 구원과 성화. 서울: 총신대학교 출판부, 2000.

김광열. 총체적 복음. 서울: 도서출판 다함, 2020.

김성태. 선교와 문화. 서울: 이레서원, 2000.

_____. 현대 선교학 총론. 서울: 이레서원, 2000.

김영재. 기독교 교리사 강의. 수원: 합동신학대학원출판부, 2006.

김의환. 복음주의 신학과 한국교회의 신앙. 서울: 총신대학교 출판부, 2000.

_____. 현대신학 개설. 서울: 개혁주의신행협회, 1995.

김효성. 복음주의 비평. 서울: 옛신앙, 2014.

대한예수교장로회(합동) 제 45회 총회회의록. 1960.

대한예수교장로회(합동) 제 46회 총회회의록. 1961.

대한예수교장로회(합동) 제 47회 총회회의록. 1962.

대한예수교장로회(합동) 제 51회 총회회의록. 1966.

대한예수교장로회(합동) 제104회 총회 보고서. 2019.

문병호. 교회의 '하나됨'과 교리의 '하나임'. 서울: 지평서원, 2012.

_____. WEA 신복음주의 신학과 에큐메니칼 활동 비판. 서울: 솔로몬, 2021.

민경배. 한국기독교회사. 서울: 대한기독교출판사, 1988.

박아론. 보수신학은 어디로 가고 있는가?. 서울: 총신대학출판부, 1985.

박용규. 한국기독교회사 I 1784-1910. 서울: 한국기독교사연구소, 2019.

_____. 한국기독교회사 III 1960-2010. 서울: 한국기독교사연구소, 2018.

_____. 한국장로교사상사. 서울: 총신대학교출판부, 1992.

오덕교. 청교도의 사회개혁적 이상 언덕위의 도시. 수원: 합동신학대학원 출판부, 2004.

장로교회신학교요람 1931, 조선 평양. 평양: 조선야소교장로회신학교, 1931.

총신대학교 100년사 편찬위원회. 총신대학교 100년사 1권 역사편. 서울: 총신대학교 출판부, 2003.

_____. 총신대학교 100년사 2권 학술편 . 자료편. 서울: 총신대학교출판부, 2003.

학위논문

Smith, David William. "Secularisation and Evangelicalism: a study in the reaction of conservative Christianity to the modern world." Ph.D. diss. Aberdeen: University of Aberdeen, 1989.

남궁태준. "복음주의와 에큐메니칼 선교신학의 상호 연관성에 대한 연구." 선교신학 박사학위논문. 부천: 서울신학대학교 일반대학원, 2014.

박승규. "미국 장로교와 근본주의, 1850-1980." 사학과 박사학위논문. 서울: 경희대학교 대학원, 2011.

이만수. "1961년 한국성결교회의 분립과 일치에 대한 역사적 연구: 예수교대한성결교회를 중심으로." 박사학위논문. 안양: 성결대학교 신학전문대학원, 2007.

김은하. "최근 에큐메니칼 운동 상황의 변화와 선교 신학의 대응 연구: 1982-2012년 주요선교문서를 바탕으로." 역사신학 석사학위논문. 서울: 장로회신학대학교 대학원, 2013.

김현진. "에큐메니칼 선교신학과 복음주의 선교신학 비교 연구: 통전적 선교신학을 중심으로." 신학 석사학위논문. 화성: 협성대학교 신학대학원, 2015.

송두호. "개신교 선교의 전통과 상황에 대한 연구와 전망: 1968년 세계교회협의회 웁살라총회와 복음주의 진영의 선언들을 중심으로." 선교학 석사학위논문. 부천: 서울신학대학교 대학원, 2005.

송흥섭. "로잔운동을 통한 복음주의와 세계교회협의회(WCC)의 교회론 비교." 선교학 석사학위논문. 서울: 아세아연합신학대학교 대학원, 2014.

저널 및 기고글

Armstrong, John H. "The emerging face of being one: ecumenical windows for Evangelicals." *Journal of Ecumenical Studies* 49 no 2 (Spr 2014): 295-310.

Coe, Shoki. "Contextualizing Theology." in *Mission Trends No. 3*. G.H. Anderson & T.F. Strandky, eds. Grand Rapids: Eerdmans, 1976: 19-24.

Fuller, W. Harold. "From the Evangelical Alliance to the World Evangelical Fellowship: 150 Years of Unity with a Mission." *International Bulletin of Missionary Research* 20 no 4 (Oct 1996): 160-162.

Graham, Billy. "Why Lausanne?," in *Let the Earth hear His Voice*. J. D. Douglas, ed. Minneapolis: World Wide Pub., 1975: 22-36.

Hunt, Robert A. "The History of the Lausanne Movement, 1974-2011." *International Bulletin of Missionary Research* Vol. 35, No. 2 (April 2011): 81-84.

Marsden, George M. "Reformed and American." *Reformed Theology in America: A History of Its Modern Development*. David Wells, ed. Grand Rapids: William B. Eerdmans, 1985; "개혁주의와 미국." 박용규 역. 개혁주의신학. 서울: 한국기독교사연구소, 2017: 25-40.

Moffett, S. A. "Fifty Years of Missionary Life in Korea." in *The Fiftieth Anniversary Celebration of the Korea Mission of the PCUSA June 30-July 3, 1934*. eds. Harry A. Rhodes & Richard H. Baired. Seoul: Y.M.C.A Press, 1934: 36-49.

Johnson, Thomas K. "Human Rights and Christian Ethics." *MBS Texte* 54 (2005): 3-10

_____. "The Trinity in the Bible and Selected Creeds of the Church: Resources for Study." *MBS Texte* 179 (2013): 1-21.

Kodithuwakku, Indunil. "Christian witness in a multi-religious world recommendations for conduct: thinking back and looking ahead." *International Bulletin of Missionary Research* 37 no 2 (Apr 2013): 109-113.

Oden, Thomas C. "Wither Christian unity? The WCC and the WEA represent very different paths: one of them has real promise." *Christianity Today* 46 no 9 (Aug 5, 2002): 46−49.

Parker, David. "'Discerning the obedience of faith': a short history of the World Evangelical Alliance Theological Commission Part 1 1968−1986." *Evangelical Review of Theology* 28 no 2 (Apr 2004): 100−118.

_____. "'Discerning the obedience of faith': a short history of the World Evangelical Alliance Theological Commission Part 2 1986−1994." *Evangelical Review of Theology* 28 no 3 (Jul 2004): 196−219.

_____. "'Discerning the obedience of faith': a short history of the World Evangelical Alliance Theological Commission Part 3 1994−2004." *Evangelical Review of Theology* 28 no 4 (Oct 2004): 292−314.

_____. "'Discerning the obedience of faith': a history of the Theological Commission of World Evangelical Alliance 2nd Edition." *Evangelical Review of Theology* 39 no 3 (Jul 2015): 271−279.

_____. "'Discerning the obedience of faith': a history of the Theological Commission of World Evangelical Alliance 2nd Edition Part II." *Evangelical Review of Theology* 39 no 4 (Oct 2015): 356−369.

Randall, Ian. "Evangelicals, Ecumenism and Unity: A Case Study of the Evangelical Alliance." *Evangel* 22/3 (Autumn 2004): 62−71.

Schirrmacher, Thomas. "Christian Witness in a Multi−Religious World − Three Years On." *Current Dialogue* 56 (Dec 2014): 67−77.

_____. "The Code: 'Christian Witness in a Multi−Religious World' − Its Significance and Reception." *Evangelical Review of Theology* 40 no 1 (Jan 2016): 82−89.

Schirrmacher, T. and Johnson, T. "Collaboration without Compromise: The World Evangelical Alliance and Roman Catholic Leaders." *Evangelical Review of Theology* 42.1 (2018): 65−68.

_____. "Why Evangelicals Need a Code of Ethics for Mission." *International Journal of Religious Freedom*, 3.1 (2010): 23−37.

Scruggs, Lane. "Evangelicalism and Ecumenism: The World Evangelical Alliance and Church Unity." *Fides et historia* 49 no 1 (Win−Spr, 2017): 85−103.

Stamoolis, James J. "Scripture and hermeneutics: reflections over 30 years." *Evangelical Review of Theology* 28 no 4 (Oct 2004): 337−344.

Vandervelde, George. "Church, evangelization, and the bonds of koinonia: a report of the international consultation between the Catholic Church and the World Evangelical Alliance (1993−2002)." *Evangelical Review of Theology* 29 no 2 (Apr 2005): 100−130.

Voskuil, Dennis N. "The Reformed Roots of American Neo−Orthodoxy." *The Reformed Review* 39 no 3 (Apr 1986): 271−280.

Wells, David F. "American Evangelical Theology: The Painful Transition from Theoria to Praxis." *Evangelicalism and Modern America*. George M. Marsden, ed. Grand Rapids: Eerdmans, 1984: 83−93.

Wright, David F. "One Baptism or Two? Reflections on the History of Christian Baptism." *ERT* 13.4 (October 1989): 23−35.

"The Authority of the Bible−the Louvain Report," *Ecumenical Review* 23.49 (October, 1971): 419−437.

World Council of Churches. "Evangelism: Witnessing to Our Hope in Christ." *International Review of Mission* 101 no 1 (Apr 2012): 79−104.

World Evangelical Alliance, Theological Commission. "'The whole church': statement of the Lausanne theology working group." *Evangelical Review of Theology* 34 no 1 (Jan 2010): 4−13.

"World Evangelical Alliance Theological Commission: The Philadelphia Statement, August 2007." *Evangelical Review of Theology* 32 no 2 (Apr 2008): 100−102.

김광열. "교회론 연구: 교회의 순결성(Purity)과 연합성(Unity)." 총신대 논총 제24집 (2004): 99−116.

_____. "오덕교 박사의 '구 프린스톤과 총신: 연속성과 불연속성'." 신학지남 68권 2호 (2001년 여름): 228−237.

김기홍. "신학교육의 본질과 복음주의의 미래." 신학지남 68권 3호 (2001년 가을): 72−86.

김길성. "박희석 교수의 '프린스톤 신학이 장로교회에 끼친 영향'." 신학지남 68권 2호 (2001년 여름): 202−205.

김명혁. "복음주의 운동과 한국교회." 선교와 신학 제5집 (2000. 6): 87−142.

김영한. "WEA 복음주의운동과 한국교회." 신학과 교회 4호 (2015): 259−308.

_____. "한국 장로교회에 미친 독일개혁신학의 영향." 신학지남 68권 4호 (2001년 겨울): 31−49.

김요섭. "세계복음주의연맹(WEA)의 역사와 활동." 신학지남 86권 2호 (2019년 여름호): 81−108.

김의환. "구 프린스톤 신학이 총신에 끼친 영향과 평가." 신학지남 68권 2호 (2001년 여름): 163−177.

김정우. "신학지남 권두언: 총신신학의 정로." 신학지남 68권 3호 (2001년 가을): 4−6.

나용화. "개혁교단의 역사와 개신대학원대학교의 신학적 권위." 개신논집 제10집 (2011. 4): 105−179.

_____. "칼빈주의적 복음주의 신학과 한국장로교회." 신학지남 68권 3호 (2001년 가을): 91−142.

나이영. "한기총은 '한심한 기독교 총연합' 인가?." 기독교사상 제636호 (2011. 12): 274−276.

라영환. "세계복음주의연맹의 신학적 입장에 관한 연구." 신학지남 86권 2호 (2019년 여름호):

139-166.

명신홍. "이상적인 신학." 신학지남 33권 2호 (1966년 여름): 1-2.

_____. "제 45회 총회에 대한 진언." 신학지남 27권 제 1호 (1960년): 5-11.

문병호. "WEA 신복음주의 신학과 에큐메니칼 활동 비판: - WCC에 편승하여 로마 가톨릭과 신학적 일치를 추구하고 포용주의, 혼합주의, 다원주의로 나아감." 총회105회기 WEA 연구위원회 공청회 자료집. 서울: 대한예수교장로회총회 WEA 연구위원회, 2021: 33-71.

박용규. "ICCC, WCC, 그리고 WEF/WEA(세계복음주의 연맹)의 역사적 평가." 신학지남 85권 1호 (2018년 봄호): 191-275.

_____. "전호진 박사의 '복음주의, 개혁주의 및 근본주의는 본질적으로 다른가?'." 신학지남 68권 3호 (2001년 가을): 64-71.

박윤선. "개혁주의 소고." 신학지남 46권 3호 (1979년 가을): 13-24.

박응규. "세계복음주의연맹(WEA)의 설립 배경과 과정에 대한 역사·신학적 고찰." 한국장로교신학회 2021년 봄 학회 발제논문 (2021년 3월 20일): 1-21.

박형룡. "복음주의 신앙의 현세." 로고스 (1963): 11-17.

_____. "에큐메니칼운동의 교리와 목적." 신학지남 25권 1호 (1958년 6월): 11-22.

_____. "한국장로교회의 신학적 전통." 신학지남 43권 3호 (1976년 가을): 11-22.

박희석. "프린스턴 신학이 장로교회에 끼친 영향." 신학지남 68권 2호 (2001년 여름): 180-201.

방연상. "세계교회협의회(WCC)와 세계복음주의연맹(WEA) 그리고 한국교회." 기독교 사상 제659호 (2013년 11월호): 36-42.

백충현. "칭의론에 관한 공동선언문을 넘어서- 칭의와 관련된 인간의 상태에 관한 쟁점 분석과 해결모색." 장신논단 제50집 2호 (2018. 6): 117-143.

서창원. "한국교회의 에큐메니칼 운동의 반성과 진로." 신학과 세계 제78호 (2013. 12): 53-80.

성남용. "한국교회의 WEA 논쟁과 지향해야 할 과제들." 신학지남 제86권 3집 (2019): 129-166.

신국원. "김기홍 박사의 '신학교육의 본질과 복음주의의 미래'." 신학지남 68권 3호 (2001년 가을): 87-90.

안희열. "로잔 운동이 세계 선교에 끼친 공헌과 한국 교회가 나아가야 할 방향." 선교와 신학 제27집 (2011. 2): 109-141.

연규홍. "한국교회의 WCC 이해." 한국기독교와 역사 제40호 (2014. 3): 57-78.

오덕교. "구 프린스턴과 총신: 연속성과 불연속성." 신학지남 68권 2호 (2001년 여름): 206-227.

유해무. "총신과 개혁 신학의 수용." 신학지남 68권 4호 (2001년 겨울): 7-18.

이덕주. "신학이 정치를 만날 때: 해방 후 신학갈등과 교회분열." 한국기독교와 역사 제44호 (2016. 3): 103-163.

_____. "해방 후 한국 개신교(신학) 연구사." 종교연구 제14집 (1997. 12): 5-43.

이상원. "나용화 교수의 '칼빈주의적 복음주의 신학과 한국장로교회'." 신학지남 68권 3호 (2001년 가을): 143-146.

이승구. "사도신경의 개신교적인 의미." 장로교회와 신학 제15권 (2019): 110-132.

이정배. "이웃종교를 보는 세계교회협의회(WCC)의 시각: 10차 부산대회의 의미를 생각하며." 신학과 세계 제76호 (2013. 3): 169-194.

이현모. "'타종교와의 대화'에 대한 침례교회의 견해 평가." 복음과 실천 제53집 (2014. 5): 189-212.

이형기. "복음주의 신학의 역사적 기원과 한국의 개혁주의적 복음주의 신학." 성경과 신학, 1권 (1983년 5월): 173-198.

장훈태. "WEA와 선교." 선교신학 제26집 (2011): 151-179.

전호진. "복음주의, 개혁주의 및 근본주의는 본질적으로 다른가?." 신학지남 68권 3호 (2001년 가을): 45-71.

_____. "현대교회론과 선교사상," 교회문제연구 제1집-교회문제연구소. 서울: 엠마오출판사, 1987: 26-59.

정승원. "'다종교 세계에 있어서 그리스도인의 증거: 실행을 위한 권고' 및 '로마 가톨릭과 세계복음주의 연맹의 국제 협의(2009-2016)' 보고서에 대한 평가." 신학지남 86권 2호 (2019 여름호): 49-80.

정원래. "WEA와 한국교회." 신학지남 86권 2호 (2019년 여름호): 109-137.

정종훈. "WCC 제10차 부산총회의 영향과 한국교회 에큐메니칼 운동의 과제." 선교와 신학 제34집 (2014. 8): 83-111.

정흥호. "WEA와 WCC 선교신학의 방향성 비판." ACTS 신학과 선교 제12권 (2011): 439-465.

최홍석. "김영한 교수의 '한국 장로교회에 미친 독일개혁신학의 영향'." 신학지남 68권 4호 (2001년 겨울): 50-58.

허순길. "개혁신앙고백교회로서의 개혁교회와 한국장로교회." 신학지남 68권 4호 (2001년 겨울): 19-30.

홍치모. "김의환 박사의 '구 프린스턴 신학이 총신에 끼친 영향과 평가'." 신학지남 68권 2호 (2001년 여름): 178-179.

"총신의 신학적 입장." 신학지남 46권 3호 (1979년 가을): 6-12.

인터넷 검색

Arterbury, Andrew E. "Warning to the Wise: Learning from Eutychus's Mistake." <https://baylor.edu/content/services/document.php/239228.pdf>

Chirico, Leonardo de. "Vatican Files 141. "Greater Oneness in Christ": What Does it Mean?" <https://vaticanfiles.org/en/2017/09/141-greater-oneness-in-christ-what-does-it-mean/>

Frame, John. "Introduction to the Reformed Faith." <https://frame- poythress.org/

introduction- to-the- reformed-faith/>

Hodge Archibald and Warfield, Benjamin. "INSPIRATION," *The Presbyterian Review* 6 (April 1881): 225-260. <http://www.bible-researcher.com/warfield4.html>

Johnson, Thomas K. "In Context: Christian Witness in a Multi-Religious World: Recommendations for Conduct." World Reformed Fellowship. <http://wrfnet.org/resources/2011/07/commentary-ethics-missions-wrf-member-dr-thomas-johnson>

Kings, Graham. "Evangelical-Roman Catholic Dialogue on Mission, 1977-84: Insights and Significance." <http://www.missiontheologyanglican.org/article/evangelical-roman-catholic-dialogue-on- mission-1977-84-insights-and-significance/>

Kurasawa, Masanori. "An Evangelical Understanding of missio Dei in Contemporary Japan." <https://core.ac.uk/download/pdf/230600066.pdf>

McIntire, Carl. "History of the ICCC." The International Council of Christian Churches. <http://www.iccc.org.sg/>

Ro, Bong-Rin. "The Korean Church and WCC, WEA, & Lausanne Movements." *Great Commission News* (Spr 2013): 1-4. <http://www.gcciusa.org/English/publications/GCN/2013/2013_GCN_Spring.pdf>

_____. "The Korean Church and WCC, WEA, & Lausanne Movements (Part 2)." Great Commission News (Summer 2013): 1-3. <http://www.gcciusa.org/English/publications/GCN/2013/2013_GCN_Summer.pdf>

_____. "The Korean Church and WCC, WEA, & Lausanne Movements (Part 3)." Great Commission News (Fall 2013): 1-3, 5. <http://www.gcciusa.org/English/publications/GCN/2013/2013_GCN_Fall.pdf>

Schirrmacher, Thomas. "Why We, As Evangelical Reformed Christians, Seek to Dialogue with Pope Francis." World Reformed Fellowship. October 27, 2015. <http://wrfnet.org/articles/2015/10/wrf-member-thomas-schirrmacher-suggests-reasons-why-evangelicals-should-engage-pope#.WuHbKi5uaWs>

Sproul, R. C. "What is the Reformed Theology?" <http://gallery.myff.org/gallery/1281301/What+Is+Reformed+Theology+Study+Guide+Sproul. pdf>

Tunnicliffe, Geoff. "Comments: Christian Witness in a Multi-Religious World." World Evangelical Alliance. June 28, 2011. <http://www.worldevangelicals.org/pdf/2011_0628_Christian_Witness_comments_GT.pdf>

Woodbridge, John D. "Timothy George and Evangelicals and Catholics Together." <https://www.beesondivinity.com/blog/2019/george-evangelicals-and-catholics-together>

"A presentation to the 48th International Ecumenical SeminarNon-denominational and Trans-confessional MovementsJuly 2-9, 2014Strasbourg, France." <https://www. strasbourginstitute.org/wp-content/uploads/2014/08/The-Global-Christian-Forum.pdf>

"Addressing the Scars on the Face of Christendom." <https://theology.worldea.org/wp-

content/uploads/2020/12/ERT-41-2.pdf>

"Advocacy strategies on Indigenous Peoples issues." World Council of Churches. June 27, 2013. <https://www.oikoumene.org/en/resources/documents/wcc-programmes/ unity-mission-evangelism-and-spirituality/just-and-inclusive-communities/ indigenous-people/advocacy-strategies-on-indigenous-peoples-issues>

"An Evangelical Perspective of Roman Catholicism I." *Evangelical Review of Theology* (October 1986): 34-49. <https://theology.worldea.org/wp-content/uploads/ 2020/12/ERT-10- 4.pdf>

"Arms Trade Treaty statement by WCC, WEA, Pax Christi and Caritas." World Council of Churches. July 20, 2011. <https://www.oikoumene.org/en/resources/documents/wcc -programmes/public-witness-addressing-power-affirming-peace/internati onal-advocacy/arms-trade-treaty-statement-by-wcc-wea-pax-christi- and-caritas>

"Bogota 2018." <https://globalchristianforum.org/bogota-2018/>

"Christian Witness in a Multi-Religious World: Recommendations for Conduct." (다종교 세계에서 그리스도인의 증거: 실행을 위한 권고사항) WEA, WCC, RCC 공동합의서 (2011). <http://www.vatican.va/roman_curia/pontifical_councils/interelg/documents/rc _pc_interelg_doc_20111110_testimonianza-cristiana_en.html>

"Christian Witness in a Multi-Religious World: Recommendations for Conduct." <http://www.worldevangelicals.org/pdf/1106Christian_Witness_in_a_Multi-R eligious_World.pdf>

"Christian Witness in a Multi-Religious World Recommendations for Conduct." <https://www. oikoumene.org/sites/default/files/Document/Christian-Witness_recommendations.pdf>

"Christian Witness in a Multi-Religious World." World Council of Churches. June 28, 2011. <https://www.oikoumene.org/en/resources/documents/wcc-programmes/ interreligious-dialogue-and-cooperation/christian-identity-in-pluralistic- societies/christian-witness-in-a-multi-religious-world>

"Collaboration Without Compromise." <http://wrfnet.org/articles/2017/08/wrf-members- thomas-schirrmacher-and-thomas-johnson-discuss-collaboration-without>

"Common understanding and vision of the WCC (CUV)." World Council of Churches. February 14, 2006. <https://www.oikoumene.org/en/resources/documents/assembly/ 2006-porto-alegre/3-preparatory-and-background-documents/common-u nderstanding-and-vision-of-the-wcc-cuv>

"Constitution of the International Council of Christian Churches." The International Council of Christian Churches. <http://www.iccc.org.sg/consitution.htm>

"Current Global Christian Forum Committee (2021)." <https://globalchristianforum.org/ current -global-christian-forum-committee/>

"Dr. Geoff Tunniclife's speech on Christian Witness in a Multi-Religious World: Recommendations for Conduct." World Evangelical Alliance. April 15, 2012. <http://www.worldevangelicals.org/resources/view.htm?id=289>

"Evangelism: The Hallmark of Evangelical Faith." <https://ecumenism.net/2013/01/evangelism
-the-hallmark-of-evangelical-faith.htm>

"Evangelicals and Catholics Together: The Christian Mission in the Third Millennium."
<https://www.firstthings.com/article/1994/05/evangelicals-catholics-togethe
r-the-christian-mission-in-the-third-millennium>

"Evangelical-Roman Catholic Dialogue on Mission, 1977-84." <http://www.christianunity.
va/content/unitacristiani/en/dialoghi/sezione-occidentale/evangelici/dialogo/d
ocumenti-di-dialogo/en.html>

"Global Christian Forum." <https://www.strasbourginstitute. org/wp-content/uploads/
2014/0 8 /The-Global-Christian-Forum.pdf>

"Grave accusations against the World Evangelical Alliance: thoroughly unfounded."
<https://www.thomasschirrmacher.info/artikel/english-grave-accusations-a
gainst-the world-evangelical-alliance-thoroughly-unfounded/>

"Greater Oneness in Christ": What Does it Mean?" <https://vaticanfiles.org/en/2017/09/141-
greater-oneness-in-christ-what-does-it-mean/>

"Greetings from the World Evangelical Alliance: Delivered during the Mission Plenary
at the WCC 10th Assembly." World Council of Churches. November 4, 2013.
<https://www.oikoumene.org/en/resources/documents/assembly/2013-busan/
messages-to-the-assembly/greetings-from-the-world-evangelical-allian
ce>

"History." Who We Are. *WEA*. <https://worldea.org/en/who-we-are/our-history/>

"In Context: Christian Witness in a Multi-Religious World: Recommendations for
Conduct." World Evangelical Alliance. April 15, 2012. <http://www.worldevangelicals.
org/resources/view.htm?id=299>

"Joint Declaration on the Doctrine of Justification." <https://www.lutheranworld.org/sites/default
/files/2019/documents/190603-joint_declaration_on_the_doctrine_of_justificati
on_20_anniversary_edition-en.pdf.pdf>

"Joint Statement of the World Evangelical Alliance and the Seventh-day Adventist
Church." <http://www.worldevangelicals.org/news/WEAAdventistDialogue20070809d.pdf>

"Meeting on reception of guidelines." World Council of Churches. January 1, 2013.
<https://www.oikoumene.org/en/resources/documents/wcc-programmes/inter
religious-dialogue-and-cooperation/christian-identity-in-pluralistic-socie
ties/meeting-on-reception-of-guidelines>

'Scripture and Tradition' and 'the Church in Salvation'. Catholics and Evangelicals
Explore Challenges and Opportunities, 27.<http://www.christianunity.va/content/unitacristiani/
en/dialoghi/sezione-occidentale/evangelici/dialogo/documenti-di-dialogo/test
o-in-inglese.html>

"Statement of Faith." NAE <https://www.nae.net/statement-of-faith>

"Statement of Faith." WEA <https://worldea.org/en/who-we-are/statement-of-faith/>

"The Auburn Affirmation," PCA Historical Center. <http://www.pcahistory.org/documents/auburntext.html>

"The Global Christian Forum Story and Vision." <https://globalchristianforum.org/what-we-do/>

"Vision & Mission." <https://www.worldea.org/whoweare/vision-mission>

"WCC and WEA meet, explore areas of future cooperation." World Council of Churches. May 26, 2016. <https://www.oikoumene.org/en/press-centre/news/wcc-and-wea-meet-explore-areas-of-future-cooperation>

"WEA and WCC Representatives Explore Possibilities of Working Together." World Evangelical Alliance. January 22, 2015. <http://www.worldea.org/news/4510/wea-and-wcc-representatives-explore-possibilities-of-working-together>

"WEA, WCC and Vatican launch historic joint document on ethics of Christian Mission." World Evangelical Alliance. April 16, 2012. <http://www.worldevangelicals.org/resources/view.htm?id=291>

"Why Evangelicals Need a Code of Ethics for Mission." <https://www.iirf.eu/site/assets/files/91605/07vol3issue1.pdf>

"World Council of Churches." Encyclopaedia Britannica. <https://www.britannica.com/topic/World-Council-of-Churches>

World Council of Churches, Pontifical Council for Interreligious Dialogue and World Evangelical Alliance. "Christian Witness in a Multi-Religious World: Recommendations for Conduct." June 28, 2011. <http://www.worldevangelicals.org/resources/rfiles/res3_291_link_1309876123.pdf>

"로잔언약." Lausanne Movement. <https://lausanne.org/ko/content-ko/covenant-ko/lausanne-covenant-ko>

한국복음주의협의회(KEF) <http://www.koreaef.org>

신문 기사

"Evangelicals embraced a like-minded pope." *The Christian Century* 130 no 6 (Mar 20, 2013): 17.

"Evangelicals Offer to Address Conversion Tensions." *Touchstone* 21 no 10 (Dec 2008): 42.

"Evangelism & Apologetics." *Touchstone* 20 no 8 (Oct 2007): 43.

"Historic consensus on proselytizing." *The Christian Century* 128 no 15 (Jul 26, 2011): 14.

"Pope Francis meets with American televangelists." *The Christian Century* 131 no 16 (Aug 6, 2014): 13-14.

"Progress Made Toward Code for Evangelization." *America* 197 no 6 (Sep 10, 2007): 6.

"Progress reported on proselytizing code." *The Christian Century* 124 no 20 (Oct 02, 2007): 15.

"Under Discussion: What was the best news of 2014?." *Christianity Today* 58 no 10 (Dec 2014): 19.

"Vatican leader, others call Global Christian Forum vital innovation." *The Christian Century* 124 no 24 (Nov 27, 2007): 13-13.

"WEA·WCC·교황청 공동문서, 지나친 해석은 말아야: 국내 복음주의 신학자들, 장점과 한계 동시에 지적." <크리스천투데이> 2011년 6월 29일자. <http://www.christiantoday.co.kr/news/247930>

박명수. "세계복음주의운동과 한국교회." <국민일보> 2016년 1월 27일자. <http://news.kmib.co.kr/article/view.asp?arcid=0923409316>

이재륜. "WEA 서울총회 반대를 적극 지지한다." <기독신문>. 2016년 2월 15일. <http://www.kidok.com/news/articleView.html?idxno=95536>

_____. "총신 모 교수의 WEA 옹호를 반박한다." <기독신문>. 2016년 2월 25일. <http://www.kidok.com/news/articleView.html?idxno=95661>